汽车先进技术译丛　新能源汽车系列

车用氢燃料电池

　　　　　帕斯夸里·科尔沃（Pasquale Corbo）
[意]　福图纳托·米格莱蒂尼（Fortunato Migliardini）　著
　　　　　奥托里诺·维纳里（Ottorino Veneri）

张新丰　译

机械工业出版社

《车用氢燃料电池》涵盖的范围较广,涉及氢能及燃料电池车辆两大方面。本书从绿色无碳燃料的发展趋势出发,介绍了氢气的制取、配送、存储及燃料电池相关技术,包括燃料电池基本组件、操作条件、系统设计及在混合动力汽车上的应用。本书适合燃料电池系统研发人员、相关院校教师及研究生参考阅读。

First published in English under the title
Hydrogen Fuel Cells for Road Vehicles
By Pasquale Corbo, Fortunato Migliardini, Ottorino Veneri
Copyright © 2011 Springer-Verlag London Limited
This edition has been translated and published under licence from
Springer-Verlag London Ltd., part of Springer Nature
All Rights Reserved.

This title is published in China by China Machine Press with license from Springer. This edition is authorized for sale in China only, excluding Hong Kong SAR, Macao SAR and Taiwan. Unauthoriaed export of this edition is a violation of the Copyright Act. Violation of this Law is subject to Civil and Criminal Penalties.

本书中文简体版由 Springer 授权机械工业出版社在中国境内(不包括香港、澳门特别政区以及台湾地区)出版与发行。未经许可之出口,视为违反著作权法,将受法律之制裁。

北京市版权局著作权合同登记　图字:01-2018-4597 号。

图书在版编目(CIP)数据

车用氢燃料电池 /(意)帕斯夸里·科尔沃,(意)福图纳托·米格莱蒂尼(Fortunato Migliardini)(意)奥托里诺·维纳里著;张新丰译.
—北京:机械工业出版社,2019.7(2022.1 重印)
(汽车先进技术译丛. 新能源汽车系列)
书名原文:Hydrogen Fuel Cells for Road Vehicles
ISBN 978-7-111-63020-3

Ⅰ. ①车… Ⅱ. ①帕… ②福… ③奥… ④张…
Ⅲ. ①汽车-氢燃料-燃料电池　Ⅳ. ①U463.63

中国版本图书馆 CIP 数据核字(2019)第 124586 号

机械工业出版社(北京市百万庄大街 22 号　邮政编码 100037)
策划编辑:何士娟　　责任编辑:何士娟
责任校对:陈　越　　封面设计:鞠　杨
责任印制:常天培
北京铭成印刷有限公司印刷
2022 年 1 月第 1 版第 2 次印刷
169mm×239mm · 13.25 印张 · 2 插页 · 257 千字
3 001—3 800 册
标准书号:ISBN 978-7-111-63020-3
定价:129.80 元

电话服务　　　　　　　　　网络服务
客服电话:010-88361066　　机　工　官　网:www.cmpbook.com
　　　　　010-88379833　　机　工　官　博:weibo.com/cmp1952
　　　　　010-68326294　　金　书　网:www.golden-book.com
封底无防伪标均为盗版　　　机工教育服务网:www.cmpedu.com

译者序

人类使用柴火作为能源的情景因为白居易的"伐薪烧炭南山中"而久久地留在我们的脑海里;"煤炭+蒸汽机"的能源社会也因为狄更斯的《雾都孤儿》而让人印象深刻;交通能源领域"石油+内燃机"以及工业生产领域"电力+电机"的能源模式分别在 20 世纪的上半场和下半场主演,而"氢燃料+燃料电池"作为交通领域的能源动力,则刚刚登上历史舞台。

我国国内的氢燃料电池汽车技术,从 20 世纪初开始在政府主导下有组织地进行技术攻关,2008 年及 2010 年还进行了小规模的运营示范。近 3 年来,我国对氢燃料电池汽车的研发投入及产业化应用极为热情。

截至 2019 年中期,国内有 41 家整车厂、25 家燃料电池系统供应商、56 款公告车型、11 个省市出台政策、逾 850 亿人民币燃料电池相关投资资金……全国范围内的燃料电池产业链正在逐步形成。

在各地纷纷培植燃料电池产业园和产业链的同时,本人发现目前从事燃料电池发动机研发的工程师队伍却相当匮乏。《车用氢燃料电池》(Hydrogen Fuel Cells for Road Vehicles)这本书虽然是 2011 年出版的,但书中的知识体系和案例设计对我们的研发工作大有裨益。

《Hydrogen Fuel Cells for Road Vehicles》并不是一本中规中矩的教科书,而是一本极易阅读、带着些许"灵气"、可以当成小说一样来阅读的参考书。该书在氢能源及车用燃料电池两个方面有精彩且深入的叙述。但该书成书较早,个别技术方案可能已经面临淘汰,但放在 10 年前的情境下去阅读并理解原书作者的思路,极有启发意义。

本书翻译前期,本人还在同济大学汽车学院任教,课题组的研究生罗明慧、姚川棋、王春阳、黄道锦、王继文、尤志平、李杰、尤俊明和戴维对翻译工作给予了大量的帮助。翻译本书的几个月中,我们还共同完成了科技部关于燃料电池发动机性能测试的专项课题,大家共同学习与研究的这段时间,是一段非常愉快且难忘的时光。本人 2018 年底应东风汽车集团有限公司邀请,赴武汉东风技术中心组织燃料电池发动机的研发,想来又是新的起点,任重而道远。

书中难免会有错误、疏漏及不当之处,恳请广大同行和读者批评指正,谢谢!

张新丰
2019 年 6 月

前言

近年来，由于需要减少化石燃料消耗和温室气体排放，燃料电池动力系统的概念受到了重视。由于适用于车辆应用的燃料电池（聚合物电解质膜燃料电池）是由氢气驱动的，只要提供燃料和空气，就可以提供动力。它们所提供的发电能力或动力，可以和内燃机相媲美，而且清洁安静。

因此，这种动力系统的最大优点是采用了无污染的电力传动系统，相比于传统电动汽车，续驶里程更长。

一个和其他储能系统（电池和/或超级电容器）构成混合驱动装置的燃料电池动力系统，可以发挥利用两种电源的最佳特性。电池和超级电容器具有有限的能量存储特性，燃料电池则可以弥补这一点不足；但燃料电池发电机辅助子系统的动态特性较慢，电池和超级电容器能够快速提供大的峰值电流而不受限制。因此，燃料电池和存储系统可以在混合配置中相互补充，它们通过并联连接提供电驱动。作为车辆使用的动力源，当然必须提供适当的管理策略，以优化整个动力系统中的能量流动，以满足峰值加速功率、续驶里程和充电能力的要求。

这本书的编写目的，是针对这一领域提出一个较为普遍的看法。研究使用氢作为燃料、电力为驱动力、以电化学系统为动力源的系统，需要不同学科的基本知识，因此本书在理论方面介绍了燃料电池动力系统的基本概念，在最后的实践部分，基于前述的原理，设计了两个真正的燃料电池动力系统。

第1章重点介绍了交通部门的能源战略及其对持续发展的影响，讨论了化石能源的未来供应、替代能源的潜力、对传统和创新的驱动系统的分析，以及它们对未来高效和无碳运输手段的可行性的影响。

第2章介绍了氢的生产、储存和配送技术。

第3章介绍了电化学的基本概念，同时梳理了汽车用燃料电池的发展状况和性能改进技术。

第4章主要阐述了燃料电池系统作为车辆动力源的设计和实现问题，讨论了辅助元件的选择、能耗以及整个系统的集成问题，特别关注膜加湿、氢气净化和空气的管理，以提高系统效率和可靠性为目的的空气、氢气供应问题。

第5章以电动汽车为基本主题，特别是混合动力电动汽车，采用燃料电池/

超级电容器作为电源,分析了可行的混合配置,并回顾了不同类型的电能存储系统。

第6章和第7章涉及两个实际的案例研究,特别是两个不同大小的燃料电池动力系统。这里描述了所有单个组件的技术特性,并讨论了在实验室动态测试台上进行测试的结果。这两章以实际案例证明了燃料电池动力车辆在性能、效率、环境影响和耐久性方面的局限性和潜力。

帕斯夸里·科尔沃(Pasquale Corbo)

福图纳托·米格莱蒂尼(Fortunato Migliardini)

奥托里诺·维纳里(Ottorino Veneri)

那不勒斯

2010年4月

目 录

译者序
前言
第1章 通向绿色无碳车辆的可行之路 ……………………………………… 1
  1.1 出行需求与初级能源 ……………………………………………… 2
  1.2 内燃机及其对空气质量的影响 …………………………………… 9
  1.3 气候变化和无碳燃料机遇 ………………………………………… 15
  1.4 参考文献 …………………………………………………………… 24
第2章 未来能源载体——氢气 ………………………………………… 27
  2.1 氢气制取 …………………………………………………………… 27
    2.1.1 热过程 ……………………………………………………… 29
    2.1.2 电解过程 …………………………………………………… 39
    2.1.3 光解过程 …………………………………………………… 43
  2.2 氢气配送 …………………………………………………………… 43
  2.3 氢气存储 …………………………………………………………… 46
    2.3.1 高压缩气体储氢 …………………………………………… 47
    2.3.2 液态低温储氢 ……………………………………………… 48
    2.3.3 固体材料储氢 ……………………………………………… 49
  2.4 参考文献 …………………………………………………………… 52
第3章 燃料电池在汽车上的应用 ……………………………………… 59
  3.1 电化学的基本概念 ………………………………………………… 59
  3.2 质子交换膜燃料电池 ……………………………………………… 63
    3.2.1 膜电极组件的电解质膜 …………………………………… 66
    3.2.2 膜电极组件的电催化剂 …………………………………… 70
    3.2.3 膜电极组件的气体扩散层 ………………………………… 70
    3.2.4 双极板 ……………………………………………………… 71
  3.3 质子交换膜燃料电池对操作条件的敏感性 ……………………… 73
    3.3.1 极化特性曲线 ……………………………………………… 73

3.3.2 操作参数对极化曲线的影响 ·············· 78
 3.4 质子交换膜燃料电池的耐久性 ················ 80
 3.5 参考文献 ································ 82

第4章 氢燃料电池系统设计 ······················ 86
 4.1 氢燃料电池系统概述 ······················ 87
 4.2 氢气供应子系统 ·························· 88
 4.3 空气供应子系统 ·························· 90
 4.4 热管理子系统 ···························· 95
 4.5 水/增湿管理子系统 ······················· 97
 4.6 燃料电池系统集成：效率、动力和成本 ·········· 101
  4.6.1 燃料电池系统效率 ····················· 103
  4.6.2 燃料电池系统动力性 ··················· 104
  4.6.3 燃料电池系统成本 ····················· 105
 4.7 参考文献 ································ 107

第5章 混合动力电动汽车 ························ 110
 5.1 电动汽车概述 ···························· 110
 5.2 道路车辆的电驱动 ························ 112
  5.2.1 直流电机 ··························· 112
  5.2.2 交流电机 ··························· 115
  5.2.3 控制与功率模块 ····················· 116
 5.3 电化学蓄电池 ···························· 118
  5.3.1 电池的主要工作参数 ··················· 119
  5.3.2 不同类型电池的主要特性 ················ 122
 5.4 能量存储系统 ···························· 128
  5.4.1 飞轮 ······························· 128
  5.4.2 超级电容器 ························· 129
 5.5 混合驱动系统 ···························· 130
  5.5.1 油电混合动力汽车 ···················· 131
  5.5.2 太阳能汽车 ························· 133
  5.5.3 飞轮和超级电容器汽车 ················· 133
  5.5.4 燃料电池电动汽车 ···················· 134
 5.6 参考文献 ································ 136

第6章 案例研究A：轻型摩托车燃料电池动力系统 ······ 138
 6.1 3.5kW燃料电池动力系统 ···················· 138
 6.2 系统效率计算 ···························· 142

6.3　燃料电池系统分析：稳态下的能量损失 …………………………… 143
6.4　燃料电池系统的动态性能 …………………………………………… 146
6.5　循环工况下的动力系统性能 ………………………………………… 154
　　6.5.1　循环工况下燃料电池动态特性 ……………………………… 155
　　6.5.2　循环工况下动力系统性能分析 ……………………………… 158
6.6　参考文献 ……………………………………………………………… 166

第7章　案例研究 B：乘用车燃料电池动力系统 …………………………… 167
7.1　30kW 级燃料电池汽车动力系统 …………………………………… 167
7.2　燃料电池系统特征描述：运行参数影响 …………………………… 171
7.3　燃料电池系统动态性能 ……………………………………………… 177
　　7.3.1　负载变化条件下燃料电池系统的性能 ……………………… 178
　　7.3.2　预热阶段燃料电池系统的行为 ……………………………… 185
7.4　不同空气管理策略的影响 …………………………………………… 189
7.5　R40 循环工况下的燃料电池动力系统测试 ………………………… 200
7.6　参考文献 ……………………………………………………………… 204

第 1 章
通向绿色无碳车辆的可行之路

人们普遍认为,不断增长的能源消耗与人口和经济增长有关。随着人们生活水平的提高,工业、消费和运输部门都在为增加一次能源份额而竞争。国际能源署(IEA)的年度报告《世界能源展望2008》中根据参考模型给出了对未来一次能源需求的预测,其中提到了2008年中期的政府措施的影响[1]。

表1-1总结了这些预测结果,其中显示从2006—2030年,在其设置的参考情景中,世界能源需求应上升约45%(平均每年1.6%),其中化石能源(煤、石油和天然气)增长约80%。大约一半的增长来自于全球经济的新兴大国(中国和印度)。由于庞大的人口、巨大的市场规模和持久的经济增长,这些新兴大国被视为能源消耗大国。

表 1-1　国际能源署预测的 2030 年世界能源需求　　（单位:Mtoe[①]）

燃料	2006 年	2010 年	2020 年	2030 年
原油	4000	4200	4700	5100
煤炭	3100	3500	4300	4900
天然气	2500	2750	3150	3750
生物质能	1150	1250	1500	1650
核能	750	800	850	900
水利能	250	270	300	400
其他可再生能源	40	90	150	250

① 表示百万吨油当量(1toe = 11630kW·h)。

能源需求、人口增长和经济条件的持续改善之间的关系,与人类对环境的影响和一次能源储备密切相关,这些问题也是全球化扩张的基础。

人们逐渐认识到,随着人口增长、经济繁荣和能源需求,在不做任何改善的情况下,很难实现可持续发展。在当前经济和社会发展模式中,主要的环境问题与大气中二氧化碳(CO_2)浓度的增加导致的温室效应有关,这归因于含碳矿物燃料的燃烧。以上也被认为是近年来全球气候变化的原因。

根据《世界能源展望2008》(表1-2)的预测,世界能源相关的CO_2排放量约为280亿t,在考虑到经合组织和非经合组织国家的情况下,到2030年在参考方案中应增加到约420亿t。由于运输部门的排放量在2006年约占比18%,与其他经济部门,例如发电(37%)和工业(17%)[1]相比,是一个非常重要的部分。

表1-2 国际能源署预测的2030年世界二氧化碳排放 （单位:亿t）

国家	2006年	2010年	2020年	2030年
经济合作与发展组织	130	150	140	160
非经合国家	150	160	230	260
世界总计	280	310	370	420

另一方面,当考虑到环境问题是由于人类活动引起时,全球CO_2排放量的问题不能脱离本地环境的实际情况,尤其是大都市。世界范围内测出的污染物与内燃机典型污染物排放有关,它们代表了目前道路运输手段的成熟技术。

一次能源储备问题从经济增长所必需的能源供给角度出发看来意义重大,对于那些强烈依赖化石燃料供应的运输部门来说更是如此。点燃式和压燃式发动机目前都在燃烧碳基燃料,尽管为了满足对污染物排放的更严格的法规限制,它们也在不断改进。然而,环境问题的日益突显以及化石燃料的可预见性的匮乏,有力地推动了各研发机构对绿色无碳技术的研究。

本章的下面几段内容将详细讨论这些意见及预期的问题,特别关注在未来几年内将氢作为能源载体的驱动力的可能性:①石油储备的限制;②必须减少道路车辆污染物排放来满足越来越严格的法规要求和限制;③减少CO_2排放以控制温室效应的必要性。

1.1 出行需求与初级能源

在世界各地,特别是在大多数发展中国家,随着人口流动需求的增加,工业化和经济增长也在加速,对能够推动经济快速增长的流动性解决方案的需求继续增长。在过去的20年里,许多发达国家的汽车及其他车辆数量大量增加,而在发展中国家,汽车保有量每年以15%~20%的速度增长[2]。

随着人们环保意识的加强,可持续交通的概念逐渐明朗。这可以被认为是交通系统能够满足社会自由移动的需要,从而增加人们进入工作、教育和服务的机会,也不会对环境造成破坏,因为这可以促进社会经济效益的提高。为了实现这一目标,需要制定新的战略,以获得更安全、更清洁和更高效的机动车辆、公共交通系统和交通基础设施。关于可持续交通涉及的问题包括了许多不同的指标,这些问题成为许多汽车和能源公司参与的具体计划的目标[2]。本章将重点讨论与驱动技术直接相关的问题,从本段开始讨论在一次能源可用的背景下,不断增加的交通需求对运输相关能源供应的影响。

图 1-1 所示为 2007 年世界能源消费的分布情况[3],可以注意到化石资源占所用资源的最大部分(88%),其中原油占 36%,煤炭占 28%,天然气占 24%。因为交通运输行业目前使用的全部能源的近 90% 来自原油(石油),这种原材料中约 65% 转化为燃料(其余用于电能、建筑供暖、沥青和化学品),所以首先讨论关于这种基本能源的可用性和对环境的影响。

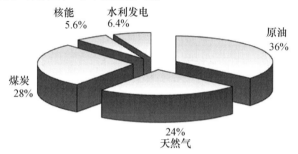

图 1-1 世界一次能源组成对比

伴随着工业发展和 20 世纪汽车市场的发展,石油逐渐替代煤炭的原因是质量较高的能源密度(比煤高约 25%)和液态(更容易且更便宜的处理和运输)。直到 20 世纪 70 年代,石油价格并不是一个问题,相反,它是确认石油作为能源的另一个因素。20 世纪 70 年代初发生的第一次石油危机让人们注意到了一些限制,直到那时人们才发现了被忽视的问题:地缘政治和财政方面的牵连、可用储量的枯竭以及对环境的影响。首先关注的是这些问题对油价波动的影响,并不是本书的主题,可以参考其他出版物[4-8],与使用石油衍生物——碳氢化合物相关的环境影响作为当前运输燃料的问题将在下一段中讨论。交通运输手段对这一资源的依赖性很大,因此本文介绍了关于未来石油供应的争议性问题的一些考虑因素。

鉴于石油的化石性质,它具有可利用性和不可再生性,因此石油将有限供应不容置疑(需要数百万年的时间才能形成今天的石油,这段时间与石油几十年的使用相比相当久远)。关键问题是石油存在的数量以及提取的可能性和便利性。由于许多原因,现有储量的问题不容易解决:可能许多石油生产商宣布的储量大于实际的储量,寻找新的油田需要仍在发展之中的新的勘探技术,任何有利于增加现有油井产量的新技术都会带来重大投资(今天,每口井约有 40% 被开采,而较高百分比则可能需要更昂贵的技术)。地质学家哈伯特(Hubbert)在 1949 年提出的一个著名模型[9]可以用作估计未来剩余石油的基础。哈伯特理论分析了美国原油的最终可采储量,并基于在总采出期间累计的历史年产量数据,并根据这些数据推断出最终可提取的石油量。根据这种模型,产油曲线的结果是"钟形的"并且近似对称,随着生产率指数增长,早期阶段综合产量逐渐达到资源总量的最大值然后连续减少。20世纪50年代中期,哈伯特模型预测美国的石油产量将在1965—1970年达到峰值[10]。这个预测结果非常接近事实。实际上美国的石油生产在1971年达到了最高点,此后至今他们进口了更多的石油,产量约减少到1960年的一半。石油峰值理论已经被广泛重新认识并在近几年进行了讨论[11-14],并应用于未来几年的世界石油生产。尽管前文指出了这种预测的困难,但该预测结果却趋向于在2020年左右达到石油全球产量高峰的结论[15-17]。如果在这里考虑石油峰值理论,不考虑其否认者的怀疑态度,则有可能观察到地质学家之间存在共识,即常规石油的世界生产将在不久的将来达到顶点。另一方面,考虑到其他化石资源,天然气(在交通运输部门中很少使用)将比石油晚几年达到峰值,而煤炭的峰值(主要用于世界范围内的电力生产)将会出现在未来几十年中。天然气可直接用作公路车辆的燃料(见第1.2节),而煤炭可通过费-托合成工艺转化为液态烃再转化为合成气[18];然而,这些解决方案可以减缓当前运输部门对石油的依赖,但并不能解决CO_2的排放问题(见第1.3节)。另一方面,生物燃料在车辆中的使用可能有助于减少全球CO_2排放量,但生产过程效率等问题限制了它们仅处于利基领域(参见第1.2和第1.3节)。这些考虑以及已充分确定的事实,即能源和交通需求只会随着时间的推移而增长、对气候变化问题的认识不断增加,似乎足以激励决策者和政府计划并实施使用非化石能源资源替换化石能源资源。不同能源开发与石油运输解耦之间的联系在于可以在这一领域的能源载体(机电力跟氢气)开发替代传统化石燃料。这可以通过电动汽车的广泛传播来实现,电动汽车可以采用两种不同的解决方案来向电驱动器提供能源(见第5章):电能储存系统(纯电动汽车,BEV)或电能生成系统,例如与动力电池混合配置的氢燃料电池(氢燃料电池电动车辆,HFCEV)。

交通运输部门中使用氢气作为燃料的倾向不仅在于其比能量很高(参见第1.2节),最重要的是它用于能源生产期间不排放任何碳质排放物,水是它唯一的氧化产物。但是与电力不一样,氢气不是能源,而是能源载体。实际上,尽管氢是宇宙中最丰富的化学元素(大约80%,其余大部分是氦),是氧和硅以外地球上第三大扩散的元素,但在自由状态下在地球上并不存在能直接用于能源生产(双原子气体分子)的氢,氢元素仅限于其化合物。因此,必须从主要来源产生氢气(水和化石碳氢化合物被认为是最广泛的氢气来源),并且这种转化可以通过多个过程进行(参见第2.1节)。显而易见的是,如果想在全球范围内维持氢气的基本优势(与其相关的碳质排放),那么从无碳来源开始的经济可行的生产方法应当是必需的(如在第2.1节中所讨论的,获取和封存碳的技术远未得到实际利用)。在目前的技术状态下,这意味着应以水作为主要资源,并根据电解过程(参见第2.1.2节),使用非化石电能解离水中的H_2和O_2。

第 1 章
通向绿色无碳车辆的可行之路

这就在电力和氢气之间产生了关于矿井-车轮转换效率的比较问题,即纯电动汽车(Battery Electrical Vehicle,BEV)和氢燃料电池汽车(Hydrogen Fuel Cell Electrical Vehicle,HFCEV)到底谁更高效,后面将会谈到(见第1.3节)。这里要强调的是,只有当电力和氢气由非化石能源生产时,电力和氢气才可被视为清洁的和可持续的能源载体。特别是如果氢是通过利用可再生能源产生的电力及电解于水,从燃料生产到车辆最终使用的整个系统在温室气体(CO_2)和当地污染方面都具有"零排放"的潜力。

如图1-1所示,全球6.4%的能源消耗来自传统可再生能源(水电),而新可再生能源占比微乎其微(约为0.4%,未在图1-1上表示)。根据最普遍可接受的定义,可再生资源是指在相对较短的时间内可获得补充或基本上可以无限供应的能源。新的可再生资源主要是指太阳能、风能和生物质能源以及远离商业开发的潮汐和地热——它们值得大力推广,因为它们是化石燃料的重要替代品。在这方面,欧盟最近的决定(欧洲议会的第1639/2006/EC号决议)[19]已在朝着这个方向发展。目标是可再生能源在整体组合中达到20%的能源份额,重点关注电力、供暖和生物燃料。

主要的可再生能源是太阳能辐射,它可用于直接和间接电力生产。来自太阳辐射流的能量取决于许多参数,例如季节、纬度、经度、海拔、方向和接收表面的倾斜度,在海平面可以达到约$1000W/m^2$。它被转换成热能,可以直接用于生产热水或房屋加热(太阳能热能),也可以通过镜像系统集中,然后用于蒸汽生产,还可以通过涡轮机扩展(太阳能热力学能量)产生电力。而且,太阳能可以通过使用光伏电池直接转换成电能。这种器件由两层薄的半导体材料(分别为n型和p型,负极和正极)组成,它们之间由于两种材料(太阳能光伏能)的不同性质而存在电场[20]。入射光子(太阳光)的吸收产生电子-空穴对,当外部电路连接到电池时,电子和空穴被器件的结构分开(电子到负极端子和空穴到正极端子)从而产生电力。用于产生光伏效应的材料,最成熟的解决方案是基于硅电池的,其先进的设计在实验室条件下实现了近30%的转换效率(定义为设备提供的太阳辐射功率与最大功率之比),而现有商用设备的效率也可达10%~15%[21]。该领域的研究还在进行中,比如生产更具有竞争力、成本比硅电池低得多的有机光伏电池。因为单个光伏电池可获得的电压对于大多数常用应用(约0.5V)来说太低,所以需要将几个电池串联,通常由安装在金属框架中并由防反射玻璃覆盖的电池阵列(光伏模块针对不同的应用)来实现。

目前风力发电在新的可再生能源竞争中被提出。用于风力发电机的直接电力的功率范围从几瓦到几兆瓦不等。在特定地理位置利用风能的可能性主要取决于三个参数:该特定地点风的强度、方向和速度。涡轮机通常在所有方向上间隔大约三个叶片直径,留下可用于其他用途的大量空间。叶片直径50cm的风力发电机可用作电池充电器，而叶片大约50m的风力发电机可用于发电量达2MW的风力发电站。风力发电机种类最多的采用两个或三个约30m的叶片，并且能够产生约1500kW的电力。风力发电机相互连接，实现所谓的风电场（Wind Farm）。风能根据场地的平均风速分为1~5等级，其中5是最强的。5类场地的典型输出功率密度范围为3.2~5.7W/m²[22]。因为风的变化和变化率是由太阳对地面的不均匀加热引起的，所以风力可以被认为是太阳能的一种形式。假设平均太阳能密度为200W/m²，按照输出功率密度为5.7W/m²计算，等同于风力发电机的效率为2.85%。风力发电不像光伏那样直接依赖于太阳辐射，效率比光伏发电低约一个数量级，但是太阳能光伏阵列需要100%地放置在地面上，而风力发电场仅占用涡轮机底部的一小部分地面和通路。

生物质可以定义为任何有机物质，而且是能在经常性使用的基础物质上获得，这些物质可以转化为各种产品，如能源、化学品和生物材料，因此近年来生物炼制概念比较热门。最明显的生物质类型是木材和作物，它们被认为是可再生的，因为它们可以通过在生长过程中从大气中吸收CO_2（通过光合作用）而不断再生。此外，许多类型的有机废物（林业废弃物、秸秆、食物废物、粪肥等）可被视为生物质。在生物质资源利用结束时，生物质资源将重新回到空气中，从而形成一个闭环循环。这证明生物质如风一样可以被认为是太阳能的一种形式，太阳能通过生物体正常的生长和代谢功能被生物转化。

生物质物理提质的一部分用于获得固体可再生燃料（如木材、煤等），生物质的能源生产可通过两种基本工艺实现：微生物法和热化学方法。具体过程的选择是评估初始生物质的特征，特别是碳和氮含量（C/N比）和湿度。高氮含量意味着绿色植物材料更适合于生化反应，而高碳含量表明生物质可被燃烧有效利用。可以从不同类型的起始生物材料获得多种生物燃料：通过来自含碳氢化合物材料的醇发酵的生物乙醇；甘油三酯与甲醇酯交换后的植物油或藻类的生物柴油；沼气（甲烷和二氧化碳的混合物）通过厌氧分解复杂的有机物质，如动物排泄物和几种培养物（C/N 15~30,湿度高于50%）的副产物；通过将质子转化为生物氢气在许多类型的微生物（氢化酶）的代谢过程中发生[23]。

与微生物方法不同，热化学过程允许干生物质转化，可以分为以下几种：燃烧、热解和气化。优选具有高C/N比的生物质，不仅可转化为化学品和燃料，而且可直接转化为热和电。在空气存在下的燃烧显然是将生物质中的化学能转化为电能（热和电）的最简单的方法，通常在具有一定湿度等级要求的干燥材料开始的炉子、锅炉、蒸汽涡轮机和涡轮发电机中进行。另两种方法能够根据操作条件提供各种产品。热解是在任何含碳材料不存在氧的情况下的不完全热降解，它可以在低于500℃的温度下发生，提供含有碳质残余物、气态化合物主要是生物油（或热解油）的产物，不同液体物质的混合物，如醇、醛、酮、酯和酚类化合物。当空气和水存在且温度高于800℃时，可以观察到生物质的完全气化。来自生物质的具有不同分子长度的煤或碳水化合物可以与氧气和蒸汽反应以产生CO和H_2（生物合成气），它可以直接用于燃气轮机发电或者在催化剂作用下转化出不同的燃料操作条件。在此竞争中，基于CO和H_2之间的反应产生水和烷烃的Fischer-Tropsch（费托）工艺在200~350℃和1~4MPa及铁基催化剂的作用下，展现了从生物质开始生产生物柴油的可能性。从生物质中获得氢气的另一种途径是通过蒸汽重整或在生物合成气中的部分氧化反应中转化沼气（生物甲烷，源自厌氧消化）（见第2.1节）。

生物质发电（直接燃烧或由生物燃料衍生）具有一些优点：原料在化石燃料方面的成本非常低，CO_2净排放量为零，供电安全，靠近生物质发电时的运输距离较短。然而，从效率角度考虑，必须考虑到生物质的形成总是需要将太阳能转化为某种生物材料，而这只能通过光合作用过程来实现，其能量效率低于1%（见第1.3节）。

众所周知，新的可再生能源的限制在于它们的低能量密度（几乎所有类型）、间歇性（太阳能、风能）以及不可预测性（风力）。出于这些原因，近年来关于核能的辩论重新引起了人们的兴趣，特别是在其利用尚未被接受或广泛传播的国家。2007年，全球约有6%的能源使用量来自核电（图1-1），现有400多家核电厂。最近的一些出版物分析了与核电相关的主要问题和近期的进展[24-28]，简要描述了关于用电和氢作为为运输工具上的能源载体的局限性及潜力[29-33]。

商业核技术仍然基于铀（^{235}U）的同位素235的裂变。这被定义为易裂变材料，因为它能够吸收任何具有动能的中子（也是低能量的"热"中子）。铀主要以U_3O_8的形式存在于天然矿床中，其中0.7%的铀由^{235}U构成，其余为^{238}U。为了使一定数量的易裂变电子核足以用于反应堆运行，所有裂变反应堆都由处于裂变中的^{235}U富集至约4%的铀作为燃料。^{235}U裂变产生的高能中子可被其他^{235}U核吸收，继续反应。一个^{235}U核的裂变产生大约200MeV的可用能量，与一个C原子氧化产生的4eV相比差别巨大。在整个过程中，通过在临界质量的裂变材料中进行可控的核链式反应产生大量的热量。快中子反应堆（增殖堆）裂变，也被称为第四代核能，可能之后会使用^{238}U，因为^{238}U比^{235}U更丰富。而且核聚变具有潜在的发展空间，但距离它们的实际生产能源还需要数十年的时间。

具有高放射性的燃料废物带来的风险、与地质处置库稳定性有关的所需时间（大约200000年）不确定性以及工厂事故发生的可能性，构成了对目前的核技术的强烈反对意见。另一个关键原因与已知的铀储量有关，铀的存储量不足以为现有的400多座核反应堆（每年消耗65000t）以及未来可能的工厂提供燃料。IAEA（国际原子能机构）根据市场价格和参考当前的铀产量估算出铀的储量应足够100年使用，U_3O_8的价格为100美元/kg（约为2010年初的平均价格）。然而，这种评估不仅考虑了确定的资源，而且还考虑了从勘探资料中推断出的与已知矿藏相关的额外资源[34]。这个问题可能使得未来几年核能的大幅度扩张成为不切实际的推断，特别是来自战略上有影响的国家的铀需求将导致铀供应竞争，进而影响某些国家的核计划。可能限制核能进一步发展的其他方面包括：非常高的投资成本，以及保证仅在恒定功率下产生电能的最大效率的可靠技术等。

与上述关键问题相比，核能的主要优势是非常高的比能量（1t U_3O_8 产生的电力相当于约 14000t 煤炭产生的电力）和温室气体的排放，对于与核电厂工作相关的其他操作，例如从 U_3O_8 矿石中提取铀以及再加工，也必须考虑 CO_2 的产生。如果将核能发电与基于氢气作为能源载体的储能系统相结合，这些显著优势可以更好地表现其潜力。虽然通过利用核能生产热并从水原料生产氢的热化学路线尚未达到原型阶段，但基于低成本核电的电解过程在短期内出现是可以预见的。作为储存反应堆产生剩余能量的最佳方法，它不需要在核电站同一地点再建设电网[34]，因此可以克服核反应堆发电的限制，即在基本负荷附近以恒定功率工作。从长远来看，高温电解可以与热化学水分解相结合，都可以通过热核反应实现（见 2.1 节）。

关于运输部门，最近研究比较了使用非核能车辆能源载体的各种可能性，即电力、氢气和液体燃料（合成和生物燃料）[31]。在这种情况下，核能在液体燃料生产中的作用将包括为煤气化和基于费托工艺提供的热或电解氢。这些分析证明，低成本和无碳能源载体（例如电和氢）的使用，可以消除用于所需供热的化石材料的燃烧的 CO_2 排放并减少液体燃料生产中的 CO_2 排放。将这两种能源形式作为未来零排放车辆（即 BEV 和 HFCEV）的解决方案，是至关重要的。

关于在考虑不同能源供应过程的经济影响时，近年来计算能源投资回报率（Energy Return On Investment，EROI，又翻译为能源投资回报值）的方法越来越多[35-37]。EROI 可以表示为时间的函数，定义为交付的最终用户能量 $E_o(t)$ 与为其交付投资的能量之比 $E_c(t)$（与工厂制造、管理、拆除相关的所有能源成本），两个数量在规定的时间 t 内，$EROI(t)=E_o(t)/E_c(t)$ 是累积的。假设时间 t 等于设备的整个生命周期，$E_o(t)$ 可以用足够的数据进行计算，并且数据很容易获得，而 $E_c(t)$ 的计算需要基于生命周期分析（Life Cycle Assessment，LCA）的方法，即通常估计的对象不会收敛。另一方面，尽管基于自由市场的社会可以得到投资和能源之间的相关性，但不可避免的是，某些外部因素可以干预市场，例如政府对特定技术的激励[38]。因此，尽管 LCA 评估存在不确定性，但 EROI 方法比以货币为基础的评估更可靠，并且文献中的数据范围足以在不同的能源供应过程之间进行有用的比较。基于参考文献[39]的一些估计见表 1-3，其中 EROI<1 的值表示净能量损失，即相对于电厂生命周期中产生的能量消耗更多的能量，而 EROI 越高，生产过程就越有利于生产力。可以注意到，石油和天然气的 EROI 在 20 世纪

70年代之前是非常高的（>100），之后由于最大和最便宜的矿井耗尽而迅速下降。用于电力生产的煤炭 EROI 仍然相当高（大约 9），但是这种技术在产生电能的同时 CO_2 的排放量最高。在无碳资源中，核电的 EROI 低于化石能源，并且与太阳能光伏电力（约 1.7~10）相当。

表1-3 对不同能源过程的 EROI 的估算

燃料供应技术	EROI	燃料供应技术	EROI
原油和天然气（井口），20世纪40年代	>100	煤矿（矿口），20世纪70年代	30
原油和天然气（井口），20世纪70年代	8	煤炭发电	9.0
煤矿（矿口），20世纪50年代	80	水力发电	11.2
煤矿（矿口），20世纪70年代	30	核能发电（轻水反应堆）	4.0
乙醇（甘蔗）	0.8~1.7	太阳能光伏发电	1.7~10

数据来源：参考文献[39]。

EROI 方法表明，尽管上述新的可再生能源资源有限，但这些替代技术尚未将其内在潜力完全利用起来。以上结果使科学家和政治家为了能广泛使用这些新技术而做出任何具有可能性的努力，以限制未来化石能源或核能。特别是，可再生资源生产的电力可用于分散式氢气生产，这两个清洁能源载体之间的相互作用可以应用到交通工具上。

1.2 内燃机及其对空气质量的影响

机动车辆是影响发达国家人口经济和生活方式的关键因素，并且在新兴国家中发挥着同样的作用。因此，人口流动需求的增长预计将持续下去，加剧运输手段对环境的负面影响。

近两个世纪以来，为轻型和重型车辆提供动力的主导技术是以内燃机为基础的动力系统。内燃机通过将燃料燃烧的化学能转化为热能，然后转化为机械能，从而实现能量转换，这种能量转换的效率可根据奥托（Otto）循环或迪塞尔（Diesel）循环计算出来。

为了深入分析内燃机的相关问题以及对本书范围之外的交通运输能源的全面检查，我们推荐其他专著[40,41]。本节将重点讨论发动机燃料及其对当地和全球环境问题的影响。

在奥托循环发动机中，通过使用由外部电源，即火花点火（Spark Ignition，SI）产生的定时点火来燃烧空气-燃料混合物。这个原理实际上可以通过两种不同的方式来实现，即四冲程或两冲程的往复式发动机和转子发动机。四冲程往复式发动机是轻型和重型车辆中应用最广泛的一种，它由气门控制在一个工作行程中，曲轴转动两次，利用四个行程进行气体交换过程：空气燃料混合物吸入，气体压缩，活塞到达上止点，工作行程（燃烧和膨胀）前，定时点火，排出燃烧废气。在直喷点燃式发动机（Spark Ignition Direct Injection，SIDI）的新近发展中，气流由节气门调节并在气缸中压缩，而由电子喷射系统管理的燃料被加入充满压缩空气的气缸内。该系统确保在均匀性和碳化度方面对空气燃料混合物进行更精确的控制，从而为燃料消耗、燃烧性能和短时间响应带来益处。在火花塞点火之后，所有操作条件下的燃烧都必须可控，没有自燃现象。如果燃料的点火质量不符合发动机的要求，就会造成温度和压力的急剧增加（即爆燃），从而导致发动机损坏。延迟点火可以避免质量差的爆燃，但这意味着废气温度升高，效率损失。汽油的点火质量由辛烷值表示，该值通过在参考发动机中比较汽油的燃烧特性与异辛烷（2,2,4—三甲基戊烷）和庚烷的特性来确定。由于其特有的燃烧平稳性，几乎没有爆燃。因此，异辛烷的辛烷值为100。

二冲程奥托发动机，每个工作循环都可以实现曲轴旋转一周，相对于四冲程发动机来说，体积上可以更小，更轻，多用于小摩托车。但是其燃料消耗和排放问题尚未解决。旋子发动机（或汪克尔发动机）可以被认为是四冲程往复式发动机的变体。在气体交换相位控制过程中，它不使用活塞类发动机的气门，而是采用一种换气端口。这种类型的发动机由于其较高的燃油消耗和废气排放，并没有在现代汽车上广泛使用。

从原理上讲，柴油发动机也可以采用二冲程或四冲程。但实际上，四冲程柴油发动机存在于绝大多数车辆上，二冲程柴油机仅适用于大型船舶。现代四冲程直喷式柴油发动机（Compression Ignition Direct Injection，CIDI）不同于汽油发动机，其自燃点火所需的能量来自气缸内压缩空气的高温，这就决定了在压缩行程结束前燃料的自燃。这意味着需要采用非常高的压缩比以达到点火所需的温度。为了保证发动机最佳运行工况，以及具有很高的效率和低消耗，需要利用燃料自燃特性对点火延迟（喷射和燃烧开始之间的时间）。点火延迟过长意味着燃烧室压力急剧上升，噪声和氮氧化物排放量随之增加。柴油的自燃性能由十六烷值进行量化，即十六烷体积百分比。具有100十六烷值的柴油，表示它是一种具有很高点火质量的化合物，而如果是零值则表示它具有非常低的点火性能。发动机必须在所谓的"稀薄燃烧"条件下操作（即空气-燃料比大于理想值的要求），以达到空气-燃料混合完全燃烧。尽管柴油发动机在效率和转矩方面较为理想，但在功率方面相对于其他同功率等级直喷点燃式发动机而言则较差。直喷压燃式（Compression Ignition Direct Injection，CIDI）发动机目前最新的技术是使用涡轮增压器来保证额外的动力（供给更多的燃料和空气进入气缸），及所谓的高压共轨多点喷射技术。高压共轨多点喷射技术可在燃烧室达到很高的喷射压力，并利用顺序电控点火实现多点喷射燃烧，以利于更好的排放、燃料消耗和噪声控制。与能实现更高效率的 CIDI 发动机相比，SIDI 发动机凭借高压缩比和稀薄的空气燃料混合物——均质充量压燃（Homogeneous Charge Compression Ignition，HCCI）发动机近年来受到广泛关注，目前已成为工业现实。它们把汽油发动机和柴油发动机的基本特征做到了极致：预混均匀，稀薄空气-燃料压缩到自燃点，允许低 NO_x 和微粒排放，效率值与柴油机差不多[42]。

今天几乎所有的汽车都在使用汽油机或柴油机。其主要来自不可再生资源液体，如原油。因为它们的可用性、易用性和高能量密度，这些燃料一直被认为特别适合车辆。汽油机和柴油机的燃烧类型不同，汽油和原油具有完全不同的特性，参考文献[41]对此作了详细的描述。

汽油是由原油分馏而产生的。它是由在 $C_4\sim C_{12}$ 范围约 500 多种碳氢化合物构成的复杂混合物，主要分属于四种复合组：烷烃、环烷烃、烯烃和芳烃。直链或支链烷烃的量最多（约 50%），含有少量的环状烷烃、芳烃和微量烯烃。

汽油最重要的性能指标就是辛烷值，用于抵抗自燃与爆燃。辛烷值是通过蒸馏和蒸气压力的特性来表示的，并需要在所有操作条件下对燃烧室内可燃空气-燃油蒸气进行测试而获得，辛烷值也可以影响排气和蒸发排放。苯和铅添加剂用来控制汽油的抗爆性能，但由于其毒性，现在取而代之的是异构体较高的芳烃、醚（甲基叔丁基醚）、醇。

在燃烧过程中，汽油应该完全地转化为水和 CO_2。然而，由于燃烧室中会出现不同的现象，发动机废气中也存在各种不应出现的化合物[40]。这些化合物可分为未燃烃（THC）、非甲烷未燃烃（NMHC）、一氧化碳（CO）、氮氧化物（NO_x）和颗粒物（PM）。由于引入了废气处理催化系统，改进的发动机技术已经可以使污染物排放量大幅度减少。事实上，95% 以上的这些污染物由安装在汽油车排气系统中的三元催化转化器[43]进行了转化（氧化或还原），而其残余物也能受到三元催化转化器重整效果的影响。关于汽油替代改性对空气质量的影响已经进行了多项研究，特别是研究证明减少芳烃和硫是可行的[41]。

柴油发动机的柴油来源于原油蒸馏的中间馏分。与汽油不同，它需要在燃烧室达到的温度和压力值下易分解，因此柴油主要由烷烃和环烷烃（约 80%~90%）和符合其他发动机要求（例如低温行为和热值）的不饱和化合物（芳烃和烯烃）组成。高十六烷值不仅有利于自燃和起动，而且有利于减少排放和降低噪声。由于燃料中的硫会增加二氧化硫和颗粒物质的排放，商用柴油燃料中的硫含量限制在非常低的水平（欧洲自 2005 年起为 50×10^{-6}），并且趋于几乎完全消除（2009 年以来欧洲为 10×10^{-6}）。除了可以减少颗粒物的排放，将硫含量从 50×10^{-6} 降低至 10×10^{-6} 还可以提高氧化催化转化器的性能和耐久性，并且可以减少硫引起的腐蚀，降低发动机机油的酸化速度。文献[44]论述了关于柴油碳氢化合物成分对废气排放的影响，还评估了废气突变性与芳烃含量之间的相关性。

尽管过去 20~30 年间空气质量有所改善，但工业化国家和新兴国家仍然存在严重的污染问题，特别是在城市地区和人口密集地区。新型发动机和燃料技术领域的研究主要是由法规而非市场推动的。政府立法机构正在对汽车尾气排放的污染物及排放标准提出越来越严格的要求，同时对燃料经济问题和温室气体排放量也进行一定程度的警告。特别是因为柴油汽车在轻型汽车整体销售中所占的份额在增加，在道路交通方面排放的减少被视为改善空气质量的重要因素。在欧盟，汽车的欧 5 和欧 6 排放标准已通过法规（EC）N.715/2007[45]和法规（EC）N.692/2008[46]确定。这些法规修订了目前汽车排放限制（自 2005 年 1 月 1 日起生效的欧 4 标准），其技术要求分两个阶段生效，其中欧 5 排放限制自 2009 年 9 月 1 日起生效，欧 6 排放限制自 2014 年 9 月 1 日起生效。欧 5 的主要影响是将柴油汽车颗粒物排放量从 255mg/km 减少至 5mg/km。这将使柴油车的颗粒过滤器成为强制性要求。欧 6 的限制主要是将柴油汽车氮氧化物的排放量从 180mg/km 进一步降低到 80mg/km。新技术的引入意味着额外的成本，决定了新车的售价上涨，欧 5 和欧 6 的新排放限值既要确保空气质量标准的提高，也要考虑不损害消费者对汽车价格的可承受性。

了解监管机构严格排放限制的原因，以及对原油储量的严重程度和对产油国过分依赖的担忧，有利于促进在道路车辆上使用替代燃料的技术发展。

天然气是一种非常丰富的化石燃料，与原油储量集中分布在中东地区（约 65%）不同，它均匀分布在世界各地，已知储量最大的地区是苏联（35%）和中东（40%），其次是亚洲、非洲、美洲和西欧。它主要由甲烷（85%~99%，取决于其来源）与以较低浓度存在的其他化合物组成：重烃（乙烷、丙烷、丁烷及其异构体），惰性气体（氮气和二氧化碳），硫化合物（硫化氢、硫化羰、硫醇），少量稀有气体和水。从环境角度来看，这种组成是天然气的主要优势，实际上天然气车辆的非甲烷碳氢化合物和颗粒物排放量很低，但甲烷排放量较高，这意味着天然气车辆具有较低的发动机废气毒性[47]。然而，为了满足严格的规定，天然气汽车也需要采用三元催化转化器（由于甲烷的化学稳定性较高，与汽油车所用的催化转化器相比，天然气车辆的三元催化转化器需要具有更强的反应活性）和与污染物排放相关的现代电子燃料控制系统。此外，天然气只含有 75% 的碳，而汽油和柴油的含碳量有 86%~88%，因此天然气废气中每单位能量释放的 CO_2 较少（与柴油汽车的 CO_2 排放量相当，后者采用稀空气燃料混合物，效率更高）。关于着火特性，甲烷对自燃具有非常高的抵抗能力，这意味着对于天然气车辆高压缩发动机具有很高的潜力，并且其可燃性范围比其他碳氢化合物更宽，发动机可以运行在稀薄状态（但需要在化学计量条件下使用三元催化剂）。另一方面，气体体积的减少限制了发动机的换气能力，发动机性能降低。发动机性能可以通过提高压缩比来部分恢复。然而，大多数天然气汽车是经过改装的双燃料（汽油、天然气）车辆，需要针对汽油特有的抗爆特性进行设计，因此甲烷的全部潜力无法在这些车辆上得到充分发挥。由于存储气体燃料所需的加压气瓶以及随之而来的行驶里程限制，天然气的低能量密度问题也导致车辆上的存储问题，特别是乘用车。尽管许多国家都有大量正在运行的由甲烷驱动的轻型和重型车辆，但天然气车辆普遍推广的主要障碍仍然是缺乏运输和仓储基础设施。

液化石油气（LPG）通过与天然气分离提取较重的液态烃，在气体分配之前除去天然气，或者通过在炼油厂加工原油得到。根据生产方法，它主要由丙烷构成，剩余部分由丁烷、异丁烷、丙烯和丁烯构成。除这些组分外，可能存在少量其他物质，如硫化合物、水和焦油。LPG 的主要生产商和出口商位于中东、加拿大、北非和远东，而主要消费者是美国、日本和西欧（交通运输行业约占 10%）。目前，大多数石油精炼国家的液化石油气供应超过需求，因此与其他碳氢化合物相比，价格较低。它具有良好的燃料性能（比汽油更高的辛烷值和更宽的可燃性限制），并且作为点燃式发动机的燃料，它具有许多天然气的优点，而且更容易存储在车辆上，这要归功于它在室温和低压（0.8~1MPa）下的液体形式。此外，它的排放特性与天然气车辆类似，只是排气中的碳氢化合物成分有所不同，这取决于燃料成分（丙烷/丁烷混合物而不是甲烷，具有较低的 H/C 比）。车辆进行液化石油气改装可以在用户购买后进行，也可以由制造商在生产时进行。液化石油气转换套件与标准车辆电子控制单元连接，使所有排放控制系统得到充分利用。许多政府机构认为液化石油气既是一种替代燃料，也是一种本质上清洁的燃料，因此在一些地区推行税收优惠政策或豁免通行，促进了其推广。

甲醇目前是通过天然气重整过程生产，主要作为工业化学品分配，但也可以由包括生物质在内的任何碳质材料生产。它具有许多理想的燃烧和排放特性，例如比汽油更高的辛烷值和更宽的可燃性限制（稀燃能力），此外它是一种液体，其储存和处理比气体燃料简单得多。轻型甲醇车辆的 NO_x 和 CO 排放量与汽油车辆相似，而轻质碳氢化合物排放量约为汽油车辆的一半。甲醛（甲醇的主要燃烧产物）的排放量相对于汽油或其他替代燃料汽车的排放量高得多，但可以通过排气催化转化器轻松控制。其 H/C 比高于汽油或柴油燃料，因此燃烧时产生的 CO_2 较少。然而，甲醇作为汽车燃料存在一些严重的局限性，特别是它具有剧毒和腐蚀性，由于其分子中含有较高的氧原子，其能量密度低于汽油，其质量加热能量约为汽油的一半。最常见的甲醇燃料是含有 15% 汽油的 M85 混合燃料，由于汽油的挥发性，还解决了甲醇汽车的冷起动问题。

自从 20 世纪 70 年代的石油危机以来，人们对可再生能源燃料的潜在使用特性进行了广泛的研究。生物质生产的乙醇受到了主要关注。因为生物乙醇是由植物生产的，所以其燃烧产生的 CO_2 是完全可回收的。它可以通过发酵技术从任何含碳水化合物的材料获得,特别是从几种类型的谷物,以及甘蔗、甜菜和木材中获得。巴西和美国是最大的乙醇生产国(占全球总产量的2/3),其中乙醇主要从甘蔗和玉米获得,而欧洲的贡献则低于10%(主要来自甜菜)。全球大约80%的乙醇产品用于交通行业,最常用的方式是与汽油混合,可以在传统点燃式发动机中燃烧,而专用发动机则是燃烧纯乙醇所必需的。在巴西,生物乙醇在汽油中的比例约为25%("汽油醇"),而在美国和欧洲,则分别允许10%和5%。乙醇与汽油混合使用的主要作用在于轻度降低轻质碳氢化合物CO的排放量。所谓"柔性燃料汽车"(Flexible Fueled Vehicle),是允许使用更高浓度乙醇的车辆,它们能够使用任何汽油和乙醇的混合物,甚至85%乙醇(E85燃料)的浓度。在这些车辆中,燃料的氧含量由传感器监测,以相应地调整所有发动机参数。由于乙醇不具有润滑性,它作为独立燃料使用时需要采用添加剂以确保燃料的必要润滑性。这些车辆在巴西应用广泛,约有80%的新车采用了FFV技术。在FFV中大量使用生物乙醇可以实现CO_2减排目标,但是,因为乙醇主要来源于谷物和糖,其交通运输生产与大多数国家的粮食生产直接竞争,所以乙醇价格相对较高,并且不被鼓励作为汽车燃料使用,除非获得强有力的补贴,例如巴西和美国。从这个角度来看,由木质纤维素原料(木质和草本生物质)生产的乙醇可以成为这种可再生燃料的更合适的来源。

生物柴油是可再生的柴油燃料替代品。一般来说,它可以被认为是来自任何生物质的柴油燃料。目前它的生产方法是基于甘油三酯通过甲醇的酯交换反应(或醇解)以获得名为脂肪酸甲酯(FAME)的产物。甘油三酯可以存在于不同的脂肪生物材料中,例如植物油和动物脂肪。欧盟是生物柴油生产和消费的全球领先者,主要来源是油菜籽和向日葵,而在美国,主要来源是大豆油。预计欧盟将继续成为生物柴油的主要生产国,这要归功于2003年欧洲法规2003/30/CE的要求,该指令要求5.75%的传统化石燃料将不得不被生物燃料取代。甘油三酯是由三种脂肪酸和一种甘油构成的酯,其中脂肪酸的类型取决于生物来源的性质。FAME被认为是第一代生物燃料,因为它仅由作物的一小部分(从植物中提取的油)生产,而第二代和第三代生物燃料将使用全部作物,这要归功于正在开发中的新技术。原则上,植物油可直接用于柴油机;然而,它们的一些特性会在车辆应用中引起问题。特别是植物油的黏度比石油柴油高约10~20倍,这意味着它具有截然不同的喷射和雾化特性。现代柴油机的燃油喷射系统对黏度变化非常敏感,直接使用植物油导致的问题已经通过与甲醇酯的交换解决了。然而,使用甲醇意味着在生产过程中引入额外的化石能源(甲醇通过合成气及天然气生产),这就减弱了使用植物闭环CO_2循环作为能源的主要环境优势。生物柴油可用于纯柴油机或与石油柴油混合的柴油机,对比传统燃料,它的优点有较高的十六烷值、零硫和芳烃含量,以及较低的颗粒物质、CO和多环芳烃(PAH)排放(醛类的较高排放可以通过排气催化转化器来控制）。虽然商业上使用 FAME 作为混合柴油燃料的组成部分日益广泛（混合 B20，含 20%的生物柴油），但纯 FAME 生物柴油仅存在于利基市场。与任何其他源自植物的燃料（即生物乙醇）类似，全球用于栽培的土地的有限性与随之而来的与食物生产的竞争是强烈阻碍生物质燃料推广的关键因素。尽管第二代和第三代生物燃料承诺全部利用非食用植物作物，但对于生物质来源的所有燃料来说，土地问题仍然至关重要，特别是如果考虑植物材料中的太阳能转换自然过程的效率很低（1%，参见 1.3 节）。最近的研究证明，全球生物质能生产的潜力可以替代目前化石燃料使用量的大约几个百分点[48]。

氢气是一种与上述考虑因素大不相同的燃料。它不含碳元素，这意味着它在废气排放方面有明显的优势。然而，当燃烧作为氧化过程以提供能量时，NO_x 排放物以及来自发动机润滑剂的碳氢化合物及 CO 的泄漏是不可避免的。无碳排放只是一部分优势，氢作为运输燃料的巨大潜力是基于其热性能：约为传统液体燃料（汽油和柴油燃料）和天然气比能量的 3 倍。然而，它在大气压下的体积能量密度比天然气低至少 60%。这意味着，如果必须在汽车油箱中使用氢气，则需要以非常高的压力（至少 70MPa）对氢气进行压缩，以确保每个充气间隔内可行驶里程与常规车辆相当，或者在低温条件下作为液体储存（见第 2.3 节）。关于它在道路车辆内燃机中的应用，氢具有一些优点，例如比汽油更高的辛烷值和更宽范围的可燃性。尽管低点燃能量和高火焰速度会在混合物制备过程中引起自燃或火焰回火，但较宽的点火范围可以允许非常稀薄的空气/燃料混合物被燃烧，从而提供控制 NO_x 排放的方式。宝马公司最近在氢内燃机方面，成功开发了带有液态氢和一个电子燃料混合系统的 7 系轿车的原型样机[49]，能够精确调节氢气的喷射量。这种原型机的燃烧通常是稀薄的，NO_x 排放量减少，而低温罐的绝热系统能够确保大约 3 天的无损氢气储存，氢气加注时间约为 3min。如果将车辆废气排放设置为最优先考虑的事项，则对于当前大多数车辆（即内燃机）的动力技术来说，氢气是最合适的燃料。然而，除了需要专门的基础设施（见第 2 章）之外，与使用氢气能源载体有关的其他关键问题，特别是生产和储存方法，尚且需要在更广泛的背景下评估其使用的便利性，同时考虑全球范围内的排放量以及矿井到车轮的效率估计。

1.3 气候变化和无碳燃料机遇

温室效应是一个自然过程，它有助于调节地球温度，避免地球被冻结。大约一半的来自太阳的可见光辐射通过大气自由传播，并在地球表面被吸收转化为热量。由于地球温度较低，地球表面将这种能量以红外辐射的形式返回到大气中，而大气中存在的一些气态物质能够吸收和捕获被太阳加热后从地球表面发射的一部分红外能量。正是由于这种天然温室效应的自然现象，地球平均温度约为15℃；如果没有这些天然温室气体的话，大约为-19℃。最丰富的天然温室气体是水蒸气（主要来自海洋蒸发）、CO_2（来源于植物和动物呼吸作用）和甲烷（通过有机物质的厌氧降解产生），而其他存在于大气中并且能够吸收地球红外辐射的气体一般会在非常短的时间内被清除，不会以明显的浓度积累。对于1年或更长时间存在的地球表面释放的温室气体，它们可以通过大气中的风传播，并且可以吸收所有纬度和经度范围内的红外辐射。人类活动可以进一步促进大气中温室气体的存在，不仅涉及上述水蒸气、CO_2和甲烷（主要来源于包括天然气在内的化石燃料的燃烧），还涉及氧化亚氮的排放（N_2O，来自农业使用肥料）和合成卤烃（主要用作溶剂、杀虫剂和制冷剂）。虽然人类活动导致大气中温室气体浓度增加是不容置疑的，但目前仍然有激烈的科学讨论集中在：这种温室气体的增加是否影响地球的自然平衡，增强温室效应是否会引发危险气候变化。

表1-4显示了不同温室气体在大气中的存活时间、气候强迫能力和全球变暖潜能方面的比较。根据IPCC 2007报告[50]，气候强迫能力可以定义为对地球能量平衡的强加干扰，通常以瓦特每平方米（W/m^2）表示，而气态组分的全球变暖潜能值（Global Warming Potential，GWP）是衡量某一特定质量的气体预计导致全球变暖的程度。它主要取决于分子对红外辐射的吸光度及其存活时间，是与相同质量的CO_2在特定时间范围（根据定义CO_2的GWP）测量的对应。表1-4证明了当时间范围从20年增加到100年时，存活时间对GWP的影响。特别对于甲烷而言，由于它存活时间相对较短，GWP并不高，而NO_x和卤化碳的GWP都很高。另一方面，尽管水蒸气在红外辐射吸收方面非常显著（对天然温室效应的贡献占优势，约占全部天然温室气体的60%～80%），但气候强迫和GWP值并没有考虑这个组分。这是因为区分一种气体是否具有气候强迫性，主要考虑气体是否能够造成气候初始变化，是否具有反馈性，以及扩大初始强迫性的能力。这种差异与大气中化学物质的存活时间有关，相对于其他气体组分的存活时间（几年到上百年），水蒸气存活太短（约几天）。由于其大气寿命较短，水蒸气不能强迫初始气候变化，但由于长期气候强迫剂（表1-4中的其他化合物）引起的温度升高，其气体浓度可能会增加。由于这种温度升高而引起的额外水分蒸发将导致进一步全球变暖的温室效应，然后成为初始强迫的放大剂，这称为水蒸气的正反馈效应。

只考虑作为气候强迫的气体组分，特定气体对温室效应的贡献不仅受气体特性（存活时间、气候强迫能力和全球变暖潜能值）的影响，也受气体浓度影响。在表1-4中，CO_2被认为是人类活动产生的最重要的温室剂，因为高存活时间（100年）、显著的气候强迫值和大气中浓度水平升高（至少比CH_4和N_2O高出3个数量级,相对于卤化碳高出 6 个数量级)。即使天然来源的 CO_2 比人为造成的高约 20 倍(从几年到几个世纪),自然资源也会进入天然碳循环(海洋吸收、光合作用、岩石风化)。CO_2 在气候变化方面的问题与人为活动所产生的额外释放也有很大关系,而人类活动基本上是由化石燃料燃烧构成的,并且由于森林砍伐而变得更糟。由于这个原因,近年来气候专家和各国政府相关部门已经付诸大气中 CO_2 浓度增加问题及其对地球全球变暖产生影响的可能性方面以极大关注。

表 1-4 主要温室气体的存活时间、气候强迫能力和全球变暖潜力

化学成分	存活时间	气候强迫值/(W/m^2)	全球变暖潜能值(20 年)	全球变暖潜能值(100 年)
水蒸气	几天	—	—	—
CO_2	>100 年	1.3~1.5	1	1
CH_4	12 年	0.5~0.7	72	25
NO	114 年	0.1~0.2	289	298
氢氟烃	270 年	0.01	12000	14800

如前所述,温室气体增加与全球变暖之间的联系是引发科学讨论强烈分歧的原因,特别是关于气候强迫因子的自然变异性和时间历史的巨大不确定性水平使得这种联系非常难以明确建立。事实上,与自然变异性相比,过去几十年中记录的全球变暖幅度过大的现象只能表明温室气体浓度增加与气候变化之间关系的有效性,但并不构成科学论证。

尽管有这些考虑,根据文献[50]中报告的数据可以证明以下事实:

① 气候变暖是肯定的,如平均空气和海洋温度的增加,平均海平面的上升和冰化冻等的表现。比如,在 1995—2006 年期间,12 年中有 11 年是自 1850 年以来最热的年份。1956—2005 年期间 50 年的线性升温趋势(0.13℃/10 年),几乎是 1906—2005 年的 2 倍(100 年)。这种增加是非常显著的,特别是如果与导致冰期结束的温升(超过 5000 年大约 1.5℃)相比。此外,自 1961 年以来,全球海洋的平均温度在至少 3000m 深处增加,而 1961—2003 年期间平均海平面上升 1.8mm/年,1993—2003 年期间平均海平面上升 3.1mm/年。自 1978 年以来的卫星数据显示,北极海冰平均每 10 年减少 2.7%。

② 大陆和海洋的许多自然系统正受到区域温度升高的影响。1980 年以来的观测表明,春季植被的"绿化"变早了,海洋和淡水生物系统也发生了一些变化。

③ 1970—2004 年期间,人为温室气体(CO_2)的年排放量增长了约 80%,从 21 至 38 亿 t,占 2004 年温室气体人为排放总量的 77%,主要是由于到能源供应,运输和工业(见表 1-2 关于 CO_2 排放量的百分比数据)。全球大气中的 CO_2 浓度已

经从工业化前期的约 $280×10^{-6}$ 上升到 2005 年的 $379×10^{-6}$。1995—2005 年期间的年度 CO_2 浓度增长率比整个观测期(1960—2005 年,平均每年 $1.4×10^{-6}$)高了许多(平均 $1.9×10^{-6}$/年)。

④ 自 1750 年以来,人类活动导致温室气体(CH_4 和 N_2O)在全球大气中浓度增加,远高于工业化前期的值。甲烷从工业化前期的约 715~1732ppb⊖ 增加到 2005 年的 1774ppb。工业 NO_x 浓度从约 270~319ppb 的工业化前期开始上升。许多卤化碳在工业化前期的大气中几乎没有出现,现在其浓度值已经开始上升。

⑤ 气溶胶排放(硫酸盐、颗粒碳、硝酸盐和粉尘)可产生某些非决定性的冷却效应。

⑥ 反馈效应可以放大某些给定的气候强迫因子对气候变暖的响应。水蒸气作为正反馈剂的作用以前已经被检测过,但是另一个正反馈可以由 CO_2 产生。事实上,温度升高降低了陆地和海洋对 CO_2 的吸收量,在给定排放量前提下,这种气体在大气中的浓度会越来越高。

基于上述事实和统计分析,IPCC 专家所得出的结论是,自 20 世纪中叶以来,全球平均气温的增加很可能是由于观测到的人为温室气体增加所致,其中评估发生的概率超过 90%,而高概率和高信度也归因于全球变暖对生态系统、经济部门和地理区域的影响[50]。

对未来气候变化的预测也是目前科学辩论的对象之一。IPCC 已经根据不同的排放情景对其进行了分析。这些分析结果表明,如果人为因素的 CO_2 排放量继续以当前增长率(约 3%/年)继续增加,到 2100 年在大气中将达到 $1100×10^{-6}$ 左右(在这种情况下,仍然会有少许关于气候负面影响的怀疑),而如果 CO_2 排放量被控制维持当前的水平,那么到 2100 年,大气中的 CO_2 排放量将约为 $520×10^{-6}$。在这些情景的对比中,许多气候模型已经被用于预测在不同领域 CO_2 大气浓度的可接受值,即与关于人口和能源需求增长的预测相一致的值。从提出的 CO_2 不同浓度水平的一部分预测中,得出稳定的 CO_2 浓度水平(到 2050 年为 $450×10^{-6}$~$550×10^{-6}$)。研究人员一致认为,尽管化石燃料的利用率正变得越来越高效,但只通过目前的能源技术,无法实现这种保持 CO_2 浓度的稳定,另一方面,关于通过将这种气体封存在"安全"地点(例如废矿井或油井和海床)中解决 CO_2 排放问题的可能性,技术上非常耗能,且仍处于初始发展阶段[51]。因此,普遍认为,只有在实施由核能或可再生能源生产的情况下,才能在 21 世纪中叶实现大气中 CO_2 浓度可接受的值。

之前已经讨论过,由无碳资源生产的电力和氢气可以被视为清洁能源载体,用于各种固定的或移动的应用。特别是,BEV 和 HFCEV 代表了在交通工具等关

⊖ ppb 为十亿分之一。

第 1 章
通向绿色无碳车辆的可行之路

键部门实施替代能源载体的基本工具。然而，任何关于替代能源使用的评估都不能忽略效率问题，BEV 和 HFCEV 的潜力必须从全球效率进行评估和比较，即通过"从矿井到车轮"来分析这两种类型的车辆——内燃式车辆（ICV）和混合热电车辆（HTEV）。在后者中，由于混合动力的原因，内燃机可以设计为典型行驶循环的平均功率而不是最大功率，从而使发动机在接近其最佳效率的条件下运行（有关使用电力驱动的车辆的工作特性将在第 5 章讨论）。当对不同能源载体供电的车辆进行评估时，有必要考虑将初级能源利用效率作为一种度量，以便考虑从最开始能量来源的"矿井"到有效能量的"车轮"。从一定数量的初级能源开始，考虑能量损失以评估可用于牵引的最终能量，包括：

① 为实现实际能量进入车辆，由于燃料生产和分配造成的损失。

② 进入动力传动系的净能量，考虑由于车辆运行及道路管理（调节、照明）而引起的车辆损耗。

③ 由于道路负载和由发动机损失的热量而造成的损失，以实际获得可用于"车轮"的剩余能量。

这些评估往往是非常复杂的，因为涉及对技术的长期发展的若干假设，而这些假设可能呈现出不同的进展趋势。在文献[52-54]中，基于不同主要资源的这方面类型的比较有不少结果，而今天可用的结果也似乎趋于一些一般性结论。表 1-5 和表 1-6 分别描述了上述不同类型车辆的评估结果，分别参考化石和可再生能源资源。这些数据基于文献[52]中报道的综合分析和其他参考文献。

表 1-5 从化石初级能源开始，不同类型车辆的从矿井到车轮效率

初级能源	能源载体	车辆类型	能源转换效率（%）①	车辆效率（%）②	从矿井到车轮效率（%）
煤炭	电力	电动汽车	37	61	22
天然气	电力	电动汽车	51	61	31
天然气	氢	燃料电池汽车	73（35MPa）	34	25
原油	柴油	柴油车	95	20	19
原油	柴油	混合动力汽车	95	29	27

注：改编自参考文献[52]。
① 包括运营商配电效率（电力 93%，压缩氢 86%，石油 99.8%）。
② 在 US FTP 行驶条件下测评，用于镍氢电池电驱动系统。

表 1-6 从非化石主要能源开始的不同类型车辆的从矿井到车轮效率

初级能源	能源载体	车辆类型	能源转换效率（%）①	车辆效率（%）②	从矿井到车轮效率（%）
核能	电力	电动汽车	28③	61	17
核能	氢	燃料电池汽车	28 到电力③ 47 用于电解③	34	4.5

（续）

初级能源	能源载体	车辆类型	能源转换效率(%)①	车辆效率(%)②	从矿井到车轮效率(%)
光伏	电力	电动汽车	11③	61	6.7
光伏	氢	燃料电池汽车	11 到电力③ 47 用于电解③	34	1.8
生物质能	电力	电动汽车	1 用于光合作用④ 42 用于电力	61	0.26
生物质能	氢	燃料电池汽车	1 用于光合作用④ 59 用于氢气③	34	0.20

① 包括载体分配效率(电力93%,压缩氢86%)[52]。
② 来自参考文献[52]，根据 US FTP 行驶条件测评，镍氢电池电驱动系统。
③ 参考文献[54]并对脚注①进行了更正。
④ 通常认为是 0.1%~1%[55]。

表1-5显示，化石资源"从矿井到车轮"的效率大约为20%~30%，使用天然气获得电力估算的最大值为31%。尽管载体生产效率非常高(95%)，但柴油车辆获得的效率最小，这是由于内燃机相对于电动或混合动力系统效率较低(内燃机只能在接近其最大功率的条件下工作,最大效率为35%~40%,而表1-5中的所有车辆效率都是根据美国联邦测试程序驾驶循环估算的,其平均功率低于车辆的最大功率)。与ICV相比，HTEV车辆效率更高，尤其呈现出非常好的从油井到车轮的效率。对HFCEV进行评估的主要能源效率也相当高(25%)，但氢是通过催化重整工艺从天然气中获得的(见第2.1节)，因此它的生产伴随着CO_2排放。

表1-6仅涉及来自非化石资源的能源，并对BEV和HFCEV进行了比较，即电力和氢气分别作为车辆的能源载体。因为这两种能源载体都可以从几种无碳资源如核电和可再生能源获得。实践证明，只有从核电和直接用于BEV的电力出发，才有可能获得与化石资源相媲美的初级能源利用率(17%)，根据估算，太阳能生物质(BEV为0.26%)的效率非常低，主要是因为光合作用过程的效率低下(将光子、电磁波的能量转换成存储在有机结构中的化学势能的自然过程的效率，通常是被认为是0.1%~1%[55])。

在太阳能生物质能源中，BEV和HFCEV的从矿井到车轮效率证明，这种方式不能被用作将生物燃料应用于电动车辆的大规模解决方案，除非该生物质是从生物废物(林业废弃物、秸秆、食物垃圾、肥料等)中获取。

当核电和太阳能光伏被视为主要能源时，电力和氢气的比较更为显著。从表1-6可以看出，对于这两个主要资源来说，BEV的矿井到车轮效率比HFCEV高4倍。

这不仅是因为电池驱动车辆的效率更高，而且还因为将氢气供应到燃料电池整个过程的效率低，即从主要资源开始的电力生产加上通过电解生产氢（13%，光伏发电占5%，与BEV直接使用的发电量相对应，分别为28%和11%）。电力产生的氢气通过燃料电池在HFCEV中转化为电力，导致车轮效率低于BEV的预期结论（分别从核和光伏开始，分别为4.5%和1.8%，与17%和6.7%）。

在传统内燃机中使用氢气的效率见表1-7。这些数据表明，由于氢气内燃车辆与柴油车辆（20%，表1-5）具有同样高的车辆效率，仅从天然气生产氢气（有CO_2排放），能源效率可能与其他常规燃料用于内燃机车辆类似（柴油车辆为19%，见表1-5）。另一方面，如果氢气是由核能或可再生资源生产的，那么内燃机车辆的矿井到车轮效率总是低于燃料电池和电驱动系统（HFCEV，见表1-6）的估算效率，而且与氢燃烧相关的发动机，还有尾气中带有NO_x排放的缺点。

表1-7 氢内燃机汽车燃料经济性分析：不同初级能源来源的从矿井到车轮的效率比较

初级能源	能源载体	车辆型式	初级能源转换效率（%）	车辆效率	矿井到车轮效率
天然气	氢	内燃机车轮	73（35MPa压缩氢）	20	15
核能	氢	内燃机车轮	28 发电 47 电解水	20	2.6
光伏	氢	内燃机车轮	11 发电 47 电解水	20	1.0
生物质能	氢	内燃机车辆	1 光合作用 59 制氢	20	0.1

对于特定技术在初级能源利用效率方面的潜力，这种精确的矿井到车轮效率的分析可以提供有用的指导，但不足以确定某种技术或能源载体是最佳选择。特别是BEV获得的高效的矿井到车轮效率，是从核能等高能量密度的主要资源开始，并且是通过某些不可或缺的必要条件来实现。在这些条件中，在现有技术的基础上，续驶里程依然是电池驱动车辆未能被普遍推广使用的主要限制，因为电能存储系统在比能量方面（单位重量或体积的能量）还不能令人满意。特别是，基于现有技术的一些预测[56]证明，即使是最先进的锂离子电池，BEV可获得的续驶里程相对于用压缩氢气（350bar和700bar）而言，在车辆重量方面毫无优势，而铅酸电池和镍氢电池所能提供的续驶里程则更低。那么开发具有与传统燃料或压缩氢气相当的特定能量密度的新型电池，就成为电动汽车能够成功进入市场以及作为未来高效运输手段的关键因素。

对电动汽车不同类型储能系统的分析将在稍后（参见第5.1节）章节中描述，同时本节，将梳理表征这些系统性能的主要功能参数，即针对不同的电化学储存能力和输出电压匹配，以突出BEV发展的当前状况，并进一步说明将电力和氢气作为运输行业未来能源载体的比较。目前可用的电池(如铅酸、镍铬、镍氢)和其他仍在研究中的系统(锂离子和金属/空气)的开路电压和比能量[57~60]见表1-8。

表1-8 不同类型电池的开路电压和比能量

类型	理论开路电压/V	实际开路电压/V	理论比能量/(W·h/kg)	实际比能量/(W·h/kg)
铅酸电池	2.1	2.0	252	30~45
镍铬电池	1.35	1.2	244	40~51
镍氢电池	1.35	1.2	206	50
锂离子电池	4.1	4.1	410	150
锂/MnO$_2$电池	3.5	3.0	1000	120
锌/空气电池	1.65	1.5	1350	200~300
铝/空气电池	2.7	1.6	8140	300~500
USABC①要求的电池	—	—	—	200
汽油	—	—	—	13000

① USABC 指的是美国先进电池联盟(United States Advanced Battery Consortium)开发的电池,译者注。

开路电压的理论值代表单电池反应的电化学电位,而理论比能量是应用法拉第定律计算的。当组装电池时,非有效成分(集电器、电解质、粘合剂、包装)的重量会增加电池的总重量而不对能量做出贡献,两个参数的实际值见表1-8。电池制造商不同,实际系统的特点、局限性也会有所不同。在不同的国家,各种组织都获得了资助,目的是促进该领域的研究活动,其最终目标是开发新型电池——循环寿命长,安全性高,可靠性和成本都有所提高,但总体上取决于储能容量的重大突破。所有这些组织都有各自的目标,以满足创新电池的要求和电动汽车的应用要求。例如,在美国,1995年由福特公司、通用汽车公司、克莱斯勒公司与能源部(DOE)合作成立的先进电池联盟(USABC)提出BEV电池比能量应达到至少200W·h/kg,以使该车辆具有一定的续驶里程[59],该值通常被定为全球电池开发计划的进展节点值。为进行比较,USABC预测的车用电池比能值和汽油值见表1-8。实际比能值数据说明了现今电池车辆的基本问题,即与电池的有限比能量(镍氢电池值最大为50W·h/kg,铅酸电池值较低)相关的汽车续驶里程范围。另一方面,对于目前仍在开发中的更有前景的锂电池系统,也未达到与交通运输应用匹配的存储能力(锂离子电池最大比能量为150W·h/kg)。表1-8还显示了金属/空气电池(也被认为是半燃料电池,因为氧化剂是从外部供应的)极具发展潜力,特别是铝/空气电池提供的理论比能量具有几乎与汽油相当的数量级,实际值高出USABC目标的2倍。目前锂电池系统处于高速研发阶段,金属/空气电池也需要大量的基础研究工作，因为它们仍然存在很大的局限性。这些局限性不仅影响实际的开路电压和能量值，还影响功率和寿命[58]。

它们共同的特征是用电力驱动系统替代传统驱动系统，这有利于将无碳能源引入交通运输部门，但是这些系统能发挥有效价值的途径，在于大量、广泛使用电动汽车。因为这些类型的电动汽车完全依赖电池作为车载能源，并且电力存储系统还远未达到目标，所以 BEV 的推广肯定是长期的解决方案。另一方面，为尽快解决温室效应问题，科学家和决策者需要在近期和中期提出更加切实可行的方法。

在这个观点中，节能方法应该被视为任何能源政策追求的第一个目标，与主要资源的性质无关。在这方面，对 IPCC 的预测估计认为，到 21 世纪末，至少 30% 的全球能源需求可以通过节能政策的推广来满足，而不是通过新型清洁技术[50]。节能的概念应该适用于涉及人类活动的任何场合，如建筑、工业、生产过程，但最重要的是运输部门，比如传统车辆的排放量和原油使用量会明显减少。再次比较表 1-5~表 1-7 就会发现，这些路径能够有利于在短期内引入更高效的运输解决方案，而不会完全放弃现有的技术。以天然气-电力 BEV（31%）技术路线为代表的最有效的方案之后，其他两种非常方便的可能技术路线（具有良好的从矿井到车轮效率）是以柴油或汽油作为能源载体的混合热电车辆（HTEV，27%）和采用天然气生产的氢气为能源的氢燃料电动汽车（HFCEV，25%）（见第 2.1 节）。第一种选择已经实现了一定的商业目标，并且已经实现了污染物排放和燃料消耗的减少；第二种解决方案必须面对燃料电池车辆的其他技术问题，成熟及可用的氢气生产工艺将有利于它迅速进入世界能源体系。

这些技术的进一步发展和推广，以及政府对高效车辆的激励政策，可能会使研发人员和汽车制造商有足够的时间来克服无碳能源替代品的技术问题，如由来自核能和可再生资源能源驱动的 HFCEV 和 BEV（见第 2.1.2 节和第 3.4 节）。特别是采用非化石氢作为车载能源来产生电能的氢燃料电池车辆，虽然相对于 BEV 和其他类型的车辆而言它从矿井到车轮的效率并不高，但也可以成为中长期无碳运输系统的解决方案。

图 1-2 说明了过去 3 个世纪以来人类采用的一些燃料的含碳量和含氢量。从工业革命之前可用的主要燃料木材（C/H = 9）开始，C/H 比率急剧下降过渡到煤炭（C/H = 1.63）、石油（C/H = 0.56）和甲烷（C/H = 0.25）。从这个角度来看，氢气（C/H = 0）可以被认为是丰富的、易于使用和清洁的最终燃料。然而，氢燃料基础设施的缺乏以及由无碳初级能源生产氢能燃料的必要性意味着，只有法规制定者、汽车制造商和能源公司之间紧密合作，才能促成氢气作为未来交通运输的可行燃料而广泛应用。

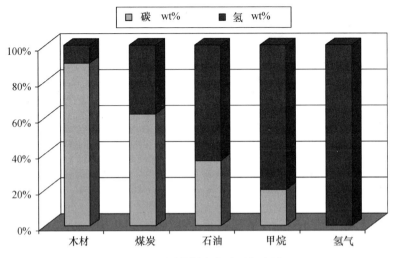

图 1-2 不同燃料中的碳及氢含量

1.4 参 考 文 献

1. International Energy Agency (2008) World energy outlook 2008. OECD Publishing, Paris
2. World Business Council for Sustainable Development (WBCSD). Mobility 2030: meeting the challenges to sustainability. http://www.wbcsd.org/plugins/DocSearch/details.asp?type=DocDet&ObjectId=NjA5NA. Accessed 2 Feb 2010
3. BP Statistical Review of World Energy June 2008
4. Askari H, Krichene N (2008) Oil price dynamics (2002–2006). Energ Econ 30(5):2134–2153
5. Kaufmann RK, Bradford A, Belanger LH, Mclaughlin JP, Miki Y (2008) Determinants of OPEC production: Implications for OPEC behavior. Energ Econ 30:333–351
6. Wirl F (2008) Why do oil prices jump (or fall)? Energy Policy 36:1029–1043
7. Hirsch RL (2008) Mitigation of maximum world oil production: Shortage scenarios. Energy policy 36:881–889
8. Nel WP, Cooper CJ (2008) A critical review of IEA's oil demand forecast for China. Energy Policy 36:1096–1106
9. Hubbert MK (1949) Energy from fossils fuels. Science 109:103–109
10. Hubbert MK (1956) Nuclear energy and the fossil fuels. In: Presented before the Spring Meeting of the Southern District. American Petroleum Institute, Plaza Hotel, San Antonio, Texas, March 7–9, 1956. http://www.hubbertpeak.com/hubbert/1956/1956.pdf. Accessed 02 Feb 2010
11. Wilkinson P (2008) Peak oil: threat, opportunity or phantom? Public Health 122:664–666
12. Lea R (2008) The days of cheap oil have gone, but the peak oil theory is far too bleak. Public Health 122:667–668
13. Meng QY, Bentley RW (2008) Global oil peaking: responding to the case for 'abundant supplies of oil'. Energy 33:1179–1184
14. Hanlon P, McCartney G (2008) Peak oil: Will it be public health's greatest challenge? Public Health 122:647–652
15. Leder F, Shapiro JN (2008) This time is different: an inevitable decline in world petroleum production will keep oil product prices high, causing military conflicts and

15. shifting wealth and power from democracies to authoritarian regimes. Energy Policy 36(8):2850–2852
16. Brecha RJ (2008) Emission scenarios in the face of fossil-fuel peaking. Energy Policy 36:3492–3504
17. Kaufmann RK, Shiers LD (2008) Alternatives to conventional crude oil: when, how quickly, and market driven? Ecol Econ 67(3):405–411
18. Abu-Jrai A, Rodríguez-Fernández J, Tsolakis A, Megaritis A, Theinnoi K, Cracknell RF, Clark RH (2009) Performance, combustion and emissions of a diesel engine operated with reformed EGR. Comparison of diesel and GTL fuelling. Fuel 88(6):1031–1041
19. Official Journal of the European Union (2006) L310/15. http://eur-lex.europa.eu/LexUriServ/LexUriServ.do?uri=OJ:L:2006:310:0015:0040:EN:PDF. Accessed 02 Feb 2010
20. Markvart T, Castaner L (2003) Principles of solar cell operation. In: Markvart T, Castaner L (eds) Practical handbook of photovoltaics. Fundamental and applications. Elsevier, Kidlington
21. Landsberg PT, Markvart T (2003) Ideal efficiencies. In: Markvart T, Castaner L (eds) Practical handbook of photovoltaics. Fundamental and applications. Elsevier, Kidlington
22. Pro BH, Hammerschlag R, Mazza P (2005) Energy and land use impacts of sustainable transportation scenarios. J Clean Prod 13:1309–1319
23. Arshadi M, Sellstedt A (2008) Production of energy from biomass. In: Clark J, Deswarte F (eds) Introduction to chemical from biomass. Wiley, Chichester
24. Abu-Khader MM (2009) Recent advances in nuclear power: a review. Prog Nucl Energy 51(2):225–235
25. Fthenakis VM, Kim HC (2007) Greenhouse-gas emissions from solar electric- and nuclear power: a life-cycle study. Energy Policy 35:2549–2557
26. Lenzen M (2008) Life cycle energy and greenhouse gas emissions of nuclear energy: a review. Energy Convers Manage 49:2178–2199
27. Manheiemr W (2006) Can fusion and fission breeding help civilization survive? J Fusion Energy 25(3/4):121–139
28. Dean SO (2007) Fusion: pathways to the future. J Fusion Energy 26:283–292
29. Duffey RB (2005) Sustainable futures using nuclear energy. Prog Nucl Energy 47(1–4):535–543
30. Lewis D (2008) Hydrogen and its relationship with nuclear energy. Prog Nucl Energy 50:394–401
31. Hori M (2008) Nuclear energy for transportation: paths through electricity, hydrogen and liquids fuels. Prog Nucl Energy 50:411–416
32. Forsberg CW (2009) Sustainability by combining nuclear, fossil and renewable energy sources. Prog Nucl Energy 51(1):192–200
33. Kato Y, Otsuka K, Ryu J (2008) Carbon recycle nuclear hydrogen carrier system for transportation field. Prog Nucl Energy 50:417–421
34. Kruger P (2006) Alternative energy resources: the quest for sustainable energy. Wiley, Hoboken
35. Cleveland CJ, Kaufmann RK, Stern DI (2000) Aggregation and the role of energy in the economy. Ecol Econ 32:301–317
36. Cleveland CJ (2005) Net energy from the extraction of oil and gas in the United States. Energy 30:769–782
37. Gately M (2007) The EROI of U.S. offshore energy extraction: a net energy analysis of the Gulf of Mexico. Ecol Econ 63:355–364
38. Faundez P (2008) Renewable energy in a market-based economy: how to estimate its potential and choose the right incentives. Renew Energy 33:1768–1774
39. Cleveland CJ, Costanza R, Hall CAS, Kaufmann R (1984) Energy and U.S. economy: a biophysical perspective. Science 225:890–897
40. Heywood JB (1988) Internal combustion engines fundamentals. McGraw-Hill, Singapore
41. Dabelstein W, Reglitzky A, Schtze A, Reders K (2008) Automotive fuels. In: Elvers B (ed) Handbook of fuels. Wiley-VCH, Weinheim

42. Yao M, Zheng Z, Liu H (2009) Progress and recent trends in homogeneous charge compression ignition (HCCI) engines. Prog Energy Combust 35(5):398–437
43. Eastwood P (2000) Critical topics in exhaust gas aftertreatment. Research Studies Press Ltd., Baldock, Hertfordshire
44. Crebelli R, Conti L, Crochi B, Carere A, Bertoli C, Del Giacomo N (1995) The effect of fuel composition on the mutagenicity of diesel engine exhaust. Mutat Res Lett 346(3):167–172
45. Official Journal of the European Union (2007) L 171/1. http://eur-ex.europa.eu/LexUriServ/LexUriServ.do?uri=OJ:L:2007:171:0001:0016:EN:PDF. Accessed 02 Feb 2010
46. Official Journal of the European Union (2008) L 199/1. http://eur-lex.europa.eu/LexUriServ/LexUriServ.do?uri=OJ:L:2008:199:0001:0136:EN:PDF. Accessed 02 Feb 2010
47. Turrio-Baldassarri L, Battistelli CL, Conti L, Crebelli R, De Berardis B, Iamiceli AL, Gambino M, Iannaccone S (2006) Evaluation of emission toxicity of urban bus engines: Compressed natural gas and comparison with liquid fuels. Sci Total Environ 355:64–77
48. Field CB, Campbell JE, Lobell DB (2007) Biomass energy: the scale of the potential resource. Trends Ecol Evol 23(2):65–72
49. Schuers A, Abel A, Artmann R, Fickel X, Preis M (2002) 12-cylinder hydrogen engine in the BMW 750hL. Motortechnische Zeitschrift 63(2):98–105. http://www.bmw.com/com/en/insights/technology/efficient_dynamics/phase_2/clean_energy/bmw_hydrogen_7.html. Accessed 02 Feb 2010
50. Intergovernmental Panel on Climate Change (2007–2008) Fourth assessment report: climate change 2007. Cambridge University Press, Cambridge
51. Gerard D, Wilson EJ (2009) Environmental bonds and the challenge of long-term carbon sequestration. J Environ Manage 90:1097–1105
52. Ahman M (2001) Primary energy efficiency of alternative powertrains in vehicles. Energy 26:973–989
53. Rand DAJ, Dell RM (2005) The hydrogen economy: a threat or an opportunity for lead-acid batteries? J Power Sources 144:568–578
54. Van Mierlo J, Maggetto G, Lataire P (2006) Which energy source for road transport in the future? A comparison of battery, hybrid and fuel cell vehicles. Energy Convers Manage 47:2748–2760
55. Vallentyne J (1965) Net primary productivity and photosynthetic efficiency in the biosphere. In: Goldman C (ed) Primary productivity in aquatic environments. University of California Press, Berkeley
56. Jorgensen K (2008) Technologies for electric, hybrid and hydrogen vehicles: electricity from renewable energy sources in transport. Util Policy 16:72–79
57. Linden D, Reddy TB (2001) Handbook of batteries, 3rd edn. McGraw-Hill, New York
58. Yang S, Knickle H (2002) Design and analysis of aluminium/air battery system for electric vehicles. J Power Sources 112:162–173
59. Li Q, Bjerrum NJ (2002) Aluminium as anode for energy storage and conversion: a review. J Power Sources 110:1–10
60. Chan CC, Sun L, Liang R, Wang Q (2007) Current status and future trends of energy storage system for electric vehicles. J Asian Electr Veh 5(2):1055–1060
61. Chan CC (2004) The state of the art of electric vehicles. J Asian Electr Veh 2(2):579–600
62. Chalk SG, Miller JF (2006) Key challenges and recent progress in batteries, fuel cells and hydrogen storage for clean energy systems. J Power Sources 159:73–80

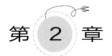

第 2 章

未来能源载体——氢气

鉴于全球温室气体的排放量的增加以及不可再生资源开采量的急剧减少，可持续能源的应用，例如太阳能、风能、水能和生物质能，以及可替代燃料在运输领域的使用成为强制性的选择。在先进的能源转换技术背景条件下，自20世纪90年代以来，氢能作为新能源在未来发挥基础性作用的假设，使国际科学界和工业界对于全球性"氢经济"发展的可能性表现出了强烈的兴趣，尤其是作为汽车领域的创新燃料——氢气可以在客车上部分地或者作为长期的解决方案替代传统石油衍生的液体混合物[1-3]。氢是宇宙中最常见的元素，在任何已知的燃料中，氢气具有最高的单位重量能量。但在地球上，氢元素从未单独地以氢气的形式存在过，因为它总是和其他元素结合在一起，例如和氧元素（形成水分子）或者和碳元素（形成碳氢化合物和煤）。因此氢气只能被生产出来，也正因为如此，氢气不是最原始的能量来源，而只是一个能源载体，一个能在创新的整体能源系统中和电力结合使用的能源载体。

本章详细介绍和分析了氢气的生产、分配和储存的主要技术现状，论证了该燃料的技术潜力和在汽车领域大规模普及的阻碍。生产技术的成本和效率不仅在运输行业，同时也在其他能源市场中代表了氢气大量应用的关键因素。考虑到可以从种类繁多的原料中生产氢气，本章首先讨论了主要制氢方法中的技术问题。此外，氢气在运输行业的应用还带来了与大型燃料基础设施网络建设相关的其他问题，这些问题与所选定的生产技术密切相关。为了与传统液体燃料（汽油、柴油、液化石油气）的高能量密度相匹配，需要开发出特定的车载存储技术，以满足乘用车内燃机的需求。本章第2.2节简要报告了氢气基础设施的情况，而第2.3节则分析了不同车载存储技术的潜力。

2.1 氢气制取

使用氢作为能源载体的优点之一是所有的主要资源，例如化石燃料、可再生能源(太阳能、风能、水能、地热能、生物质能)和核能都可用于制氢[4]。特别的是，氢可以从任何含有氢原子的物质中提取出来，例如碳氢化合物、水甚至一些有机物。因此，不同的技术主要利用这些化合物来作为形成最终氢气分子的起始原料。此外，还可以容易地从合成的氢载体中来制取氢气，例如甲醇、氨和合成燃料。

表2-1总结了目前不同的氢气来源对于全球制氢的贡献，以及用于每一种原材料的可用技术。

全世界几乎有一半的氢气来自于天然气的蒸汽重整(48%)，因为它是从烃原料中获得氢气最经济的途径。其他制氢途径的贡献主要是基于精炼油的部分氧化(约30%)和煤的气化(18%)，而只有4%的氢气生产是来自于水的电解。氢主要被用于制造化肥中的氨，炼油厂生产新配方的汽油，还有化工、食品和冶金工业。

表2-1 全球不同来源的氢气生产力

原材料	技术	占比(%)
天然气	催化蒸汽重整	48
精炼油	部分氧化	30
煤	气化	18
水	电解	4

注：摘自文献[5]。

涉及化石燃料(天然气、精炼油和煤)的制氢途径几乎提供了制氢总量的96%，同时也将 CO_2 排放到大气中。

能够捕获和封存 CO_2 排放的创新策略，即所谓的碳捕获和封存(CCS)技术，成为人们分析和激烈辩论的主要问题。CCS技术应该应用到环境友好的、基于化石燃料的制氢方法的普及中，但它们目前还处于发展的萌芽阶段，而且肯定会带来巨大的成本增长。

另一方面，电解水本质上是一种无碳的方法，因为它涉及把水分解成其组成部分，也就是氢气(H_2)和氧气(O_2)。但由于目前高昂的发电成本，这种方法受到严格的限制。因此，成本无疑成为可持续大规模制氢所需要克服的最主要的障碍之一。

主要制氢技术的流程如图2-1所示，其中所有可能的生产技术的选择都与原材料的种类有关。不同的方法可以被归类为热、电解或光解过程。

① 热过程的核心包含利用与化学反应有关的能量直接获得氢气(见第2.1.1节)。烃类的转化反应和煤的气化反应是这类过程的一部分。在天然气的蒸汽重整中，燃料在较高的温度下与蒸汽发生反应，产生 H_2 和 CO_2[5]。在部分氧化和气化过程中，燃料与受控的氧化剂混合物(空气或/和氧气和蒸汽)反应生成类似的产品混合物。另一种应该被认为是"热过程"的方法是基于不同化学试剂的热化学循环技术[4]。在这些过程中，由于热与闭式化学循环的结合，氢从水中被提取出来，从而降低了极高的水分解温度(大于2500℃)，但是由于材料和热源的原因，难以进行严格的限制。

② 电解是通过电化学途径利用电将水分解成氢气和氧气(第2.1.2节)。而

电解生成氢气的过程不会产生任何的温室气体排放。温室气体的排放取决于用于电解反应的电流来源。除了可再生能源和核能外，固定的发电厂也可用化石燃料或生物质生产出用于电解水的电能（图 2-1）。

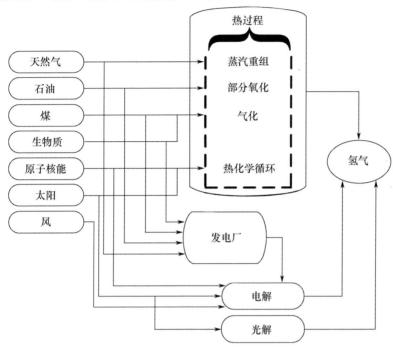

图 2-1　主要制氢技术的流程图

③ 对光解方法的分析（第 2.1.3 节）完成了关于制氢方法的探讨。通过光电-电化学和光电-生物学的途径，光解方法利用太阳能将水分解成氢气和氧气。这些直接以阳光为基础的工艺过程目前还处于研究的早期阶段，但却可以在较小的环境影响前提下为可持续制氢提供长期的潜力。

2.1.1　热过程

热过程需要利用热能来促进以氢作为直接产物的化学反应进程。热学方法涉及各种各样的、在分子结构中包含氢原子的反应物，如碳氢化合物和水。而为了直接获得高氢产量的转化进程，则可以通过添加催化剂（烃重整）或使用化学化合物（热化学循环分解水）来进一步地得到改善。

天然气的蒸汽重组、碳氢化合物的部分氧化或者煤的气化都是热学方法的例子，2.1.1.1 节、2.1.1.2 节和 2.1.1.4 节分别描述了这些方法。不通过使用碳捕捉封存（CCS）技术来解决 CO_2 排放问题的理论可能性要基于其他可能的"热学"方法，如碳氢化合物的裂解（第 2.1.1.3 节），或生物质衍生燃料的气化（第

2.1.1.5节)。此外,基于热化学循环的氢气的热生成技术看起来非常有前景的(第2.1.1.6节),因为它的总体反应是基于化学物质干预下的水的分解,所以是完全可以被回收利用的。

2.1.1.1 天然气蒸汽重整

碳氢化合物的蒸汽重组至今仍然是制氢的主要工业过程,特别是天然气的蒸汽重组[6-8]。

这个过程于20世纪初在德国被引进用来生产氨合成氢,并在20世纪30年代进一步得到发展,当时如天然气和石脑油等碳氢化合物原料得到大量的应用。氢气目前被大量地从天然气中生产出来,与从氨、醇(主要是甲醇)生产过程和天然气制油过程中出现的氮氧化物或碳氧化物混合在一起[6]。特别的是,在蒸汽重组中产生的H_2和CO(合成气)组成的气体混合物,可直接用于甲醇或高级醇的合成以及费托合成。

天然气原料主要由代表碳氢化合物中最高氢碳比的甲烷分子(CH_4)构成。天然气的组成会随开采地理区域的变化而略有变化。但一般来说,混合物中主要含有少量的轻烃(C_2-C_4)。目前浓度最高的化合物是乙烷(C_2H_6),它在一些混合物中可以达到5%的体积分数。碳氢化合物混合物中经常发现明显的硫的痕迹。

图2-2展示了甲烷蒸汽重组的简化方案,图中包含了基于蒸汽重组反应的制氢装置所涉及的所有主要的工艺步骤[8]。

被加入到天然气中的有味物质或者出现在高级碳氢化合物原料中的硫(ppm)通过两个装置来移除,以保护下游的催化剂(硫对于蒸汽重组催化剂而言是有毒物质)和工艺设备。特别的是,通过催化加氢脱硫单元(HDS),有机硫在压力超过500psi(1psi=6.89kPa)、温度超过350℃的条件下被转化成硫化氢(H_2S),而基于铝的钴和钼微粒则作为催化剂使用。这一步骤对于甲醇而言不是必要的,但对于其他含硫的石油基燃料却是必要的。第二个单元使得在第一个步骤中产生的H_2S被ZnO颗粒基床除去。必要时应包括进一步的氯离子去除步骤(图2-2中没有包含)。

第三个步骤是过程的核心(蒸汽重整)。装载在管式反应器中的镍基催化剂($Ni-Al_2O_3$)促进了下列反应进程:

或者对于高级碳氢化合物:

$$CH_4+H_2O \Longleftrightarrow CO+3H_2 \quad \Delta H=+206kJ/mol \quad (2-1)$$

$$C_nH_m+nH_2O \Longleftrightarrow nCO+(m+2n)/2H_2 \quad (2-2)$$

同时,在高低温变换的反应堆中,所谓的水煤气变换反应根据放热方程生成更多的氢气:

$$CO+H_2O \Longleftrightarrow CO_2+H_2 \quad \Delta H=-41kJ/mol \quad (2-3)$$

式(2-1)或式(2-2)是高度吸热的类型,需要依赖于燃料输入高的能量,蒸汽重组过程是高度能源密集型的过程。蒸汽重组通常是在800~900℃的温度和约0.1~

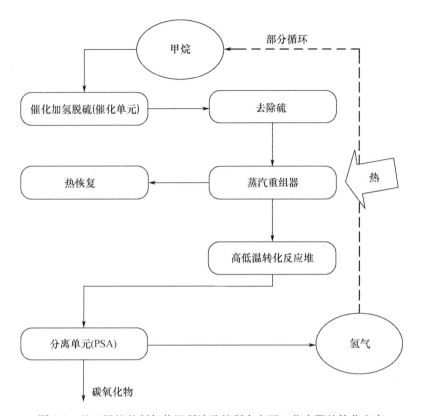

图 2-2 基于甲烷的制氢装置所涉及的所有主要工艺步骤的简化方案

0.3MPa 的压力条件下进行。必须用昂贵的合金反应管来承受恶劣的操作条件。充满催化剂的管道阵列被悬浮在一个为大量吸热重整反应提供热量的熔炉中。

在某些情况下，CO_2 可以取代蒸汽，为产品的后续反应提供更有利的 H_2/CO 比值[8]：

$$CH_4 + CO_2 \rightleftharpoons 2CO + 2H_2 \quad \Delta H = +247 \text{kJ/mol} \quad (2\text{-}4)$$

所有这些反应的产物选择性主要通过热力学来控制，即最终产物的组成可以通过多元化学平衡计算来预测。

当其他碳氢化合物（例如丙烷）作为原料时，在较低的温度条件下甲烷是最受青睐的产品，而当温度超过 700~800℃ 时，氢气则是首选[6]，然后在特定的应用下，生成的气体会使管式反应器的温度保持在 700~950℃。在这些温度条件下操作的必要性带来了一些潜在的问题。特别的是，催化剂的热稳定性需要仔细地验证[9]，因为蒸汽倾向于促进催化以及烧结[10]。然而，主要的问题在于焦炭的形成，根据以下可能的热力学反应：

$$CH_4 \rightleftharpoons C + 2H_2 \text{（由甲烷分解）} \quad \Delta H = +74.7 \text{kJ/mol} \quad (2\text{-}5)$$

或者对于高级碳氢化合物：

$$C_nH_{2n+2} \rightleftharpoons nC+(n+1)H_2 \qquad (2-6)$$

$$2CO \rightleftharpoons C+2CO_2(鲍多尔德平衡) \quad \Delta H=-173kJ/mol \qquad (2-7)$$

$$CO+H_2 \rightleftharpoons C+H_2O \quad \Delta H=-131kJ/mol \qquad (2-8)$$

焦炭会影响蒸汽重组中催化剂活性部位的性能[11,12]，令其部分失活，使得对合成气的选择性逐渐丧失，堵塞重整管以及增加压降。

上述反应处于平衡状态，逐渐升高的温度不利于焦炭通过反应(2-7)和反应(2-8)的形成。然而，通过反应(2-5)或反应(2-6)所形成的焦炭在较高的温度下会急剧增加。在原料性质的决定下，可以迅速地令催化剂失活并阻塞反应堆[12]。

因此，焦化的最小化是控制蒸汽重组工业应用的主要因素之一。该工艺的热力学过程说明促使焦炭形成的反应条件是无法避免的，但可以通过选择操作条件来尽量减少焦炭的量。为了避免焦化所引起的催化剂失活，必须小心控制温度、压力和进料组成。也许，最明显的方法是提高蒸汽与碳氢化合物的比例，以促进反应(2-8)逆反应的进行。Rostrup Nielsen 等人[13]提出了碳极限图，将催化剂的倾向与焦炭的形成联系起来，来作为气相中的氢碳和氧碳比值的函数。

二段转化炉的出口包含 10%~14% 的 CO(干气体)，它被送入一个高温的水煤气转化反应堆中。这个反应堆在 350℃ 的温度条件下装载有铁或者铬颗粒催化剂(图 2-2)。这进一步增加了氢气的含量并把 CO 的体积分数降低到 2% 左右，由方程(2-3)的热力学和动力学可知，这是一个放热反应。水煤气变换反应的平衡对温度敏感，当温度下降时反应的方向倾向于向产物转变。

析出的气体随后被送到一个低温的反应堆中，一个 $Cu/Zn-Al_2O_3$ 颗粒的水煤气转换催化剂在这个低温反应堆中于 200℃ 的条件下工作。出口的 CO 体积分数降低到 0.5% 以下，而剩余有限的、会毒害下游氨或甲醇合成催化剂的 CO，则通过变压吸附(PSA)装置移除。这种方法利用了不同分子筛或活性炭的吸附能力，能选择性地允许氢气的穿透，而不允许其他化合物存在于流出物中。这项技术在几年前被引进(工业应用始于 20 世纪 70 年代)，事实证明这项技术是高度可靠和灵活的。

仅从式(2-1)和式(2-3)出发，考虑到甲烷 CH_4 和水 H_2O 的化学当量混合物完全转化为 H_2 和 CO_2，并考虑到 CH_4 氧化所提供的反应热，则可以计算低热值甲烷生成氢气所需要的理论上的能量。当反应物是水蒸气时，在这个过程中所能达到的最小的能量消耗对应值是 $2.59Gcal/1000Nm^3\ H_2$，而当反应物是液态水时，这个值则为 $2.81\ Gcal/1000Nm^3\ H_2$[6]。

采用常规技术设计的氢气站使用低于 900℃ 的重整温度以及高的水碳比(>2.5)来限制焦炭的形成问题。这些工厂的能源效率相当低，因为大量的经过处理的蒸汽必须用大空气冷却器和水冷却器来冷凝。此外，因为必须处理大容量的流体，所以投资成本高[6]。

现代制氢站利用蒸汽重组和转换新技术，允许900℃以上重整温度和更低水碳比(<2.0)的设备。这些先进的蒸汽重整设备提高了能源效率，降低了制氢成本。目前，这个过程大约需要 2.98Gcal/1000Nm³ H_2 的能量值，意味着这一先进的重整技术比理论的最低能耗要多消耗约6%的能量。

近年来，人们提出了利用甲烷的蒸汽重整来生产氢气的新概念，以此来降低传统工艺的投资成本。特别地，在耦合反应体系内，通过改变可逆反应热力学的平衡位置，使其在传统条件甚至更低温度情况下向一个更有利的整体反应的平衡状态转变，人们研究了原位氢分离的不同形式，以此来提高反应物的转化率和产品的选择性。人们调查了几种交换膜反应器，特别是基于薄钯交换膜的甲烷蒸汽重组[14]。最近，人们提出了强化吸附的甲烷蒸汽重整技术(SE SMR)，来作为一种能够通过添加选择性吸附剂来分离 CO_2 和强化重整反应的创新方法[15]。

2.1.1.2 碳氢化合物的部分氧化

以碳氢化合物为原料生产合成气的另一条途径是部分氧化反应(POX)[16]。这种反应利用空气中的氧气作为氧化剂，产生适度的放热反应。氧碳比低于完全燃烧的化学当量比的要求。

甲烷转化率的化学计量方程为：

$$CH_4 + \frac{1}{2}O_2 \rightarrow CO + 2H_2 \quad \Delta H = -35.6 \text{kJ/mol} \quad (2-9)$$

对于高级碳氢化合物：

$$C_nH_m + \frac{n}{2}O_2 \rightleftharpoons nCO + \frac{m}{2}H_2 \quad (2-10)$$

理论上部分氧化的 H_2 与 CO 的比值低于蒸汽重组的值(约2/3)，因为主要的氧化剂是氧气而不是水。然而，人们经常在反应器中加入少量的水，以更好地控制反应温度和焦炭的形成[16]。

反应(2-9)或(2-10)不是部分氧化过程的唯一途径，因为其他化学计量方程式在热力学上与供给到反应器的混合物成分相容。涉及碳氢化合物蒸汽重组的方程式(2-1)~式(2-8)也可能在部分氧化反应中发生，也就是说，除了反应(2-9)或(2-10)外，方程式(2-1)~式(2-8)也是可能的反应途径。另一方面，有必要考虑在燃料转换过程中可能发生的、一些与氧化反应有关的、进一步的方程式：

$$CH_4 + 2O_2 \rightleftharpoons CO_2 + 2H_2O \quad \Delta H = -801.6 \text{kJ/mol} \quad (2-11)$$

$$CO + \frac{1}{2}O_2 \rightarrow CO_2 \quad \Delta H = -282.7 \text{kJ/mol} \quad (2-12)$$

$$H_2 + \frac{1}{2}O_2 \rightarrow H_2O \quad \Delta H = -241.6 \text{kJ/mol} \quad (2-13)$$

部分氧化反应将在火焰中的碳氢化合物原料的氧化与少于完全燃烧生成 CO_2

和 H_2O 所需要的化学当量比的 O_2 联系起来，根据式(2-11)~式(2-13)，反过来又能与未反应的碳氢化合物[第2.1.1.1节中的式(2-1)和式(2-4)]反应生成 CO 和 H_2。通常，相对于式(2-9)或式(2-10)所需的 O_2 的化学计量值，略微过量的 O_2(20%~30%)被供给到系统中。最受认可的反应机理假说是高度放热的总氧化反应本质上消耗了所有存在的氧气，而且吸热的重整反应利用了氧化所产生的大量热能。然而，部分氧化反应过程在全局上仍然是放热的。

基于上述反应的非催化部分氧化法在过去的五年中被广泛应用于各种原料，特别是炼油厂的重质馏分，如石脑油、真空燃料油、沥青剩余燃料油，甚至全部的原油。催化剂的缺少意味着生产装置的操作变得简单了(脱硫要求被降低)，但是工作温度要高于1200℃。这个参数较高的数值使得在不使用选择性催化剂的情况下获得满意的 H_2 产量和 CO 产量成为可能。

催化部分氧化(Catalytic Partial Oxidation, CPO)反应允许降低操作温度，同时满足最近提出的基于小规模重整站分散应用的要求[17]，这优于蒸汽重组工艺或非催化的部分氧化工艺。这个评价是基于与蒸汽重组和催化部分氧化生产和管理设施与功率大小相关的成本的依赖性。小规模发电厂的潜力说明需要对氢气分配网络的方案进行更深入的讨论，这将在第2.2节进行介绍。

近年来，作为主要原料的天然气得到大范围的普及，因此通过甲烷的部分氧化来制取氢气的催化剂引起了科学界的广泛关注。焦炭的形成及其在催化剂活性中心的沉积，代表了为使氢气生产设备的催化部分氧化技术得到实际应用而所需要减少的主要障碍。

关于甲烷的催化部分氧化的研究已经深入到选择新的、先进的、能够最大限度地提高油气转换率及氢气产量，尤其是控制类似于蒸汽重组过程中出现的、与积炭问题紧密相连的催化剂失活现象的催化剂[18-23]。

液化石油气由于易于储存和运输，可成为分布式制氢的另一个有利的原料。此外，由于短脂肪链(C_1~C_4)和无硫或其他电负性原子(C_1,P)的烃类混合物可以减少积炭问题和催化剂的中毒，液化石油气和天然气呈现出巨大的吸引力[24]。用于蒸汽重组设备的、商业化的镍催化剂对于甲烷和丙烷的催化部分氧化也表现出积极的效果，但由于焦炭所引起的失活问题仍然无法被接受[25-28]。用稀土氧化物氧化镧改进的镍基催化剂可以减小催化剂表面 Lewis 酸性的增强，同时抑制其积炭能力[29]，而在各种贵金属催化剂中铑被认为是有效且稳定的[30]。相比于单金属固体催化剂，基于氧化铝的镍铂双金属催化剂呈现出巨大的前景[31]。含铈的混合氧化物有助于制备适用于持久制氢的催化剂，特别是氧化铈被称为氧的转运体，也就是能够氧化沉积的碳粒子，并能积极地参与到氧化还原催化反应的机理中[32]。另一方面，将氧化锆加入氧化铈的晶格中促进了氧化铈的氧化还原性能，提高了氧在固溶体中的迁移率[33]。

如果作为原料添加的水增加到对应于中性能量平衡的放热和吸热反应步骤之间的一个值，则整个过程由自热式转化(Autothermal Reformer, ATR)来决定。这种方法将蒸汽重组和部分氧化催化过程结合起来，而且近来被提出用来优化小型生产厂在紧凑性和效率。这种技术允许在蒸汽重组的良好效率和部分氧化的快速启动之间有一个折中的表现。然而，这需要小心地控制正在进行中的质量流[6,7]。

2.1.1.3 碳氢化合物的分解

甲烷或者更重烃类的直接热分解代表了一个理论上能直接脱碳策略的独特方法[34,35]。式(2-5)是参与到蒸汽重组和部分氧化过程中的、次要的、不希望出现的且会适度放热的反应，是理论上通过这种途径制氢的同时实现 CO_2 零排放、拥有生产出有价值的碳原料潜力的证据。

$$C_nH_m \rightarrow nC + \frac{1}{2}mH_2 \tag{2-14}$$

至于其他的、属于非催化类型的燃料处理过程，则需要非常高的温度(1300~1600℃)来获得较大的反应物转化率，而催化的方法则允许将工作温度降低到更实际的数值。各种镍基催化剂[36-38]，以及最近使用的、掺杂了其他如铁和钴的过渡金属的创新型系统[39,40]，大大降低了工作温度，但由于碳沉积却出现了催化剂的快速失活。而活性的损失会强烈地限制效率和环境效益，因为必要的催化剂再生会消耗额外的能量和产生 CO_2 排放。

碳基催化剂，因其特定的动力学被大量地研究[41-43]，因为它们能减少与金属催化剂相关的弱点。碳材料更容易获得，因此具有降低成本的潜力，同时因为不需要从催化剂中分离出碳产品，所以不需要周期性的再生。流化床反应器技术是这种烃类裂解过程的最优选择，因为这种方法能够提取出更多的碳粒子，还允许生成的碳得到可靠的存储，以便于碳的进一步使用[44-46]。让少量氧气存在于一个自热途径中似乎是减少在整体过程中产生 CO_2 排放的最佳解决方案[47]。在自发热过程中，微量的氧气似乎对于整个过程的 CO_2 的排放有极大的好处。

等离子体技术已经被提出来作为替代的解决方案，用于不同的燃料加工途径[4,35,48,49]。与催化作用相似，等离子体法可以大幅度提高主要与燃料分子离解有关的关键反应步骤的速率，从而降低活化势垒以促进整体分解反应的进行。最常见的方法是利用会释放强热的、两电极间产生的高压放电(电弧)，来将有机分子分解为其组成元素的原子。然而，这类过程受到许多限制，特别是需要准确地检验电力成本对整体效率的影响，以便向大规模制氢过渡。

最近，一个实验室用的常压微波等离子体反应器已证明对单级的、非催化的甲烷热分解是有用的，对于氢气的生产也体现出了相应的活性和选择性[50]。同样，基于催化活性炭气溶胶粒子的等离子体的生成，人们提出了另一种新的热催化分解过程，这种方法可以在1000℃以下提供非常高的效率(80%以上)[51]。

2.1.1.4 煤的气化

煤的气化是另一个重要的、基于气化过程的热方法,目前在工业规模上多用于发电。

该技术也是生产氢气的最古老的方法,而且可以转换任何类型的有机材料,如煤、石油或其他生物质衍生的混合物。对这种方法的兴趣来源于煤炭作为世界范围可用的、相对便宜的化石燃料具有使用的实际可能性[52]。

煤或其他碳质物质的气化在过去的一个世纪中主要被用于炼铁。类似于重整反应,这个过程包含了一系列化学反应,最后生成 CO 和 H_2 的混合物,也被称为"煤气"。"煤气"代表了过去一个世纪中在北美、欧洲和中国的一种重要的化工原料,用于家庭取暖照明、公共街道照明和国内的化肥工业。然而,到了20世纪50年代,随着天然气的广泛使用,煤气的普及率大幅度下降。在氧气和/或蒸汽的量的控制下,气化在高压(6MPa)以及高于700℃的条件下发生。与烃转化衍生的合成气类似,该流出的混合物可用于生产氢气或甲醇,也可以直接在内燃机中燃烧,或通过费托合成过程转化为合成燃料[53]。

煤的化学结构复杂,成分多变。例如,烟煤中的碳/氢成分可以表示为大约每个碳原子对应一个氢原子。对于一般的、基于上述被选择作为参考碳质燃料的煤原料的气化过程,整个化学方程式(不平衡)可以写成:

$$CH + O_2 + H_2O \Longleftrightarrow CO + CO_2 + H_2 + 其他成分 \tag{2-15}$$

碳质颗粒在温度 1000~1500℃ 的范围内受热挥发生成碳氧化物和氢气混合气的同时还生成了碳(高温分解)。

CO 和 CO_2 形成的基本反应是碳的部分燃烧和完全燃烧,分别为:

$$C + \frac{1}{2}O_2 \rightarrow CO \quad \Delta H = -110.4 \text{kJ/mol} \tag{2-16}$$

$$C + O_2 \rightarrow CO_2 \quad \Delta H = -393.1 \text{kJ/mol} \tag{2-17}$$

上述反应的放热性为随后的气化反应提供热量。碳(或其他生成的碳氢化合物)与蒸汽(但也与 CO_2)反应生成 CO 和 H_2,根据下面与式(2-8)相反的等式:

$$C + H_2O \Longleftrightarrow CO + H_2 \quad \Delta H = +131 \text{kJ/mol} \tag{2-18}$$

此外,可逆气相水煤气变换反应(2-3)在气化炉的典型温度下很快达到平衡。上述化学方程式平衡了过程中所有产品(CO、CO_2、H_2O、H_2)的浓度。

气化过程可以被插入一个综合的煤气化联合循环发电厂中(Integrated Gasification Combined Cycle Plant,IGCC)[54,55],以提高整体的工艺效率。在集成的同时也包括热回收蒸汽发生器和蒸汽轮机/发电机、联合循环技术的燃气轮机中,气化炉生成的合成气被用作燃料。图 2-3 表示一个用于发电和制氢的气化整体装置的简化方案。该方案验证了发电和制氢的不同步骤。整个过程的核心仍然是气化炉。反应堆中的煤暴露在蒸汽中以及在高温高压条件下被小心控制着的一定量的空气或氧气中。硫被转化为硫化氢（图2-3中的净化反应器），且可以通过化学工业中使用的方法被捕获。

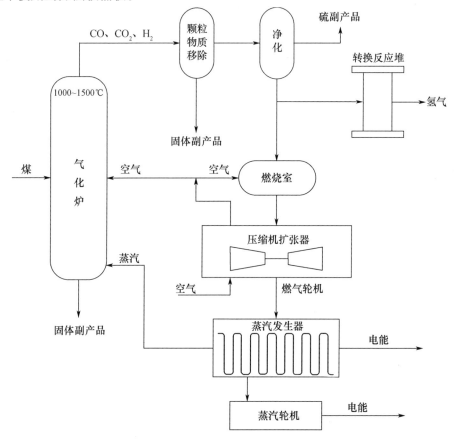

图2-3 一个集成气化装置的简化方案[54]

热回收蒸汽发生器回收来自于燃烧涡轮的废热，从而产生蒸汽。废热被传递到一个汽轮机系统中，而热量则从气化过程和生成蒸汽的先进锅炉内的汽轮机废气中回收；然后蒸汽被用于蒸汽涡轮机来产生额外的电力，而合成气混合物则可以被送到一个燃料电池装置（IGFC）。

这种技术的一个潜在优点是CO_2可以很容易地从合成气中分离出来，然后被捕获，而不是被释放到大气中[56-58]。如果在煤气化炉中使用的是氧气而不是空气，则CO_2在高压合成气中作为浓气体气流被释放。在这种形式下，它可以更容易和以更低的成本被捕获和隔离。最近还提出了往气化装置中加入等离子的技术，从而提高能量的性能和产品混合物的质量[59]。

只有碳捕捉和封存技术，特别是关键的封存步骤，在未来几十年内被成功开发出来，煤的气化才能在不产生任何温室气体排放的情况下生产出氢气。在这一观点中，煤的气化技术最适合大型的、集中的制氢工厂，在那里大量煤炭和碳捕捉封存技术的处理可以得到管理。由此可见，为开发出能够提高效率、环境适应性能和可靠性的先进设备而进行的重大技术努力是必要的。

2.1.1.5 生物质气化

选择碳中性源类的物质来作为制氢原料，如生物质，可以在一定程度上解决CO_2的排放问题。

近年来，通过用不同类型的生物质衍生燃料来替代化石燃料的原料（煤或石油衍生燃料），人们调查了从生物质材料中生产氢气的几种方法[60-62]，同时付出了巨大的努力来选择先进的方案以优化先前分析的热工艺过程，例如蒸汽重组或气化。

特别的是，与煤的气化过程非常相似，通过在受压条件下将热量施加到蒸汽和一定量氧气中，生物质可以在气化炉中得到转换，从而得到H_2、CO、CO_2和其他化合物的气态混合物[63]。

通常情况下，生物质衍生材料含有由碳、氢和氧原子构成的物质。例如，对于如葡萄糖的参考物质，它的简化但不平衡的化学方程式的代表为

$$C_6H_{12}O_6+O_2+H_2O \Longleftrightarrow CO+CO_2+H_2+其他物质 \tag{2-19}$$

废气中含有被认为是杂质的甲烷、氮气、水、焦油、酸性和碱性化合物（氨气、氰化氢、硫化氢）。焦油的转化必须得到控制，以此来最大限度地提高机械设备的可靠性，并确保为最终氢气的分离和提纯而进行的连续净化催化步骤的操作[64]。这一步涉及利用额外的蒸汽以及能够影响整个过程效率的选择性催化剂[65]。氧气代替空气的操作可以提高该过程的效率，但它与氮氧分离所必需的空气液化过程的成本有关。

目前的生物质气化工业概念由几个问题所决定，即原料供应的不均匀性、原料收集和运输成本相对较高，以及由于生物质中水分的蒸发成本而产生的相对较低的热效率。为了降低资本成本，人们付出了许多努力来发展能够分离氧气的、取代空气液化的低温过程（气化炉利用氧气）的、能从产生的气流中分离和提纯氢气的先进的膜技术[66]。

与煤相似，由于处理大量生物质的性质和这种类型工艺所需的规模经济，生物质气化技术似乎更适合大规模的、集中的制氢，而且它可能与特定的、容易获得这种原料的地理区域有关。然而，这对于探索未来的、使用生物质来改善分散或/和半集中重整过程经济性的可能性是有好处的。在这方面，经过热预处理的不均匀垃圾，特别是城市垃圾可能是中型电厂的重要原料。

2.1.1.6 热化学方法

直接将高温热源转化为化学能的可能性令水的热分解过程变得相当有吸引力。这种方法代表了一种把与初级能源有关的热能不经中间步骤转化成氢气的途

径；而限制获得理论上的、具有吸引力效率的条件是要使用能生成高温能量的初级能源。

严重的工程障碍与完全通过热量来分解水所需的高温有关，伴随而来的是与热提取和热管理有关的问题。这些问题的解决需要一个基于多步热化学过程、更复杂的水分解概念的实质发展。这种方法建立在几种能够把水的分解温度降低到商业上可行的、低于1200℃的化学试剂的特性的基础上。

整个过程包括至少两个步骤：

$$H_2O + 2X \rightleftharpoons 2XH + \frac{1}{2}O_2 \qquad (2-20)$$

$$2XH \rightleftharpoons 2X + H_2 \qquad (2-21)$$

式中，X代表通用的化学试剂。显然，净平衡反应是式(2-13)的逆反应：

$$H_2O \rightleftharpoons H_2 + \frac{1}{2}O_2 \quad \Delta H = +288 kJ/mol \qquad (2-22)$$

在考虑到水的形式是液态的情况下计算ΔH。中间化合物(XH)的性质和作用是一个成功过程的关键点，与达到以下目标密切相关[4]：

① 所有反应步骤的吉布斯自由能变化必须接近零。
② 不同的步骤应该是最小的。
③ 不同步骤的正反应和逆反应速率需要非常快。

文献[4,67,68]提出了许多有可能利用来自原子核或者集中太阳能发电站(CSP)的高温能量的热化学循环。

特别的是，碘-硫的反应结果相当具有吸引力[68]。它由不同操作温度下的三个步骤组成，涉及了硫酸和氢碘酸的分离以及两种酸从碘、二氧化硫和水中的重新生产。人们还特别关注了氧化铈/三氧化二铈(CeO_2/Ce_2O_3)循环、铈-氯(Ce-Cl)循环、锌-氧化锌(Zn/ZnO)循环，但同时也关注了一个带有电化学步骤的铜-氯(Cu-Cl)循环[69]。

这种技术对于大量高效的制氢而言似乎很有前景，但想在接下来的几年内实现还远远不切实际，基本上会受到与高操作温度相关的工程和材料限制（不低于900~1000℃）。

2.1.2 电解过程

把发电厂生产的剩余电能储存到氢气载体上的可能性，是优化能源生产和利用率的一个潜在解决方案。这个想法需要一种能将产生的过剩电能转化为氢分子化学能的技术。

一个众所周知的、用电能来获得氢气的电化学方法就是电解水[70,71]，2.1.1.6节中的式(2-22)，允许水分子分解成氢气和氧气。

原电池通过电化学反应产生电能，而电解电池则是通过外加电能引起化学反应的电化学电池，例如用来电解水的电池。

原电池建立在自发的整体反应上，其特征是吉布斯自由能为负值，这与理论电功相对应（第3.1节中详述）。电解电池正好代表了原电池的相反过程，整个反应是以正吉布斯自由能来表征的，不是自发的，需要一个外部的能源来驱动反应往生成物的方向进行。

从基于碱性电池的商业方法到基于质子交换膜（PEM）和基于以固体氧化物混合物为电解质的、先进的电池都可以应用不同的电解技术。这些电解槽的基本方案如图2-4所示。

碱性装置利用氢氧化钾溶液（KOH）作为电解质（图2-4a）。在碱性溶液中进行的还原（阴极侧）和氧化（阳极侧）的两个半反应分别为：

$$2H_2O+2e^- \rightarrow H_2+2OH^- \tag{2-23a}$$

$$2OH^- \rightarrow \frac{1}{2}O_2+H_2O+2e^- \tag{2-23b}$$

这两个半反应(2-23a)和(2-23b)的总和就是式(2-22)。羟基离子代表通过电解质闭合电路的化学物质。碱性溶液中含有质量分数约30%、大约在80℃的温度下工作的KOH。今天，由于高昂的电力成本以及虽高却并不完整的转换效率，这项技术对于全球制氢的贡献非常小（表2-1）[72]。此外，KOH溶液会因腐蚀现象而限制使用材料的电阻。在过去的几年中，为了优化包括碱性电池在内的电解过程的效率和可靠性，人们进行了许多研究来进一步改进催化电极，但结果还是无法令人满意[73-75]。

图2-4中的另外两种电解电池的新进展最近被鼓励来开发出质子交换膜和固

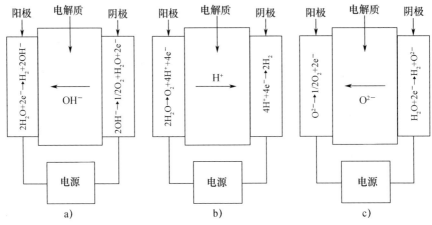

图2-4 碱性、质子交换膜和固体氧化物电解电池的简化原理方案
a）碱性电解电池 b）质子交换膜电解电池 c）固体氧化物电解电池

体氧化物技术更大的潜力，作为电解池组件被分别集成在基于风和太阳的可再生能源[76,77]或者核能[78]的发电站中。

关于与燃料电池运行方式的情况相反的质子交换膜电池的电解（图 2-4 中的方案 b），人们的关注点在于更高的能源效率、生态清洁、易于维护、较小的质量-体积特性和高度的气体纯度[79-81]。此外，由于在发电站工作的质子交换膜设备可预见性的技术进步，人们期待未来的成本能够大大减少。

过程中涉及的两个半反应是：

$$2H_2O \rightarrow O_2 + 4H^+ + 4e^- \quad (2-24a)$$

$$4H^+ + 4e^- \rightarrow 2H_2 \quad (2-24b)$$

式（2-24a）和式（2-24b）分别是发生在阳极侧和阴极侧的氧化步骤和还原步骤，而质子代表通过固体聚合物电解质的离子。然而，整体的电化学反应与碱性电解槽相同。

最近的研究一直致力于优化现存的质子交换膜电解槽，首先是探索提高其工作压力的可能性。高压电解（High Pressure Electrolysis, HPE）可以大大地减少连续的压缩燃料的能源成本。目前，燃料电池汽车上车载存储的氢气（见第 2.3 节）在供给到汽车之前要经历一个压缩步骤，而对外部的氢气压缩机的需求可以通过对电解槽中的氢气进行加压来避免。通过高压水电解产生高压氢气所需的能量估计要比在大气条件下工作的设备所需的能量低 5%[82]。然而，高压操作可能会影响现有的 Nafion 电解质膜的性能[83]，并产生交叉渗透现象造成效率损失[81]，这也意味着相关的安全问题。另一方面，这种电解制氢技术的应用主要与在膜电极组装材料中使用的贵金属成本有关（Membrane Electrode Assembly, MEA, 见第 3.2 节），因此需要开发出全新的、具有高性能和低成本的材料[84]。

人们提出质子交换膜的电解过程，特别是为了风力涡轮机和太阳能光伏（Photovoltaic, PV）面板的使用。在这种情况下，电解过程仅代表整个制氢过程中的一个步骤。必须仔细分析整体集成发电站的效率、可靠性和成本，特别是要考虑到每一种可再生能源典型的间歇性运作模式。基于质子交换膜技术、连接到一个电解槽的光伏阵列和风力涡轮机的几种配置已经被证明对每一种解决方案都具有潜力[76,77]。一个可能的最优选择是使用太阳能光伏板来让电压-电流的输出匹配电解槽的极化曲线。太阳能光伏发电作为水电解的电源，表现出良好的潜力，但最近有关环境和经济问题的分析表明，风能似乎至少在现有的技术水平上是一种更有前途的电解制氢的选择[85,86]。

操作温度对于一个高效的电解槽设备的发展起着重要的作用。为了高温电解（High Temperature Electrolysis, HTE），人们提出了固体氧化物电池（图 2-4 中的 c 方案），因为相关的电解质具有高温抗性。相对于传统的室温电解，HTE 模块呈现出两个主要优点[87]：

① 因为余热的回收比电便宜,所以降低了对电能的需求。
② 包括电解反应的发电周期在更高的温度下更有效。

目前氧化钇(yttria)稳定的氧化锆(zirconia)和掺杂的 $LaGaO_3$ 系统似乎对于发展高温(或高于 800℃)和中温(400～800℃)的电解技术而言分别是最有前途的材料[88]。

这种方法可以在不产生 CO_2 排放的情况下用于原子能、集中太阳能或地热能发电厂。

该过程是基于以下两个电化学的半反应式:

$$H_2O+2e^- \rightarrow H_2+O^{2-} \tag{2-25a}$$

$$O^{2-} \rightarrow \frac{1}{2}O_2+2e^- \tag{2-25b}$$

其中离子类型为负氧离子。对于碱性和质子交换膜电解槽技术而言,完整的反应方程式为式(2-22)。

图 2-5 报告了一种基于原子能的高温电解装置的简化方案[89]。

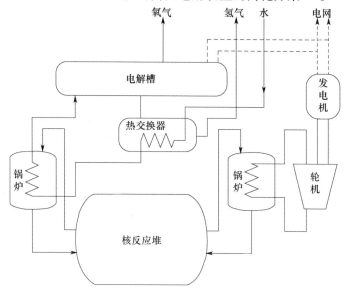

图 2-5 一种基于原子能的高温电解装置的简化方案[89]

水被核反应堆锅炉里的外部热源加热,在水以蒸气的形式进入阴极之前以方程式(2-25a)分解,而氢气则作为产物被移除,负氧离子通过具有高氧离子传导性的固体氧化物电解质到达阳极。在阳极失去电子的氧离子是氧化半反应的反应物,并根据式(2-25b)恢复成氧分子。

蒸汽和氢气的混合物从电解槽里出来,同时水和氢气的混合气经过分离装置后得到纯净的氢气,而由反应堆产生的一部分电能被供给给电解槽。

20世纪80年代初[90],人们研究了煤的电化学氧化技术,以此来评估限制电解水所需的高昂电能的可能性,同时克服传统的、由于工作温度和分离装置所致高昂成本的、从煤炭中制氢的局限(见第2.1.1.4节)。煤炭根据下列方程发生电解:

$$C+H_2O \rightarrow CO_2+4H^++4e^- \qquad (2-26a)$$

$$4H^++4e^- \rightarrow 2H_2 \qquad (2-26b)$$

煤在阳极被氧化,而质子则在阴极被还原成氢分子。在反应中所能达到的较低的电流密度(在电压为1V时大约为2.5mA/cm^2)在连续的20多年时间里阻碍了更进一步的研究,但近年来对于贵金属碳纤维电极的工作已经证明了改善其活性[91]的可能性,表明了进一步的、旨在制造在中间温度(40~108℃)条件下工作的煤的电解槽(CEC)的实验测试是合理的[92]。最后,煤的电化学氧化的另一个潜在优点是不需要在下游分离气体,因为纯净的H_2和CO_2是在电池的不同隔间里产生的。

2.1.3 光解过程

除了光伏效应和聚光太阳能技术外,光解作用代表了另一种可以直接利用太阳光的技术。理论上,这个过程可以直接将水分子分解成氢气和氧气[93]。近来该领域的研究进展[4,94]鼓励广泛的、针对个性化技术路径的研究工作来替代热的、热化学的和电解的方法,以此来对中长期的制氢做出有用的贡献。

特别的是,两种工艺过程正处于研究中:

① 使用光敏电池的光电化学(Photoelectrochemical,PEC)过程,电池内掺杂的半导体电极浸没在水溶液或水中。

② 与特殊微生物的特定活动相关的光生物(Photobiological,PB)的水分解。

在光电化学过程中,被太阳能辐射出来的、在阳极表面形成的电子电荷能够产生电子-空穴对。在电场的作用下,空穴和电子被迫朝相反的方向运动,这就决定了水分子在阳极侧被氧化为氧气,氢离子在阴极侧被还原为氢分子。光电化学的研究主要集中在寻找能够以合适的方式分解水的可靠半导体[95-97]。另一方面,光生物过程可以利用藻类和细菌在消耗水方面的潜力同时生产出作为其自然代谢过程中的副产品的氢气[98,99]。这项研究的重点在于修改和设计这些方法的可能性,以及解决太阳能选择性制氢的问题。

2.2 氢气配送

向所谓的氢经济过渡需要发展基础设施。目前,世界上存在少量的、用于氢气应用的受限网络,且主要都集中在欧洲(英国、荷兰、德国)和美国,而且都坐落在用于石化或者其他工业需求的精炼厂附近。

未来可以根据下面两种可能的方案来实现大规模网络的建设：

① 对应于现今的能源生产战略，可以集中管理全球氢气的生产和分配。

② 分布式的区域生产和利用，其中氢气在小型中型加油站的现场生产。

为了扩大应用的范围，上述策略的分析需要包括生产和分配燃料所需的所有阶段，并且要从下面的两种用于氢气运输和分配的选项中获益。

① 用轨道输送压缩气体或液体。

② 气体管道。

选择何种方式来运输和分配氢气与上述的两种方案紧密相关，同时还依赖于挑选用于制氢的技术和规模[3,100]。

图 2-6 代表了最重要的燃料供应选项，证明了单个步骤与每条生产分配链的一致性。氢气的集中生产在需要各种运输手段的同时也需要中间的储存能力。尤其是在集中站点以气体形式生产的氢气的应用。站点距离用户点相当远，因此需

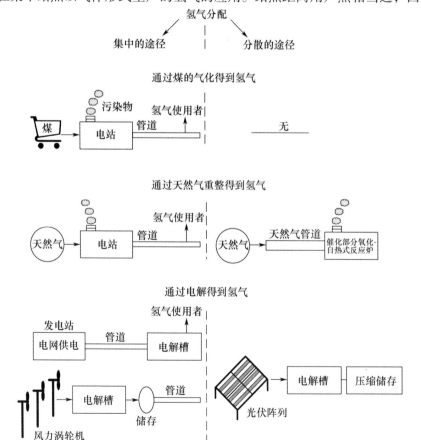

图 2-6 集中式和分布式方法中的氢气的供应选项

要管道网络。管道看起来更适于运输大量的气体燃料以及实现远距离的覆盖。通过载货车在公路上运输气态或液态燃料只有在移动少量氢气的情况下才表现出竞争力。

另一方面,基于现场小型的重整站或者小尺寸的电解槽的分布式生产,能够允许氢气在车辆设备上的存储,同时可以大大减小燃料分配和运输对总体的技术经济评估成本的影响。

考虑到可以像运输天然气一样用管道来运输氢气,验证现存的管道网络是否可以被使用是值得关注的,尤其是评估能量的限制和建筑材料以及密封技术的性能。首先需要比较氢气的流动性和甲烷的流动性。通过管道的体积流量可以根据下面方程式来计算[101]:

$$Q = CD^{2.5}\lambda\sqrt{\frac{(p_1-p_2)^2}{dZTLf}} \tag{2-27}$$

式中,Q 为气态燃料的体积流量(m^3/h);C 为一个比例常数(约 0.00013);D 为内径(mm);λ 为管道效率;p_1 和 p_2 分别为入口和出口的压力(kPa);d 为相对密度;Z 为压缩因子;T 为绝对温度;L 为长度(km);f 为摩擦系数。

图 2-7 给出了一段管道的方案以及影响气体流量的主要参数的指示。

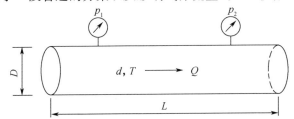

图 2-7 取管道中一部分的主要参数来帮助说明体积流量(Q)的计算方法

考虑到氢气和甲烷较大的热值(分别为 12.8MJ/Nm³ 和 40MJ/Nm³)以及较大的密度值差别(氢气和甲烷分别为 0.09kg/m³ 和 0.68kg/m³),需要克服相似的压降来匹配相同的能量需求。另一方面,对可压缩性和摩擦系数的精确评估表明,氢气至少能够输送天然气所携带能量的 80%[102]。

同时也需要考虑与压缩阶段和减压站相关的建设。在处理天然气方面令人满意的离心压缩机,却因为需要更高的圆周速度的原因,在压缩氢气的时候严重受限,没办法与材料的强度相匹配[101]。在长期操作过程中,氢气的脆性[103]体现了管道和设备在充分可靠性方面进一步的问题,而相比甲烷明显高得多的氢气泄漏问题可以被大大地限制,尤其是当聚乙烯管道被用在分配氢气的基础设施管道中时。在管道内部以低温液态形式运输的氢气理论上能极大地提升能量容量,但却同时也决定了资本成本的增加以及严重的安全问题[101]。

就采用道路来运输氢气而言,当下氢气主要通过装载在载货车内部的高压容器中来移动(20MPa)。使用液态存储器的整体运输能力要比商业容器高,即使因为相当高的隔离和冷藏成本使得液态存储器对于大范围运输而言还远远无法令人满意。

上述讨论表明,基于分布式的小型发电站的氢气系统概念的发展还是比较容易的。从这方面来看,基于光伏太阳能、天然气重整器或者风力涡轮资源的制氢技术是最合适的,即使最后的解决方案要求基础设施网络能将氢气从生产地运输到用户点。

不同的方法都需要具有环境高效性,还需要对它们在成本、可靠性、安全性和社会接受度上的影响进行仔细的评估[104]。因为在分散的方法中基础设施成本被大大地减少,所以与生产和分配有关的全局经济评估需要精确地考虑这方面因素。另一方面,降低集中制氢的成本以及改善涉及运输和分配氢气的基础设施的技术也需要被仔细地分析。最近,为了发展长期可行的计划,人们提出了基于最优化的、能够评估所有这些方面的模型,以此来辅助决策过程[105]。

2.3 氢气存储

对于道路车辆而言,油箱的存储能力是燃料的一项重要品质,因为需要匹配大驾驶范围的用户需求。由液态燃料驱动的车辆的续驶里程明显地优于电池驱动的电动汽车。这也是为什么电动动力系统的普及在当今社会受到严重限制的原因。只有当这个重要的问题被成功地克服了,氢燃料电池动力系统才能作为潜在的竞争者进入大规模的汽车市场。

氢气的相图如图2-8所示,而表2-2[106]则记录了分子形态的氢气物理的和热力学的数据,包括高低热值、质量密度和体积比能量,同时也记录了各种商业液体燃料(汽油、柴油、液化石油气和液化天然气)的数据。液态氢气和气态氢气的体积能量密度值是在压力35~70MPa的范围内计算的。

图2-8的分析表明,氢气的沸点非常低。而液态氢气只能存在于三相点和临界点之间的一个受限的压力-温度区域内。取决于氢气的压力值(在0.007~13MPa之间变化),氢气分子能够在14~33K的狭窄温度区域内保持液态。在大气压力下,饱和液体的比体积是$0.014m^3/kg$,而标准条件下的氢气的值则为$11.1m^3/kg$。

表2-2表明,氢气的质量密度和体积比能量密度非常低。然而氢气具有最高的质量比能量(高热值和低热值),将近是汽油和柴油的3倍,但是体积比能量相对于其他燃料却很低。液态氢气的密度值无法达到典型传统液态燃料的密度值,而气态氢气在压力为70MPa时,能达到的体积比能量也要比液态氢气的低。

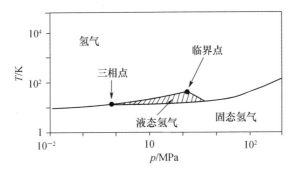

图 2-8 氢气的相图

表 2-2 汽车常用燃料的物理和热力学数据

属性	汽油	柴油	液化石油气	液化天然气	氢气		
					气态 35MPa	气态 70MPa	液态
高热值(kJ/g)	47.5	44.8	50.3	55.5	141.9	141.9	141.9
低热值(kJ/g)	44.5	42.5	45.6	50.0	120.0	120.0	120.0
质量密度(kg/m³)	737	820~950	510	410~500	23.5	39.5	70.8
体积比能量/(MJ/L)	34.2	37.3	25.3	25.9	2.9	5.6	10.1

在过去的几年中，科学界研究了另外一种基于吸附方法来储氢的办法[107-109]。其想法是基于氢气和固态物质之间的反应能够极大地减小体积，尤其是应用不均匀的气-固过程的知识以及物理和化学吸附材料的新技术。

美国能源部树立了一系列能够通过氢气储罐来满足的目标，包括与整体系统表现相关的目标[110]。体积和重量存储系统的表现都被认为是极为重要的；而体积比能量和质量比能量在 2010 年的目标被分别设在 1.5kW·h/L 和 2kW·h/kg。这些指标意味着储氢材料的体积密度至少应为 45g/L，而质量分数则不低于 6%。以下章节概述了以分子形式的氢气存储(压缩气体和液体)以及相关的、通过吸收或吸附过程进行存储的主要技术改进的一些细节。

2.3.1 高压缩气体储氢

气缸最高压力为 20MPa 的压缩是一种成熟可靠的技术，目前广泛应用于储存氢气和天然气。较高的压力允许容积能力得到改善，但当达到高压缩比时，功耗就变得不可忽略。

理想压缩(等温条件下)做的功可以根据下面的方程来计算：

$$L = \Delta G = RTZ\ln\frac{p}{p^0} \tag{2-28}$$

式中，ΔG 是吉布斯自由能变化量（对应于理想有用的功 L）；R 为气体常数；T 为开尔文温度；Z 为压缩因子；p/p^0 为最终压力和初始压力值的比值。当氢气的行为近似于理想时，在 1~10MPa 时 Z 因子大致为 1；而在高压时氢气的密度会影响其压缩性，Z 则显著地依赖温度和压力的临界参数来提高。

可以得出，当 $p/p^0 = 700$ 时，由于理想压缩的原因，能量损失的结果约为 2.2kW·h/kg，但由于非等温操作的不可逆性，在实际的压缩阶段中能量损失明显更高。在氢燃料电池车辆从油井到车轮的效率评估上[111]，压力增量会以不可忽略的方式来影响氢气压缩阶段的效果，在 70MPa 的压力下能耗大约是氢气低热值的 10%[112]。此外，压缩阶段产生的热量会逐渐降低气体的密度，这会限制压缩对储罐能量密度的积极影响。

商业上用于压缩天然气的动态压缩机可用于中等强度的压缩（p/p^0 达到 200~300），而对于更高的压缩比而言，替代的容纳设备就是必要的。相对于甲烷而言，氢气压缩带来了一些具体的困难，这些困难与不同的体积能量密度和专用设备的选择有关[107]。另一方面，在较高的压力下，油箱的质量密度会随着壁厚的增加而逐渐减小。

奥氏体不锈钢或铝合金被广泛应用于压力达 20MPa 的气瓶，而轻质复合气瓶的最新进展则允许储氢系统在压力高达 70MPa 时仍保持可靠性。复合材料主要由碳基的高强度纤维构成，用于包裹圆柱体。为了提高体积比能量和质量比能量，可以通过改变金属材料和复合材料的质量比来设计几种先进的高压气瓶：通过不同比例的金属内衬和复合材料包装的组合，从而得到从全金属到塑料衬垫或到全包裹的复合材料包装。

为了应对安全问题，未来的压力容器包括三层：内层聚合物衬垫，用具有高强度和高弹性的碳纤维包装的复合材料，和一个能够承受机械和腐蚀损伤的芳纶材料外层[107]。

最近，为了改善质量比能量和体积比能量，所采用的方法是基于压缩的低温技术[110]。特别是通过将储氢罐冷却到氮气的液化温度（77K）来使容积能力提高到常规的高压罐的 3 倍。

2.3.2 液态低温储氢

液体低温技术是一种可以代表高压储气的有效方法[113]。它可显著提高（表 2-2）氢气以气态化合物储存时不理想的体积密度值。在很高的压力作用下（70MPa），气态氢气的质量密度不到 40kg/m³，而液态的质量密度大约是 70kg/m³。然而，需要考虑一些技术方面的问题来对这项技术进行全面的分析。

第 2 章
未来能源载体——氢气

Linde 循环是一个基于焦耳-汤普森效应的简单低温过程。它由多个步骤组成：首先是压缩气体，然后是用液氮在热交换器中进行初步冷却，最后是通过分层节流阀来利用焦耳-汤普森效应膨胀。一些液体在这个过程中产生，蒸汽从液相中分离出来后再通过热交换器返回压缩机。整个流程的简化方案如图 2-9 所示。

这个过程昂贵的原因是压缩耗费高昂的电能以及氢气在焦耳-汤普森效应中转化温度很低（203K），使得要维持氢气持续的冷却就需要较高的能耗（约氢气低热值的 30%）[114]。

此外，由于液化温度（21K）的原因，必须考虑汽化的影响。一个非常小的外部热交换波动就可以引起显著的蒸发。通过流体压缩的热不可逆性或者通过和外界不同的热交换机制，这些变化可以由氢分子的电子构型从邻位到对位的放热转变来引发。这个问题在小型油箱（100L，汽车的典型值）上被强调出来的原因是热量泄漏与表面-体积比成正比，而较高的初始密度值会在这段时间内显著地降低。

在不同尺寸的容器中使用的材料以不锈钢或铝合金为基础，但也以聚合物材料为基础，如聚四氟乙烯。球体形式对于释放蒸汽的最小化而言是理想的，因为相对于其他所有可能的几何形状而言球体拥有最小的表面-体积比以及限制应力和应变分布的均匀性。而另一方面，球体的制造成本太高，圆柱形则是最经济的解决方案。

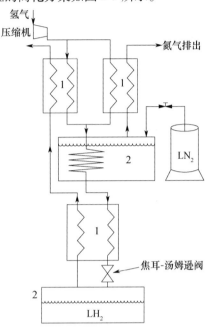

图 2-9 氢气液化器框图（Linde 循环）
1—热交换器　2—闪蒸器

最近，一种基于热磁效应的新的液化方法被提出[115]。这种方法以某些磁性材料的特性为基础，当它们被放置在磁场中时便会升温，当它们从磁场中被移开时便会冷却。磁制冷可以在提升液化过程的整体效率方面发挥潜力，因为它理论上几乎能够利用卡诺循环的全部效率（最多 90%），而卡诺循环则代表了冷却过程的基准循环。然而，基于这种方法的集成装置的实际可行性还远未得到实验的验证。

2.3.3　固体材料储氢

基于高压气体和低温液态技术的储氢装置不能达到常规运输液体燃料装置的储存性能。另一方面，为了改善氢分子非常低的质量密度和体积比能量，它们也需要应对重要的、与严峻的操作条件相关的应用安全问题。一个值得关注的替代方案是依据氢化物载体原理来储存氢气，这种方法可以在需要时从载体中提取出燃料。最为关键的是开发出能够吸收和释放氢气的材料，以及吸收和/或吸附过程[116]。

金属氢化物可以用作存储系统的"氢原子"载体[107,110,116,117]。这种方法以某些金属的特殊性质为基础，这些金属可以很容易地吸收气态氢气，这得益于它们能够在合理的操作条件下，在其间隙内接受分子分裂产生的氢原子。

吸收过程是会适度放热的、氢气与金属的反应过程。然后，在通常发生在 3~6MPa 的压力下的装载阶段，一些热量需要被移除，而在卸载阶段，操作条件的轻微变化（温度和压力）允许定量的、先前装载的气态氢分子得到释放，根据反应

$$M + x/2 H_2 \rightleftharpoons MH_x \quad (2-29)$$

式中，M 表示用于储氢的金属。

一个示意性的氢气吸收机制包括以下三个步骤：

① 气体分子到固体表面的质量输运。
② 连续分子解离的物理吸附。
③ 新固相形成过程中氢原子向金属体积内部的过渡。

在步骤③中，金属在规定的温度下结合氢原子（先前在吸附步骤中作为原子解离）产生中间固溶体[107,118]。随着压力的增加，氢原子和金属框架中的位点之间的相互作用变得更强，氢化物溶液在成核阶段和生长阶段开始形成。相对于上述两种溶液（中间固溶体和氢化物溶液）的形成，浓度极限随着温度的变化而变化，当温度升高时，浓度差减小，而当温度达到临界点时，浓度差则为零。

在两个固相共存之前，温度保持不变，金属混合物内部的氢原子浓度增加，这表明氢原子可以在固定的温度、伴有轻微压力变化下可逆地储存。最后，中间溶液消失，所有氢原子都在氢化物固溶体中缠结。而当氢浓度上升到与插入到金属框架内的空穴的原子相兼容的最大值时，进一步的氢气吸附就会发生。

对金属氢化物的强烈兴趣与显著提高氢气堆密度（最多 $0.2kg/m^3$）的潜力紧密相关，这大大超过了液态氢气的密度（约 $0.07kg/m^3$）。吸收过程的操作温度和压力取决于氢化物的类型，是影响储氢装置在汽车上应用的关键参数。

不同的金属氢化物可分为两大类：

① 低解吸温度。
② 高解吸温度。

第一类的特点是金属和金属合金（铁、钛和镍），只需要少量的热量就可以释放氢气。这种热量很容易被燃料电池动力系统的工艺流体所吸收。另一方面，一些氢气会在室温下释放，但这个问题可以通过初步的罐加压来克服，然后随着氢

化物中氢原子含量的降低而逐渐降低压力。

除了高体积密度和低能量输入的基本优点外,这类储氢材料在操作安全方面也很有吸引力。遗憾的是,这类储氢材料的质量比能量没能达到道路车辆应用的目标,这主要是因为金属框架具有较高的摩尔质量。

第二类包括基于轻元素的其他氢化物,如碱金属和碱土金属,首先是镁的金属合金[107,117-121]。这些材料由于其合格的贮氢能力而值得关注,但是在中等温度条件下的动力学性能较差,这极大地限制了这类材料的实际应用。特别是氢化镁,理论上可以含有高达约8%氢化镁形式的氢气,但是氢化镁的吸收和解吸过程只能在高温条件下(200℃)发生,并且需要大量的热量来释放氢气。为了降低这类金属氢化物的释放温度以及改善其动力学性能,人们广泛研究了不同附加材料的催化作用,如金属氧化物或过渡金属[122,123],但结果并不能证明它们的性能得到了显著的改善。

近年来,金属掺杂的铝氢化物被认为是潜在的储氢材料[107,123]。由于其较高的氢含量和较低的释放温度,轻金属氢化物中锂铝氢化物(LiAlH$_4$)和钠铝氢化物(NaAlH$_4$)的特点被广泛地研究[124-126]。氢气吸附/解吸循环的可逆性和动力学性能也是这类化合物的关键问题。通过使用催化剂来使分解反应变得可逆,NaAlH$_4$可以在合理的条件下提供5.5wt%的氢气[127],而由于第一个分解步骤的不可逆性,对于LiAlH$_4$而言似乎不太可能。

得益于吸附法,其他的固体材料能够储存氢气。取决于吸附机制的能量,这个过程可以是物理的过程或者化学的过程。由于吸附质(氢气)和吸附剂(固体)之间的吸引力,物理吸附的氢气被较弱地结合到固体表面;这是因为有一个非极性吸附质在极化固体内与自己像电荷相互作用产生的诱导偶极矩。另一方面,由于在表面单层内的吸附剂与吸附质形成化学键,化学吸附的氢强烈地依附在物质的活性位点处。这两个过程都有可能发生,特别是在多孔材料上,因为它们都需要大的表面积来使吸收氢气的可用位点数达到最大化,而分子亲和性是决定材料对特定分子选择性的关键参数,特别是对化学吸附而言。

在过去的十年中,人们声称碳纳米结构的存储能力很高,理论上能够通过吸附来匹配汽车应用的目标[107,109]。最初被提出来的是活性炭,活性炭在5MPa的压力条件下展现出约为液体的一半存储能力,但仅限于77K的温度条件下[128]。基于纳米结构的其他类型的碳材料也已经被选择和提出。特别是,单壁碳纳米管(SWNTs)的窄孔径分布使得它们成为氢分子吸附剂的有力候选者[129,130],但早期的实验结果却一直是争议的焦点[131,132]。

另一方面,同样基于电堆石墨层的碳纤维在室温和适度压力(约12MPa)的条件下似乎也展现出显著的质量比能量[133],但是从其他相似的纳米材料上获得的结果却与此相矛盾[134],与此同时氢气的存储机制仍然远远地不被人们所理解。

沸石是一种著名的分子筛，在过去的几项工业应用中（离子交换、吸附、多相催化）也被研究过，但是它们在 77K 温度条件下的储存能力却仍然不能令人满意[135]。

最近的一项科学研究提出了一种纳米多孔材料，由金属有机框架组成，它的潜力与很低的密度和很高的比面积有关，范围为 $1000\sim6000m^2/g$[136]。它们通过强大的化学键连接无极团簇和各种有机的连接器来获得[137]。利用选择性结合能量与高的比面积效应，对金属有机框架化合物的兴趣被与理论上使存氢最优化的可能性联系起来。一些金属有机框架在 77K 的温度下展现出很好的效果，吸附能力达到 7.3%，但在室温下储氢容量仍旧低于 1%[138,139]。

最近人们研究了基于溢出机制来改善碳纳米结构性能的战略。氢气溢出使用了能够解离氢气分子的金属催化剂。在该过程连续的阶段中，氢原子迁移到衬底上并最终穿过衬底表面和/或进入散装材料[140]。一些设计者在不同的材料中获得了更高的储氢能力（约 2.4%）[141]。

化学储氢代表了另一种有趣的替代方法。这个方法由通过一个从高质量能量密度的含氢材料开始的化学反应来的板上制氢和紧接着的脱板再生组成。储存材料需要生产且通常涉及水解反应。如 $NaBH_4$（硼氢化钠）的氢化物在这个过程中被使用[142]。下面这个化学方程式描述了在水溶液中发生的过程：

$$NaBH_4 + 2H_2O \rightarrow NaBO_2 + 4H_2 \qquad (2-30)$$

式（2-30）是不可逆的且适度放热的反应，可以在合适催化剂的存在下被控制。在车辆上使用时，必须除去残余化合物，并在板上将其再生出来。这种技术可能代表一种可应用的方法，特别是如果液体被用于存储氢气，但结果却是过高的成本以及被非常高的再生能源需求所限制[143]。最近洛斯阿拉莫斯实验室提出了一种能够改善再生阶段效率的新方法，即通过在乏燃料中加入适当的吸收剂和还原剂[144]。

2.4 参考文献

1. Mcdowall W, Eames M (2006) Forecast, scenarios, visions, backcasts and roadmaps to the hydrogen economy: a review of the hydrogen future literature. Energy Policy 34:1236–1250
2. Hetland J, Mulder G (2007) In search of a sustainable hydrogen economy: how a large-scale transition to hydrogen may affect the primary energy demand and greenhouse gas emissions. Int J Hydrogen Energ 32:736–747
3. Ball M, Wietschel M (2009) The future of hydrogen—opportunities and challenges. Int J Hydrogen Energ 34:615–627
4. Holladay JD, Hu J, King DL, Wang Y (2009) An overview of hydrogen production technologies. Catal Today 139(4):244–260
5. Chorkendorff I, Niemantsverdriet JW (2003) Heterogeneous catalysis in practice: hydrogen. In: Concepts of modern catalysis and kinetics. Wiley-VCH Verlag GmbH & Co, Weinheim
6. Rostrup-Nielsen T (2005) Manufacture of hydrogen. Catal Today 106:293–296
7. Armor JN (1999) The multiple role for catalysis in the production of H_2. Appl Catal A 176:159–176

8. Farrauto RJ (2005) Introduction to solid polymer membrane fuel cells and reforming natural gas for production of hydrogen. Appl Catal B 56:3–7
9. Trimm DL (1991) Thermal stability of catalyst supports. In: Bartholomew CH, Butt JB (eds) Catalyst deactivation. Elsevier, Amsterdam, p 29
10. Gitzen WH (1970) Alumina as a ceramic material. American Ceramic Society, Columbus
11. Rostrup-Nielsen DJR (1974) Coking on Ni catalysts for steam reforming of hydrocarbons. J Catal 33:184–201
12. Trimm DL (1999) Catalysts for the control of coking during steam reforming. Catal Today 49:3–10
13. Rostrup-Nielsen J, Dybkjaer I, Christiansen LJ (1993) Steam reforming opportunities and limits of the technology. In: de Lasa HI, Dogu G, Ravella A (eds) Chemical reactor technology for environmentally safe reactors and products. Kluwer, Dordrecht, p 249
14. Kikuchi E (2000) Membrane reactor application to hydrogen production. Catal Today 56:97–101
15. Barelli L, Bidini G, Gallorini F, Servilli S (2008) Hydrogen production through sorption-enhanced steam methane reforming and membrane technology: a review. Energy J 33:554–570
16. Brejc H, Supp E (1993) Partial oxidation of hydrocarbons. In: Elvers B, Hawkins S, Ravenscroft M, Rounsaville JF, Schulz G (eds) Ullmann's encyclopedia of industrial chemistry, vol A12. VCH, New York, pp 207–243
17. Silberova B, Venvik HJ, Walmsley JC, Holmen A (2005) Small-scale hydrogen production from propane. Catal Today 100(3–4):457–462
18. Tsang SC, Claridge JB, Green MLH (1995) Recent advances in the conversion of methane to synthesis gas. Catal Today 23(1):3–15
19. Wang HY, Ruckenstein (1999) Catalytic partial oxidation of methane to synthesis gas over g-Al_2O_3-supported rhodium catalysts. Catal Lett 59:121–127
20. Koh ACW, Chen L, Leong WK, Johnson BFG, Khimyak T, Lin J (2007) Hydrogen or synthesis gas production via the partial oxidation of methane over supported nickel-cobalt catalysts. Int J Hydrogen Energ 32(6):725–730
21. Lanza R, Jaras SG, Canu P (2007) Partial oxidation of methane over supported ruthenium catalysts. Appl Catal A-Gen 325(1):57–67
22. Pavlova SN, Sazonova NN, Ivanova JA, Sadykov VA, Snegurenko OI, Rogov VA, Zolotarskii IA, Moroz EM (2004) Partial oxidation of methane to synthesis gas over supported catalysts based on Pt-promoted mixed oxides. Catal Today 91–92:299–303
23. De Groote AM, Froment GF (1997) The role of coke formation in catalytic partial oxidation for synthesis gas production. Catal Today 37:309–329
24. Enger BC, Lodeng R, Holmen A (2008) A review of catalytic partial oxidation of methane to synthesis gas with emphasis on reaction mechanism over transition metal catalysts. Appl Catal A 346:1–27
25. Zhang J, Wang Y, Ma R, Wu D (2003) Characterization of alumina-supported Ni and Ni-Pd catalysts for partial oxidation and steam reforming of hydrocarbons. Appl Catal A-Gen 243(2):251–259
26. Kikuchi R, Iwasa Y, Takeguchi T, Eguchi K (2005) Partial oxidation of CH_4 and C_3H_8 over hexaaluminate-type oxides. Appl Catal A-Gen 281(1–2):61–67
27. Corbo P, Migliardini F (2007) Hydrogen production by catalytic partial oxidation of methane and propane on Ni and Pt catalysts. Int J Hydrogen Energ 32:55–66
28. Schulze K, Makoswski W, Chyzy R, Dziembaj R, Geismar G (2001) Nickel doped hydrotalcites as catalyst precursors for the partial oxidation of light paraffins. Appl Clay Sci 18:59–69
29. Liu S, Xu L, Xie S, Wang Q, Xiong G (2001) Partial oxidation of propane to syngas over nickel supported catalysts modified by alkali metal oxides and rare-earth metal oxides. Appl Catal A-Gen 211:145–152
30. Beretta A, Forzatti P (2004) Partial oxidation of light paraffins to synthesis gas in short contact-time reactors. Chem Eng J 99:219–226

31. Caglayan BS, Onsan ZI, Aksoylu AE (2005) Production of hydrogen over bimetallic Pt–Ni/δ-Al$_2$O$_3$: II. Indirect partial oxidation of LPG. Catal Lett 102(1-2):63–67
32. Otsuka K, Sunada YWE, Yamanaka I (1998) Direct partial oxidation of methane to synthesis gas by cerium oxide. J Catal 175:152–160
33. Passos FB, de Oliveira ER, Mattos LV, Noronha FB (2005) Partial oxidation of methane to synthesis gas on Pt/Ce$_x$Zr$_{1-x}$O$_2$ catalysts: the effect of the support reducibility and of the metal dispersion on the stability of the catalysts. Catal Today 101:23–30
34. Muradov N (2001) Hydrogen via methane decomposition: an application for decarbonization of fossil fuels. Int J Hydrogen Energ 26:1165–1175
35. Ahmed S, Aitani A, Rahman F, Ali Al-Dawood, Al-Muhaish F (2009) Decomposition of hydrocarbons to hydrogen and carbon. Appl Catal A-Gen 359:1–24
36. Aiello R, Fiscus JE, Loye HC, Amiridis MD (2000) Hydrogen production via the direct cracking of methane over Ni/SiO$_2$: catalyst deactivation and regeneration. Appl Catal A-Gen 192:227–234
37. Choundary TV, Sivadinarayana C, Chusuei CC, Klinghoffer A, Goodman DW (2001) Hydrogen production via catalytic decomposition of methane. J Catal 199:9–18
38. Suelves I, Lazaro MJ, Moliner R, Corbella BM, Palacios JM (2005) Hydrogen production by thermo catalytic decomposition of methane on Ni-based catalysts: influence of operating conditions on catalyst deactivation and carbon characteristics. Int J Hydrogen Energ 30:1555–1567
39. Konieczny A, Mondal K, Wiltowski T, Dydo P (2008) Catalyst development for thermocatalytic decomposition of methane to hydrogen. Int J Hydrogen Energ 33:264–272
40. Li J, Smith KJ (2008) Methane decomposition and catalyst regeneration in a cyclic mode over supported Co and Ni catalysts. Appl Catal A-Gen 349:116–124
41. Muradov N (2001) Catalysis of methane decomposition over elemental carbon. Catal Commun 2:89–94
42. Pinilla JL, Suelves I, Lazaro MJ, Moliner R (2008) Kinetic study of the thermal decomposition of methane decomposition of methane using carbonaceous catalysts. Chem Eng J 138:301–306
43. Serrano DP, Botas JA, Guil-Lopez R (2009) H$_2$ production from methane pyrolysis over commercial carbon catalysts: kinetic and deactivation study. Int J Hydrogen Energ 34:4488–4494
44. Lee KK, Han GY, Yoon KJ, Lee BK (2004) Thermocatalytic hydrogen production from the methane in a fluidized bed with activated carbon catalyst. Catal Today 93–95:81–86
45. Pinilla JL, Moliner R, Suelves I, Lázaro MJ, Echegoyen Y, Palacios JM (2007) Production of hydrogen and carbon nanofibers by thermal decomposition of methane using metal catalysts in a fluidized bed reactor. Int J Hydrogen Energ 32:4821–4829
46. Weizhong Q, Tang L, Zhanwen W, Fei W, Zhifei L, Guohua L, Yongdan L (2004) Production of hydrogen and carbon nanotubes from methane decomposition in a two-stage fluidized bed reactor. Appl Catal A-Gen 260:223–228
47. Muradov N, Smith F, Huang C, Raissi AT (2006) Autothermal catalytic pyrolysis of methane as a new route to hydrogen production with reduced CO$_2$ emissions. Catal Today 116:281–288
48. Fulcheri L, Schwob Y (1995) From methane to hydrogen, carbon black and water. Int J Hydrogen Energ 20:197–202
49. Fridman A (2008) Plasma chemistry. Cambridge University Press, Cambridge
50. Tsai CH, Chen KT (2009) Production of hydrogen and nano carbon powders from direct plasmolysis of methane. Int J Hydrogen Energ 34:833–838
51. Muradov N, Smith F, Bockerman G, Scammon K (2009) Thermocatalytic decomposition of natural gas over plasma-generated carbon aerosols for sustainable production of hydrogen and carbon. Appl Catal A-Gen 365:292–300
52. Figueiredo JL, Moulijn JA (1985) Carbon and coal gasification science and technology. In: Proceedings of the NATO advanced study institute on carbon and coal gasification. Science and Technology Series: NATO Science Series E, vol 105, p 672

53. Rostrup-Nielsen JR (2000) New aspects of syngas production and use. Catal Today 63:159–164
54. Stiegel GJ, Ramezan M (2006) Hydrogen from coal gasification: an economical pathway to a sustainable energy future. Int J Coal Geol 65:173–190
55. Joshi MM, Lee S (1996) Integrated gasification combined cycle—a review of IGCC technology. Energy Source 18:537–568
56. Damen K, van Troost M, Faaij A, Turkenburg W (2006) A comparison of electricity and hydrogen production systems with CO_2 capture and storage. Part A: review and selection of promising conversion and capture technologies. Prog Energy Combust 32:215–246
57. Cormos CC, Starr F, Tzimas E, Peteves S (2008) Innovative concepts for hydrogen production processes based on coal gasification with CO2 capture. Int J Hydrogen Energ 33:1286–1294
58. Bohm MC, Herzog HJ, Parsons JE, Sekar RC (2007) Capture-ready coal plants—options, technologies and economics. Int J Greenh Gas Control 1:113–120
59. Galvita V, Messerla VE, Urtimenko AB (2007) Hydrogen production by coal plasma gasification for fuel cell technology. Int J Hydrogen Energ 32:3899–3906
60. Saxena RC, Seal D, Kumar S, Goyal HB (2008) Thermo-chemical routes for hydrogen rich gas from biomass: a review. Renew Sust Energy Rev 12:1909–1927
61. Orecchini F, Bucci E (2007) Biomass to hydrogen for the realization of closed cycles of energy resources. Energy J 32:1006–1011
62. Florin N, Harris A (2007) Hydrogen production from biomass. Environmentalist 27:207–215
63. Koroneos C, Dompros A, Roumbas G (2008) Hydrogen production via biomass gasification—a life cycle assessment approach. Chem Eng Process 47:1261–1268
64. Devi L, Ptasinski KJ, Janssen FJJG (2003) A review of the primary measures for tar elimination in biomass gasification processes. Biomass Bioenerg 24:125–140
65. Bangala DN, Abatzoglou N, Martin JP, Chornet E (1997) Catalytic gas conditioning: application to biomass and waste gasification. Ind Eng Chem Res 36:4184–4192
66. Koros W, Mahajan R (2000) Pushing the limits on possibilities for large scale gas separation: which strategies? J Membr Sci 175:181–196
67. Abanades S, Charvin P, Flamant G, Neveu P (2006) Screening of water-splitting thermochemical cycles potentially attractive for hydrogen production by concentrated solar energy. Energy J 31:2805–2822
68. Lattin WC, Utgikar VP (2009) Global warming potential of the sulfur-iodine process using life cycle assessment methodology. Int J Hydrogen Energ 34:737–744
69. Orhan MF, Dincer I, Rosen MA (2008) Energy and exergy assessments of the hydrogen production step of a copper–chlorine thermochemical water splitting cycle driven by nuclear-based heat. Int J Hydrogen Energ 33:6456–6466
70. Engelhardt V (1904) The electrolysis of water; processes and applications. Chemical Publishing Company, Easton
71. Pletcher D, Walsh FC (1990) Industrial electrochemistry, 2nd edn. Kluwer, Dordrecht, London, p 256
72. Rosen MA, Scott D (1998) Comparative efficiency assessments for a range of hydrogen production processes. Int J Hydrogen Energ 23:653–659
73. Hall DE (1981) Electrodes for alkaline water electrolysis. J Electrochem Soc 128:740
74. Dyer CK (1985) Improved nickel anodes for industrial water electrolyzers. J Electrochem Soc 132:64
75. Rami A, Lasia A (1992) Kinetics of hydrogen evolution on Ni-Al alloy electrodes. J Appl Electrochem 22:376–382
76. Barbir F (2005) PEM electrolysis for production of hydrogen from renewable energy sources. Sol Energy 78:661–669
77. Sherif SA, Barbir F, Veziroglu TN (2005) Wind energy and the hydrogen economy—review of the technology. Sol Energy 78:647–660
78. Schiller G, Ansar A, Lang M, Patz O (2009) High temperature water electrolysis using metal supported solid oxide electrolyser cells (SOEC). J Appl Electrochem 39:293–301

79. Millet P, Andolfatto F, Durand R (1996) Design and performance of a solid polymer electrolyte water electrolyzer. Int J Hydrogen Energ 21:87–93
80. Marshall A, Borresen B, Hagen G, Tsypkin M, Tunold R (2007) Hydrogen production by advanced proton exchange membrane (PEM) water electrolysers—reduced energy consumption by improved electrocatalysis. Energy J 32:431–436
81. Grigoriev SA, Porembsky VI, Fateev VN (2006) Pure hydrogen production by PEM electrolysis for hydrogen energy. Int J Hydrogen Energ 31:171–175
82. Onda K, Kyakuno T, Hattori K, Ito K (2004) Prediction of production power for high-pressure water electrolysis. J Power Sources 132:64–70
83. Marangio F, Santarelli M, Calì M (2009) Theoretical model and experimental analysis of a high pressure PEM water electrolyser for hydrogen production. Int J Hydrogen Energ 34:1143–1158
84. Grigoriev SA, Millet P, Fateev VN (2008) Evaluation of carbon-supported Pt and Pd nanoparticles for the hydrogen evolution reaction in PEM water electrolysers. J Power Sources 177:281–285
85. Granovskii M, Dincer I, Rosen MA (2006) Life cycle assessment of hydrogen fuel cell and gasoline vehicles. Int J Hydrogen Energ 31:337–352
86. Jorgensen C, Ropenus S (2008) Production price of hydrogen from grid connected electrolysis in a power market with high wind penetration. Int J Hydrogen Energ 33:5335–5344
87. Mingyi L, Bo Y, Jingming X, Jing C (2008) Thermodynamic analysis of the efficiency of high-temperature steam electrolysis system for hydrogen production. J Power Sources 177:493–499
88. Ni M, Leung MKH, Leung DYC (2008) Technological development of hydrogen production by solid oxide electrolyser cell (SOEC). Int J Hydrogen Energ 33:2337–2354
89. Fujiwara S, Kasai S, Yamauchi H, Yamada K, Makino S, Matsunaga K, Yoshino M, Kameda T, Ogawa T, Momma S, Hoashi E (2008) Hydrogen production by high temperature electrolysis with nuclear reactor. Prog Nucl Energy 50:422–426
90. Coughlin RW, Farooque M (1980) Consideration of electrodes and electrolytes for electrochemical gasification of coal by anodic oxidation. J Appl Electrochem 10:729–740
91. Sathe N, Botte GG (2006) Assessment of coal and graphite electrolysis on carbon fiber electrodes. J Power Sources 161:513–523
92. Jin X, Botte GG (2007) Feasibility of hydrogen production from coal electrolysis at intermediate temperatures. J Power Sources 171:826–834
93. Fujishima A, Honda K (1972) Electrochemical photolysis of water at a semiconductor electrode. Nature 238:37–38
94. Penner SS (2006) Steps toward the hydrogen economy. Energy J 31:33–43
95. Bak T, Nowotny J, Rekas M, Sorrell CC (2002) Photo-electrochemical hydrogen generation from water using solar energy. Materials-related aspects. Int J Hydrogen Energ 27:991–1022
96. Ni M, Leung MKH, Leung DHC, Sumathy K (2007) A review and recent developments in photocatalytic water-splitting using TiO_2 for hydrogen production. Renew Sust Energy Rev 11:401–425
97. Kelly NA, Gibson TL (2008) Solar energy concentrating reactors for hydrogen production by photoelectrochemical water splitting. Int J Hydrogen Energ 33:6420–6431
98. Burgess G, Velasco JGF (2007) Materials, operational energy inputs, and net energy ratio for photobiological hydrogen production. Int J Hydrogen Energ 32:1225–1234
99. Kapdan IK, Kargi F (2006) Bio-hydrogen production from waste materials. Enzyme Microb Technol 38:569–582
100. Moore RB, Raman V (1998) Hydrogen infrastructure for fuel cell transportation. Int J Hydrogen Energ 23:617–620
101. Haeseldonckx D, D'haeseleer W (2007) The use of the natural-gas pipeline infrastructure for hydrogen transport in a changing market structure. Int J Hydrogen Energ 32:1381–1386
102. Padro C, Putsche V (1999) Survey of the economics of hydrogen technologies. DOE National Renewable Energy Laboratory Report no. NREL/TP-570-27079, September

103. Siddiqui RA, Abdullah HA (2005) Hydrogen embrittlement in 0.31% carbon steel used for petrochemical applications. J Mater Process Technol 170:430–435
104. Markert F, Nielsen SK, Paulsen JL, Andersen V (2007) Safety aspects of future infrastructure scenarios with hydrogen refuelling stations. Int J Hydrogen Energ 32:2227–2234
105. Hugo A, Rutter P, Pistikopoulos S, Amorelli A, Zoia G (2005) Hydrogen infrastructure strategic planning using multi-objective optimization. Int J Hydrogen Energ 30:1523–1534
106. Leung WB, March NH, Motz H (1976) Primitive phase diagram for hydrogen. Phys Lett A 56:425–426
107. Zuttel A (2008) Hydrogen storage. In: Zuttel A, Borgschulte A, Schlapbach L (eds) Hydrogen as a future energy carrier. Wiley-VCH Verlag GmbH & Co, Weinheim
108. Zhou L (2005) Progress and problems in hydrogen storage methods. Renew Sust Energy Rev 9:395–408
109. David E (2005) An overview of advanced materials for hydrogen storage. J Mater Process Technol 162–163:169–177
110. Satypal S, Petrovic J, Read C, Thomas G, Ordaz G (2007) The U.S. Department of Energy's National Hydrogen Storage Project: progress towards meeting hydrogen-powered vehicle requirements. Catal Today 120:246–256
111. de Wit MP, Faaij PC (2007) Impact of hydrogen onboard storage technologies on the performance of hydrogen fuelled vehicles: a techno-economic well to wheel assessment. Int J Hydrogen Energ 32:4859–4870
112. Aceves SM, Berry GD, Martinez-Frias J, Espinoza-Loza F (2006) Vehicular storage of hydrogen in insulated pressure vessels. Int J Hydrogen Energ 31:2274–2283
113. Peschka W (1992) Liquid hydrogen, fuel of the future. Springer, Wien
114. Berstad DO, Stang JH, Neksa P (2009) Comparison criteria for large-scale hydrogen liquefaction processes. Int J Hydrogen Energ 34:1560–1568
115. Sherif SA, Barbir F, Veziroglu TN (2005) Towards a hydrogen economy. Electr J 18:62–76
116. Ross DK (2006) Hydrogen storage: the major technological barrier to the development of hydrogen fuel cell cars. Vacuum 80:1084–1089
117. Sandrock G (1999) A panoramic overview of hydrogen storage alloys from a gas reaction point of view. J Alloy Compd 293–295:877–888
118. Suda S (2008) Hydrogen–metal systems: technological and engineering aspects. Encyclopedia of Materials: Sci Tech 4:3970–3976
119. Yvon K, Bertheville B (2006) Magnesium based ternary metal hydrides containing alkali and alkaline-earth elements. J Alloy Compd 425:101–108
120. Ouyang LZ, Qin FX, Zhu M (2006) The hydrogen storage behavior of Mg_3La and $Mg_3LaNi_{0.1}$. Scripta Mater 55:1075–1078
121. Andreasen A (2008) Hydrogenation properties of Mg-Al alloys. Int J Hydrogen Energ 33:7489–7497
122. Jung KS, Lee EY, Lee KS (2006) Catalytic effects of metal oxide on hydrogen absorption of magnesium metal hydride. J Alloy Compd 421:179–184
123. Sakintuna B, Lamari–Darkrim F, Hirscher M (2007) Metal hydride materials for solid hydrogen storage: a review. Int J Hydrogen Energ 32:1121–1140
124. Hauback BC (2008) Metal hydrides: properties and applications of alanates. Encyclopedia of Materials: Sci Tech 1–5
125. Bogdanovic B, Brand RA, Marjanovic A, Schwikardi M (2000) Metal-doped sodium aluminium hydrides as potential new hydrogen storage materials. J Alloy Compd 302:36–58
126. Corbo P, Migliardini F, Veneri O (2009) Hydrogen release properties of lithium alanate for application to fuel cell propulsion systems. J Power Sources 193:285–291
127. Onkawa M, Zhang S, Takeshita HT, Kuriyama N, Kiyobayashi T (2008) Dehydrogenation kinetics of Ti-doped $NaAlH_4$—influence of Ti precursors and preparation methods. Int J Hydrogen Energ 33:718–721
128. Dillon AC, Heben MJ (2001) Hydrogen storage using carbon adsorbents: past, present and future. Appl Phys A 72:133–142

129. Dillon AC, Jones KM, Bekkedahl TA, Kang CH, Bethune DS, Heben MJ (1997) Storage of hydrogen in single-walled carbon nanotubes. Nature 386:377–379
130. Bethune DS (2002) Carbon and metals: a path to single-wall carbon nanotubes. Phys B- Phys Condens Matter 323:90–96
131. Bénard P, Chahine R (2007) Storage of hydrogen by physisorption on carbon and nanostructured materials. Scripta Mater 56:803–808
132. Züttel AA, Sudan P, Mauron PH, Kiyobayashi T, Emmenegger CH, Schlapbach L (2002) Hydrogen storage in carbon nanostructures. Int J Hydrogen Energ 27:203–212
133. Chambers A, Park C, Terry R, Baker K, Rodriguez NM (1998) Hydrogen storage in graphite nanofibers. J Phys Chem B 102:4253–4256
134. Orimo S, Zuttel A, Schalapbach L, Majer G, Fukunaga T, Fujii H (2003) Hydrogen interaction with carbon nanostructures: current situation and future prospects. J Alloy Compd 356–357:716–719
135. Dong J, Wang X, Xu H, Zhao Q, Li J (2007) Hydrogen storage in several microporous zeolites. Int J Hydrogen Energ 32:4998–5004
136. Hirscher M, Panella B (2007) Hydrogen storage in metal-organic frameworks. Scripta Mater 56:809–812
137. Yaghi OM, Li G, Li H (1995) Selective binding and removal of guests in a microporous metal-organic framework. Nature 378:703
138. Mulder FM, Dingemans TJ, Schimmel HG, Ramirez-Cuesta AJ, Kearley GJ (2008) Hydrogen adsorption strength and sites in the metal organic framework MOF5: comparing experiment and model calculations. Chem Phys 351:72–76
139. Latroche M, Surblé S, Serre C, Mellot-Draznieks C, Llewellyn PL, Lee JH, Chang JS, Jhung SH, Férey G (2006) hydrogen storage in the giant-pore metal-organic frameworks MIL-100 and MIL-101. Angew Chem Int Ed 45:8227–8231
140. Cheng H, Chen L, Cooper AC, Sha X, Pez GP (2008) Hydrogen spillover in the contest of hydrogen storage using solid-state materials. Energy Environ Sci 1:338–354
141. Yang RT, Li Y, Lachawiec AJ (2006) Hydrogen storage in graphite nanofibers and the spillover mechanism. DOE hydrogen program. Annual Progress Report. http://www.hydrogen.energy.gov/annual_progress06_storage.html#c. Accessed 12 February 2010
142. Kojima Y, Suzuki K, Fukumoto K, Sasaki M, Yamamoto T, Kawai Y, Hayashi H (2002) Hydrogen generation using sodium borohydride solution and metal catalyst coated on metal oxide. Int J Hydrogen Energ 27:1029–1034
143. Cakanyildirim C, Guru M (2008) Hydrogen cycle with sodium borohydride. Int J Hydrogen Energ 33:4634–4639
144. Davis BL, Dixon DA, Garner EB, Gordon JC, Matus MH, Scott B, Stephens FH (2009) Efficient regeneration of partially spent ammonia borane fuel. Angew Chem Int Ed 48(37):6812–6816

第 3 章

燃料电池在汽车上的应用

根据电化学电池的一般定义，任何类型的燃料电池都可以看做是能够直接从化学物质产生电能的装置。在放电阶段，电池也可采用相同的定义，但是电池和燃料电池之间存在两个实质性区别：

① 在电池中，提供自由电子的化学物质被事先储存在电池装置内部，因此限制了它的容量（电池的额定能量）；而在燃料电池中，反应物能够从外部不断地供应。

② 电池能够释放先前存储在其中的直流电（在充电阶段作为电解池运行期间储存的直流电），该电能是在其他地方生产的，而燃料电池通过燃料发生电化学氧化产生直流电。当可充电电池接收直流电时，强制发生化学反应——由分别发生在两个电极上的两个半化学反应（电解，参见第2.1.2节）组成。当两端电路之间形成回路时，以化学能的形式储存在电极的新物质中的电力准备好自发释放，并恢复到原始电极反应物质。不同的是，在燃料电池中，外部燃料的电化学氧化发生在电极上，特别是燃料在阳极氧化，同时在阴极还原氧，产生直流电、热和其他化学化合物，其性质取决于阳极氧化的燃料类型。对于其在运输行业的应用，电力被认为是有用的输出形式，而产生的化学物质和热量是副产物（对于某些固定场景，例如热电厂，热量也被认为是有用的输出产品）。

关于电动车辆的不同类型的电池和其他电能存储系统，更详细的描述可以在第5.3节中查看，从电化学和热力学的一些基本概念出发，同时对汽车应用燃料电池的主要特性和性能进行了描述，并将注意力集中在要调节的操作参数上，以获得特定工况下的最佳性能。

3.1 电化学的基本概念

一个电池从化学物质开始产生直流电的基本过程是氧化还原反应，其定义是化学物中的原子的氧化态发生变化的反应。氧化态是通过给定化合物中原子的氧化数来描述的,并表示了原子在化学物质中理想假定的电荷的数量和符号,然后将每个化学键中的电子对归于分子中带负电最多的原子(常采用某些与这个一般原理一致的规则,来计算一种化合物中某个特定原子的氧化数[1])。在氧化还原反应中,一个原子在其氧化数增加时被氧化,在氧化数减少时被还原。对于反应机制,氧化态的变化可以通过电子或原子的转移来实现,在许多情况下都可以观察到这种转移。如果电子的转移存在,氧化就相当于失去电子,某处失去电子也就意味着某处会接收电子。而整体的氧化还原反应可以用于电化学系统,这种系统可以将化学能转化为电能(电池),反之亦然(电解池)。

在电化学转换器中,整个氧化还原反应被分成两个半反应——发生在物理分离的两个电极(阳极和阴极)上,分别用于氧化半反应和还原半反应。对于一般的氧化还原反应,反应物质 A 和 B 处于平衡状态,整个反应和两个半反应可以如下所示:

$$全反应式: A_{red} + B_{ox} \rightleftharpoons A_{ox} + B_{red} \tag{3-1}$$

$$氧化反应(阳极): A_{red} \rightleftharpoons A_{ox} + ne^- \tag{3-2}$$

$$还原反应(阴极): B_{ox} + ne^- \rightleftharpoons B_{red} \tag{3-3}$$

式中,n 为半反应中转移的电子的数量。

在氧化还原反应过程中转移的电子通过外部电路移动,氧化后电子从阳极离开并进入阴极进行还原。这两种半反应能够发生,得益于两个分开的空间通过能够传递离子物质的导电液体或固体相(电解质)相互连接,从而允许电路闭合。电解质必须是具有离子导电性的,而电极必须是具有电子导电性的,并且在气体反应物的情况下,具有足够的多孔性以允许反应物和产物进出反应位点(参见第 3.2 节)。

可以在标准条件(298K,0.1MPa 气体或单位浓度溶液)下为不同的电化学反应对建立一个电位范围,假设氢/氢离子对为任意参考半反应,并将其定为零电位:

$$2H^+ + 2e^- \rightleftharpoons H_2 \quad E° = 0V \tag{3-4}$$

其他电化学反应对在标准条件下的电势($E°$)可以根据式(3-4)得到,编制成半反应电位列表(电化学系列)。在这个列表中,所有的半反应都是用这种方式来评估氧化态接受电子并成为还原态的趋势(正电位对应于自发还原)[2]。如果电化学系统从热力学角度看是可逆的,也就是说当电化学系统与具有相同电势的外部电池连接时,不会发生化学反应,而外部电池电位产生或者吸收电流的任何微小变化,电化学系统会施加相反的变化以阻碍其变化(称之为可逆或者平衡电位 E_{eq})。当所考虑的半反应的平衡迅速建立时,其相对于零电位的电势可以通过实验确定。

任何氧化还原反应都会有在给定温度和压力下自由能(ΔG)的变化。然而,

第3章
燃料电池在汽车上的应用

当以电化学方式进行反应时,由于总电位差导致的电荷传输与电功相关,其有:

$$W_{el} = qE \tag{3-5}$$

式中,E 为阴极和阳极电位之差($E_c - E_a$);q 为输送的总电荷,可以表示为在所讨论的反应的最简单平衡方程中转移的电子的摩尔数(n)与法拉第常数(F,对应 1mol 电子的电荷量)的乘积:

$$q = nF \tag{3-6}$$

另一方面,基本热力学方程定义反应的自由能的变化为:

$$-\Delta G = W_{rev} - P\Delta V \tag{3-7}$$

式中,ΔG 为从反应中可获得的总可逆功(W_{rev})减去反应体系中任何可能的体积变化($P\Delta V$,膨胀功)。在电化学反应中既没有膨胀功也没有任何其他形式的工作,由式(3-5)~式(3-7)可得

$$-\Delta G = W_{el,rev} \tag{3-8}$$

因此,如果电化学系统是可逆的(或没有损失,则所有的自由能都可以转换成电能),则有

$$\Delta G = -nFE_{eq} \tag{3-9}$$

从而有

$$E_{eq} = -\frac{\Delta G}{nF} \tag{3-10}$$

式(3-10)允许根据与给定温度下的氧化还原反应相关的自由能的变化来计算平衡电池电势 E_{eq}。

如果将酸性溶液中的氧-水与参考电化学对相比较,则可以写出以下半反应:

在阳极氧化氢:$H_2 \rightleftharpoons 2H^+ + 2e^-$ $E°_a = 0V$ (3-11)

在阴极氧的还原:$\frac{1}{2}O_2 + 2H^+ + 2e^- \rightleftharpoons H_2O$ $E°_c = 1.23V$ (3-12)

因此,总的反应式可表示为:

$$H_2 + \frac{1}{2}O_2 \rightleftharpoons H_2O \quad E° = 1.23V \tag{3-13}$$

这是使用氢气作为燃料的燃料电池中发生的自发反应。反应式(3-13)中的 $E° = 1.23V$ 的值可根据式(3-10)得出,在 25℃ 和 0.1MPa(1atm)下自由能的变化 $\Delta G = -237.2kJ/mol$,$n = 2$,$F = 96.485C/mol$。它代表了基于反应(3-13)的电化学电池的理论电势,或者在 25℃ 和 0.1MPa(1atm)下电池的可逆开路电压。

式(3-8)给出了电池输出的最大有用功(电量),而输入电池的能量则由提供电子流的化学物质中所含的化学能给出。对于氢燃料电池,该能量对应于反应(3-13)的焓变(ΔH),也称为氢的热值,其定义为产物和反应物生成热量之间的差异。在 25℃ 和 0.1MPa(1atm)下,水为液体形式,此时生成热为 $-286kJ/mol$,

而水蒸气为242kJ/mol，差别在于25℃时水的蒸发热（44kJ/mol）。根据定义元素的生成热等于零，如果所生成的水处于液态，则式（3-13）中的反应焓为-286kJ/mol（氢的高热值，ΔH_{HHV}）；如果在25℃生成水蒸气，则反应焓为242kJ/mol（低氢热值，ΔH_{LHV}）。按照惯例，ΔH 的负号表示热量通过反应释放（放热反应）。

尽管氢热值可用作燃料电池中能量输入的量度，但根据热力学第二原理，每次自发化学反应都伴随有熵的产生，其被认为是不可逆损失的量度，从而限制了从燃料电池可获得的有用功的量。通过以下等式可计算燃料电池中可以转化为电功的氢气焓值的部分：

$$\Delta G = \Delta H - T\Delta S \tag{3-14}$$

式中，ΔS 为反应（3-13）中产物和反应物的熵之间的差；$T\Delta S$ 代表输入化学能转化为热能而不是电能的那部分。

如果在内燃机中实现相同的反应（3-13），即作为燃烧反应，熵变仍保持不变（因为它仅取决于两个过程中涉及的相同的总化学反应），但根据卡诺定理，不是 ΔG 的所有能量都可以转化为有用功[3]。

将式（3-14）代入式（3-10）可得出理论电位与温度关系（当电池温度升高时电位值降低）；然而，在方程式（3-14）中涉及的热力学量的值不会明显改变至高达100℃（表3-1），这是适用于汽车应用的聚合物电解质燃料电池的典型温度范围。对于这些类型的电池，温度对理论电位的影响可以忽略不计，而它对燃料电池操作实际电位的影响是积极的，并且不能完全忽略不计，第3.3.2节对此进行了研究。

表 3-1 在 298~373K 范围内由式（3-13）得出的不同温度下的自由能、焓和反应熵[4]

T/K	$\Delta G/(kJ/mol)$	$\Delta H_{HHV}/(kJ/mol)$	$\Delta S/[kJ/(mol \cdot K)]$
298	-237.3	-286.0	-0.163
333	-231.6	-284.8	-0.160
353	-228.4	-284.2	-0.158
373	-225.2	-283.5	-0.156

对于基于反应（3-13）的燃料电池，基本的热力学分析也可以证明反应物压力对电池电势的正面影响，由气体反应物和产物所用的能斯特方程表示[5]：

$$E = E^\circ + \frac{RT}{nF} \ln \frac{p_{H_2} p_{O_2}^{0.5}}{p_{H_2O}} \tag{3-15}$$

其中如果燃料电池产生液态水，则 $p_{H_2O} = 1$。式（3-15）表明，在较高反应物压力下电池电势 E 增加，当使用稀释氧化剂时，即空气而不是纯氧，则电池电势 E 较低。反应物压力在实际燃料电池中的实际影响将在第3.2节讨论。

上述对基本热力学的讲述对于定义理论燃料电池效率的概念也是有用的。如果 ΔG 表示在燃料电池出口处可获得的有用电功，ΔH 表示入口处的化学能，则可以通过以下等式计算理论效率 η_{th}：

$$\eta_{th} = \frac{\Delta G}{\Delta H} \tag{3-16}$$

考虑到 25℃时氢的热值和 ΔG 较高，则基于反应(3-13)对于燃料电池变为

$$\eta_{th} = \frac{237.3}{286.0} = 0.83 \tag{3-17}$$

由于内燃机的效率通常是针对燃料的较低热值计算的，对于燃料电池也可以使用氢的较低热值作为 ΔH 值来评估理论效率，在这种情况下式(3-16)变为

$$\eta_{th} = \frac{228.7}{242.0} = 0.94 \tag{3-18}$$

最后的计算可以通过内燃机和燃料电池产生蒸汽形式的水来证明是合理的。然而，因为可以在燃料电池系统的设计中采用一些用于回收蒸发热的装置，并且考虑到氢的较高热值代表电池的入口处可用的所有能量，所以 ΔH_{HHV} 的使用被认为更适合于计算燃料电池的最大理论效率。通过将式(3-10)应用于氢的高热值，可以根据反应式(3-13)(其结果为 1.48V)计算出对应于所有进入电池的能量电势，然后将式(3-16)应用于氢燃料电池有

$$\eta_{th} = \frac{\Delta G/nF}{\Delta H/nF} = \frac{1.23}{1.48} = 0.83 \tag{3-19}$$

当然，因为在式(3-16)中使用了 ΔG 和 ΔH，所以燃料电池的理论效率取决于其构建的氧化还原反应。在任何情况下，从热力学计算出的理论效率都需要满足无穷小电子流动的操作条件(依据可逆过程的定义)，实际上这意味着没有从转换器汲取电流。如下面的部分所示，在开路(没有电流通过外部电路)时，实际燃料电池的电压略低于 $E°$，并且电化学能量转换的主要问题是在实际条件下获得电势(当抽出电流时)尽可能接近开路电压，以最大限度地提高器件的实际效率。

3.2 质子交换膜燃料电池

任何类型的燃料电池都是基于氧化还原反应，其中燃料在阳极侧被氧化，氧化剂在阴极侧被还原。其结果是产生了通过外部电路的电子流以及化学生成物和热量，而电解质的存在则保证了电路内部的闭合。根据所使用电解质的性质、电池的操作温度范围以及所用燃料的类型，燃料电池可分为很多类型。最常用的燃

料是氢气,这归功于氢气在相对较低的温度下的高反应性,但是在更高温度(>500℃)下碳氢化合物也可以被氧化。所有燃料电池中使用最多的氧化剂都是氧气,在大气中氧气浓度很高。现在已知的所有燃料电池可以在电解质的基础上进行分类:

- 聚合物电解质膜或质子交换膜燃料电池(Polymer Electrolyte Membrane or Proton Exchange Membrane Fuel Cell,PEMFC)
- 碱性燃料电池(Alkaline Fuel Cell,AFC)
- 磷酸燃料电池(Phosphoric Acid Fuel Cell,PAFC)
- 熔融碳酸盐燃料电池(Molten Carb Fuel Cell,MCFC)
- 固体氧化物燃料电池(Solid Oxide Fuel Cell,SOFC)
- 直接甲醇燃料电池(Direct Methonal Fuel Cell,DMFC)

表 3-2 显示了具有不同技术特征的燃料电池的分类[6]。在该表中,不同的电解质决定了通过它们实现交换的离子类型,而对应的催化剂一般在阳极和阴极上都有使用,以加速半反应。其中 SOFC 型燃料电池不需要催化剂,主要原因归功于其高操作温度。特定燃料电池的使用领域取决于其工作特性,特别是其工作温度和所使用的燃料。

表 3-2 燃料电池的分类及其主要特性

燃料电池类型	电解质(离子)	催化剂	燃料	氧化剂	温度/℃
PEMFC	高分子膜(H^+)	Pt	H_2	空气中的 O_2	40~90①
AFC	氢氧化钾(OH^-)	Pt/Pd Ni	H_2	空气中的 O_2	60~220
PAFC	磷酸(H^+)	Pt	H_2	空气中的 O_2	160~200
MCFC	碳酸钾/锂(CO_3^{2-})	Ni	H_2 Light HC②	空气中的 O_2	600~700
SOFC	氧化锆(O^{2-})	—	H_2 Light HC②	空气中的 O_2	600~1000
DMFC	高分子膜(H^+)	Pt Pt-Ru	CH_3OH	空气中的 O_2	90~130

① 当前 PEM 燃料电池的运行温度范围,未考虑研究中的高温膜(100℃)的新材料。
② 轻烃,主要是甲烷或甲烷重整反应产物(见第 2.1 节)。

高温燃料电池发电对于大型固定式电厂具有很大的前景,相对于传统发电机,它们能提供更高的电效率,并且对环境影响较小。在这个领域,磷酸、熔融碳酸盐和固体氧化燃料电池正处于示范和商业应用阶段,功率等级从几百千瓦到兆瓦级都有。

低温燃料电池(质子交换膜燃料电池和直接甲醇燃料电池)在交通工具和便携式设备中具有广泛应用的可能性,因为高温操作是这些类型应用的主要障碍。但是,对于直接甲醇燃料电池(DMFC),燃料(CH_3OH)的高毒性阻碍了它们在需要大型油箱的车辆上的使用,并且限制了它们在消费电子和便携式设备领域的应用。另一方面，目前甲醇燃料电池尚处于开发阶段，需要进一步改进其性能，特别是在低效率和快速衰减问题方面[7]。磷酸燃料电池可以在室温下运行，但它们的主要限制是电解质（KOH）对 CO_2 的灵敏度。因此，这种燃料电池目前仅限于一些特殊的应用领域。

基于氧化还原反应（3-13）的质子交换膜燃料电池由于多种原因最适合用于运输领域。除了低的操作温度外，它还具有起动快、效率高、瞬态响应好、不含腐蚀性液体电解质的特点，所有这些特性都非常适合汽车应用。

PEM 燃料电池以纯氢为燃料，其工作原理如图 3-1 所示。由半反应（3-11）产生的氢离子从阳极通过电解质流向阴极，而电子被迫通过外部电路流向阴极，以提供有用的电功率。由阳极燃料氢气的氧化产生的氢离子由电位差驱动通过电解质。

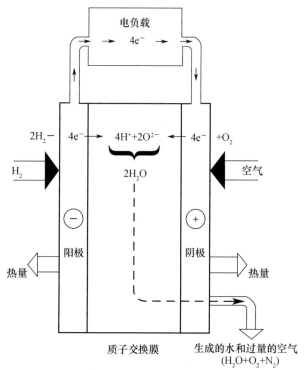

图 3-1　PEM 燃料电池的基本原理示意图

在阴极侧，来自外部电路的电子、来自阳极侧的氢离子和来自空气的氧气结合以产生水。水是通过空气流从阴极侧除去的，并且与整个电化学反应中没有消耗的氮和过量的氧一起离开。由于反应（3-13）是放热的（见表 3-1），在电池出口获得的另一种产品是热量，需要通过冷却系统控制（参见第 4.4 节）。

质子交换膜燃料电池由三种类型的组件构成：膜电极组件（MEA），两个隔板或双极板，以及膜电极组件和板之间的密封。膜电极组件由离子导电聚合物薄膜的薄片、两个分散的催化剂层和两个气体扩散层(GDL)组成。许多电池可以串联连接，以获得一个燃料电池堆，能够达到特定应用所需的总功率。在这种情况下，电池堆电压为所有单体电池电压的总和，电池堆电流是电流密度(A/cm^2)与电池有效面积(cm^2)的乘积，输出功率是电池堆电压和电流的乘积。对于每个试验的实现，必须在设计输入的基础上确定活动区和单元数目，即除重量、体积和成本限制外的期望功率输出和电压。

3.2.1 膜电极组件的电解质膜

PEM燃料电池的关键特征在于电解质的性质，聚合物膜的最佳工作温度目前限制在40~90℃范围内(属于较低温度区域)。这意味着不能使用氢活性较低的燃料，而且必须在两个电极上添加催化剂。此外，低温操作温度意味着需要使用非常纯的氢气，以避免杂质污染催化剂。特别是提供用于PEM燃料电池的氢气的方法必须涉及富氢气流的后纯化阶段，以便在10^{-6}级别降低CO的浓度(源自原料的不完全氧化，参见第2.1章)，因为在PEM燃料电池的工作温度下，CO可以很容易地吸附在Pt催化剂上，阻碍了氢的解离吸附，从而大大降低了电池电势[8]。

聚合物膜电解质的功能是允许阳极半反应(3-11)中产生的质子从阳极转移到阴极，在这里它们与被还原的氧反应生成水。该过程对于燃料电池操作当然是必不可少的，因为它保证了电路在电池内部闭合。另一方面，膜也必须阻碍燃料和氧化剂之间的混合，并具备与燃料电池的操作条件(温度、压力和湿度)相适应的化学和力学性能。

膜应用得最多的材料是基于四氟乙烯(TFE)与全氟磺酸盐晶体的共聚物。所得到的共聚物由其中一些氟原子被磺化侧链取代的聚四氟乙烯聚合物链(PTFE，商业上称为Teflon)构成。单体全氟磺酰氟乙基丙基乙烯基醚用于Dupont公司的商品化膜，注册商标为Nafion。图3-2所示为PEM燃料电池中最常用的电解质材料，其中x、y和z系数的值因制造商而异。

在这种类型的膜以及其他制造商生产的类似产品中，类铁氟龙主链具有非常高的耐化学性(由于碳和氟之间的牢固结合)、高疏水特性和良好的机械性能。疏水特性有利于将产品水排出池外，以防止泛滥现象，同时机械强度允许生产非常薄的薄膜(低至$50\mu m$)。

另一方面，由于质子和来自不同分子的磺酸根阴离子之间的相互吸引，磺酸基团中氧和氢之间的离子键有利于共聚物整体结构内侧链的聚集。因为磺酸基团具有高度亲水性，所以它们在原本疏水的材料内聚集产生对水分子具有强亲和力的纳米域，使其可以吸收高达其干重50%的水分。这样，在亲水区周围由大量水

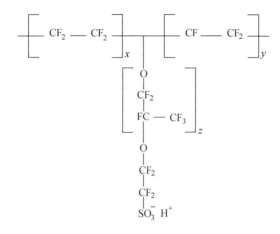

图 3-2 Nafion 膜的分子结构

分子形成了液态水域，其中质子与磺酸根阴离子弱结合（质子与磺酸的解离也是由水促进），并且能够在邻近的纳米域之间移动和转移。这种移动和转移受到长链聚合物的支撑。质子传导的这种机制是磺酸基之间通过水溶剂扩散和质子跳跃，两者兼而有之。以上机制解释了 Nafion 膜中质子迁移的最被认可的机制[9]。为了使 Nafion 具有令人满意的质子传导性（至少 0.01S/cm），疏水性单体与亲水性单体的数量比必须大致在 3~7 的范围内。在 PEM 燃料电池操作条件下，良好润湿的类 Nafion 膜的质子传导率可高达 0.2S/cm。

膜具有一定的润湿必要性以及相应的干枯脱水的风险，因此一般将质子交换膜燃料电池的操作温度限制在 100℃ 以下。

质子交换膜燃料电池中的水最初是以气相形式产生的，因此来自气相的膜的润湿相对于液态水的吸收更为重要。特别是，当通过气态收集水时，两种不同的机理可以区分开来：在较低的蒸汽浓度下，在膜内部发生离子溶剂化，而在预饱和气态条件下观察到聚合物溶胀，同时容纳较大量的水。在这方面，已经提出了一个多项式方程来将膜的水含量与水分压关联起来[10]：

$$\lambda = 0.043 + 17.18 \frac{p}{p_{sat}} - 39.85 \left(\frac{p}{p_{sat}}\right)^2 + 36 \left(\frac{p}{p_{sat}}\right)^3 \quad (3\text{-}20)$$

式中，λ 为共聚物中存在的每个磺酸基团对应的水分子的数量；p 为水蒸气分压；p_{sat} 为饱和压力。

聚合物膜可以接收的最大含水量还取决于水的状态。Nafion 膜从液态的水中吸收获取的水，要比只从蒸汽相吸收多大约 50%。然而，与质子交换膜燃料电池的膜接触的过量液态水会引发所谓的"水淹"现象，导致膜的离子电导率严重下降。另一方面，如果将温度提高到 90℃，那么膜的质子传导性会显著改善，而低湿度条件下却发现 Nafion 膜会快速降解[11]。因此，对聚合物膜进行精确加湿是影响质子交换膜燃料电池性能和可靠性的关键因素之一(参见第4.5节)。如果目前使用的聚合物膜在高度水合条件下表现出较好的性质(高电导率、化学稳定性和机械柔韧性),那么在高于90℃的温度下维持高湿度的话,则需要将进气压力提高,这可能意味着能量成本与从这些系统中获得预期的高效率不相吻合。

由于这个原因,目前正在进行许多研究探讨优化质子交换膜的可能性,即研制一种具有与水含量无关的质子传导能力或更高的保水能力的膜,能够在高于100℃的温度(120~150℃)和低压下运行质子交换膜燃料电池。这种膜也可以对CO的耐受性进行改进,由热力学分析可知,在较高温度下CO在Pt上的吸附能力会下降。目前已经发现,Pt在80℃时CO的耐受度为$10\sim20\times10^{-6}$,但在130℃时变为1000×10^{-6},并且在20℃时上升到30000×10^{-6}[12,13]。最近的研究结果证明,CO浓度在2%~5%范围内的典型重整气可以直接从燃料处理器[14]供给工作温度高于180℃的质子交换膜燃料电池。以这种方式,可以通过燃料重整流的催化选择性氧化来清除CO,从而显著提高整个系统的效率。此外,因为除热率与系统和环境之间的温度差成正比,所以质子交换膜燃料电池工作温度在120℃以上将简化燃料电池冷却装置,使得可以使用目前在内燃机车辆内部采用的散热器,从而使得重量能量密度增加和整体效率[15]提高。另一方面,从高温质子交换膜燃料电池回收的热量会更高,使其在热电联产领域的应用更具吸引力。最后,水的管理也将大大简化,因为在100℃以上工作的质子交换膜燃料电池中,膜上的水只能以蒸汽状态存在,而不存在液态水,这样会增加电催化剂的有效面积,从而有利于反应物进入反应层[16]。

在使用类Nafion膜的质子交换膜燃料电池中,高温操作目前受到高于120℃的聚合物降解和由于水合作用损失(水纳米域减少导致的质子传输机制改变)导致的膜电阻增加的阻碍。特别是,与Nafion膜上的低湿度条件相关的电导率损失可升高一个数量级[17],大大增加欧姆损耗(参见第3.3.1节),同时降低电压、功率和效率。这就确定了旨在发现能够克服上述限制的新材料的研究方向[18]。这些材料可以细分为四类:

① 改性全氟磺酸。
② 非氟化烃类聚合物。
③ 无机-有机复合材料。
④ 酸碱聚合物(聚苯并咪唑,PBI)。

第一种方法是基于在全氟化膜中引入亲水性无机添加剂,以增加聚合物溶胀和水的结合能。已经提出几种吸湿性添加剂以不同的制备方法掺入Nafion膜$[Zr(HPO_4)_2,SiO_2,TiO_2]$中,从而获得具有可变保水性和电化学性能的复合材料[19,20]。

第二种方法是基于芳香族聚合物作为膜骨架的结构,比全氟化离聚物便宜,并且可以包含在宽温度范围内具有高吸水率的极性基团[21]。这些材料的热稳定性和化学稳定性是阻碍其实际应用的主要限制因素。

第三种方法是基于使用惰性有机聚合物作为大量高性能无机质子导体的结合介质的基本原理[22]。由于高质子传导性材料通常是结晶性的，它们悬浮在惰性有机聚合物如聚偏二氟乙烯（PVDF）中，但这种方案的主要缺点是很难获得令人满意的成膜性质。酸碱聚合物代表了高温聚合物电解质领域的技术水平，本质上是由掺杂有非挥发性无机酸或与聚合酸混合的碱性聚合物构成[23]。

聚苯并咪唑（PBI）今天被认为是制备酸碱膜的最好的基础聚合物，尤其是掺杂磷酸时[24]。图 3-3 显示了商品名被称为 Celazole 的聚苯并咪唑分子结构。

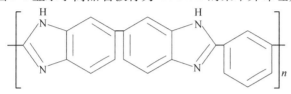

图 3-3 Celazole(聚-2,20-m(亚苯基)-5,50 二苯并咪唑)的分子结构

聚苯并咪唑的芳香族核具有优良的化学稳定性，而碱性官能团则起到质子受体的作用，如正常的酸碱反应。两性酸如磷或磷酸是优选的，因为它们能够同时作为质子供体和受体，通过断裂和形成氢键的动态过程进行质子转移[25]。这些膜在质子传导性、机械灵活性和热稳定性方面呈现较好的特征；然而，耐用性、起动时间和动态响应仍然是关键问题，特别是在汽车上的应用[26]。

除了吸水性和质子传导性之外，用于质子交换膜燃料电池的聚合物膜的另一重要物理化学性质是气体渗透性，它是对反应物物质的膜不可渗透性的量度。渗透性被定义为扩散率和溶解度的乘积：

$$P = DS \tag{3-21}$$

如果 D 以 cm^2/s 表示，S 以 $mol/(cm^3 \cdot Pa)$ 表示，则渗透性可以以 $mol \cdot cm/(s \cdot cm^2 \cdot Pa)$ 表示，其中膜厚度的单位为 cm，给定材料的表面积的单位为 cm^2，mol/s 是在 1Pa 的压力下通过膜的气体流量。最常用的气体渗透单位是 Barrer，即

$$1 Barrer = 10^{-10} cm^2/(s \cdot cmHg)^{\ominus} \tag{3-22}$$

用于质子交换膜燃料电池的理想膜，应该能阻碍除溶剂化的质子之外的物质通过，但由于材料孔隙度以及氢和氧在水中的溶解等原因，一些反应物实际上可以渗透通过膜。对于干燥的 Nafion 膜而言，在温度 25~100℃ 和压力 1bar 的范围内，氢气渗透率为 20~70Barrer，而氧气渗透率大约高一个数量级，对于湿膜而言则低得多[27]。渗透速率与渗透率、压力和膜的暴露表面成正比，并与其厚度成反比。

⊖ 1cmHg = 1333.22Pa。

3.2.2　膜电极组件的电催化剂

质子交换膜燃料电池中的电极能够提供发生电化学反应的支持物。由于两种电化学半反应必须被催化,在低于90℃的温度下发生,电极必须为高度分散的催化剂颗粒提供足够的支撑。这些反应位点必须保证不仅气态反应物能到达,电子和质子也要能够到达。因此,催化剂层必须与用于气体和电子转移的多孔导电结构(GDL,参见第3.2.3节)和电解质膜紧密接触。

最常用的催化剂是Pt,它依附在炭粉(通常为40nm)上以优化金属颗粒的分布和活性表面积,提高反应速率。载体的碳质材料确保了在阳极产生并由阴极接收的电子的传导。C和Pt的比例必须进行优化,实际上,虽然高Pt/C比的碳载体薄层可以给质子转移和气体渗透到催化剂层中的速率带来优势,但是低Pt/C比(较小的Pt颗粒)能够获得更大的表面积。此外,用数量标准化的质子导体(用与膜相同的高分子聚合物)浸渍催化剂颗粒允许所有催化剂颗粒能够接触到质子并扩大气体、电解质和催化剂之间的三相界面接触,就降低了铂浓度。当前已实现的Pt/C比的最佳值为10wt%~40wt%,铂负载量为0.4mg/cm^2[28],而催化剂层中离聚物的优化含量取决于制造方法和铂负载量,范围为20wt%~50wt%[29]。在这方面,目前正在开发新的碳载体以改善质子交换膜燃料电池性能,特别是考虑能够确保从催化位点到膜更有效的质子传导的材料。近来,已经提出将聚合物接枝到炭黑表面上,并且在减小欧姆压降和增加质子转移的商业碳载体方面,就聚苯乙烯磺酸接枝的炭黑作为铂-钌基催化剂的载体而言已经取得了较好的进展[30]。由于碳载体在一些严酷的操作条件下会发生氧化,如快速动态阶段和重复起动/关闭动作,铂的表面积可以随着电池性能的恶化而减小[31,32]。关于这个问题,一些研究已经提出使用碳纳米笼作为催化剂载体,具有显著降低电化学碳腐蚀的可能性,原因在于这些材料的强疏水性和石墨结构[33]。

3.2.3　膜电极组件的气体扩散层

位于阳极和阴极两侧的两个气体扩散层,其主要任务是允许气态反应物均匀进入催化剂层,并且是膜电极组件的组成部分。它们介于催化剂层和双极板之间,由多孔含碳材料(能够传导从阳极出来并进入阴极的电子)如纸或布构成。气体扩散层不参与电化学反应,但具有许多重要功能,包括:催化剂层和双极板之间的电子转移,气态反应物从双极板扩散到催化剂层,催化剂层和双极板之间的水转移,热从反应位置转移到双极板,膜和双极板之间的机械分离。商用气体扩散层典型的厚度值为100~400μm,密度为0.2~0.7g/cm^3,孔隙率为70%~80%[34]。

虽然在控制电子从反应位置转移到双极板流场的能力中,平面内电子导电率起关键作用,但气体扩散层材料的多孔性确保了所有反应物分子从气体扩散层之外的高浓度区域向较低浓度的内侧扩散,即靠近催化剂层的地方,分子参与电化学反应。通过多孔结构扩散气体的方法确保气体分子与膜的整个表面均匀接触。气体分子的平均自由程比气体扩散层的孔径小许多个数量级,因此反应物的扩散不受努森(Knuson)机制的控制,主要受对流阻力的影响[34]。气体扩散层孔隙度也是电池内部水管理的基础,因为它为阴极反应产生的液态水向膜电极组件外传输提供了一条通道,可防止100%RH(相对湿度)下的溢流现象,同时也允许水从外部加湿系统进入到达膜,并避免电解质在较高的操作温度和较低的相对湿度下干枯(参见第4.5节)。

这方面的重要性决定了用不同物质处理气体扩散层表面的趋势。尽管气体扩散层的亲水性可以帮助膜在低湿度下正确地浸润,但它们通常还需要用疏水性聚合物微孔片材(主要是PTFE或氟化乙烯丙烯)处理,以解决溢流问题[35,36]。通过研究已有疏水性聚合物含量对液态水和氧气输送的影响,发现疏水性和渗透性之间的平衡可以通过气体扩散层中最佳的PTFE填充量(20%)来解决,这减少了质量输送限制并增加了氧扩散动力[37]。另一方面,关于使用不同于疏水聚合物的附加涂层的可能性的其他研究,其目的是在亲水性和疏水性之间找到最佳平衡,从而能从电堆中提取到最大功率。特别是,纳米级无机氧化物(Al_2O_3、TiO_2)薄膜已经沉积在疏水的气体扩散层上,形成三维表面结构,能够在低湿度条件下改善气体输运和保水性[38]。化学气相沉积技术已用于在商业大孔碳纸上沉积微孔碳纳米管结构,而不添加疏水涂层。这种类型的气体扩散层在机械坚固性方面显示出显著的优势;由于多壁碳纳米管(Multi-walled Carbon Nanotubes,MWCNT)在碳纸纤维的微孔层中的存在增强,以及电池在80℃和70%~100%相对湿度范围内较好的电池极化特性,这些都源于MWCNT的疏水性质以及PTFE的缺失[39]。

3.2.4 双极板

在单个电池中,在阳极侧产生的电子通过外部电路直接转移到阴极,而在多电池结构中,相邻的电极必须彼此连接(端电极允许电子转移到电负载)。原则上这可以通过相邻电极的直接连接来实现;然而,电极的低电导率和其结构的薄度可能导致不可忽略的电压损失,这表明利用特定组分将电子从电池的阳极传输到相邻电池的阴极。这项基本任务是由双极板完成的。双极板的目标是完成与堆组件相关的几项重要功能,特别是来自相邻电池之间的电接触的一部分,它们必须有利于电池和冷却分离器之间的热传递,并且容纳气体"流场",即加工到板中的通道系统,反应物从气体入口到电池出口的运动,以这种方式确保膜电极组件的均匀进料和水引入/去除的管理。为了在一侧输送氢气和在另一侧输送空气,电池内部的一块双极板的两侧都会被加工,而端板仅在一侧具有通道系统并且通过外部电路电连接。另一方面，冷却单元可以插入双极板内部，分离两个流场，并且作为惰性电池运行；冷却流体（通常是去离子水）可以流过该惰性电池，并且去除由电化学反应产生的热量。

不同的概念已经得到研究并用于通道系统的配置，从简单的平行通道到更复杂的配置[40]，同时已经提出了几种材料以满足化学相容性、耐腐蚀性、导电和导热性、不透气性、坚固性、轻便性和成本要求[41]。特别是，不透气性是一个非常重要的必要条件，因为避免燃料的直接氧化很重要，这会导致随后有用的电子的损失以及局部加热对 MEA 产生的危险。不锈钢蛇形流场的一个例子如图 3-4 所示，图中是一个小尺寸质子交换膜电堆（有效面积为 $64cm^2$）。

最适合的材料是无孔石墨、金属（铝、不锈钢、钛和镍）和复合材料。通过用不渗透物质浸渍而制成的无孔石墨早期用于双极板，但其适用性受到机加工困难和后续成本的限制。金属板具有高鲁棒性和低成本的优点，但是它们的高密度会对堆的功率密度产生负面影响，而燃料电池内部的严酷工作环境（pH 2~3 和温度 60~80℃）可能导致其快速腐蚀、金属溶解和金属离子扩散到膜内部（阻碍磺酸反应位

图 3-4　不锈钢蛇形气体流场示例
（有效面积为 $64cm^2$）

点），从而导致质子传导性和电池耐久性降低。而且，板表面上的一层被腐蚀后的金属增加了其电阻并降低了电池的输出功率。由于这些原因，在金属板的表面用诸如导电聚合物、石墨、贵金属、金属碳化物或氮化物等没有腐蚀性和导电性进行涂层处理。

钛板具有轻便性和坚固性，近年来的研究集中在改善其表面特性以防止形成钝化膜（高电阻率氧化物）的可能性上。这种钛板虽然有防腐蚀功效，但还起到电绝缘体的作用，增加了双极板与气体扩散层之间的界面接触电阻，随之增加了欧姆损耗[42]。另一方面，由于纯金属的高成本以及所提出的表面改善需求（铂和铱），钛不能满足汽车领域典型的低成本要求。从这个角度看来，如不锈钢和铝这样的非贵金属，一直是主要应用的对象。特别是铝通过电镀镍合金进行改良，在燃料电池的酸性介质环境中具有典型金属的坚固性、可加工性能、高导电性和耐腐蚀性[43]。最近的研究还分析了改善不锈钢板表面性能的可能性，通过涂覆导电非晶碳层[44]在耐腐蚀性和导电性之间寻求平衡，即石墨和金属性能之间的综合。

对于复合材料，碳或金属基都有很广泛的应用。在第一种情况下，不同类型

的聚合物树脂(热塑性塑料,如聚丙烯、聚乙烯和PVDF,或热固性材料,如环氧树脂和酚醛树脂)填充有碳质粉末(石墨或炭黑),以使材料在燃料电池环境中具有非常高的化学稳定性和令人满意的导电性能,但是在厚度低于2nm时不能提供足够的坚固性。金属复合板主要基于不锈钢、多孔石墨和聚碳酸酯的组合(不同层的三明治),旨在利用不同材料的特性。它们的制造可能更复杂,但这可以通过集成其他功能组件(例如歧管、密封件和冷却层)来弥补。

3.3 质子交换膜燃料电池对操作条件的敏感性

如图3-1所示,当从燃料电池获取电流时,实际电位总是低于其平衡值E。当电负载施加到电池上时,实际电位随电流的变化是影响实际效率的主要因素。电池电势与电流之间的关系由所谓的极化曲线来描述。

3.3.1 极化特性曲线

图3-5给出了500W质子交换膜燃料电池堆的实验极化曲线,其中电堆温度为333K,阴极相对压力为40~60kPa,氢气相对压力为20kPa;化学计量比R为2~5。这个电池组由32个单独的燃料电池串联构成,每个燃料电池的有效面积约为64cm^2(其双极板的一个例子如图3-4所示)[45]。在图3-5的横坐标上显示了电池组输出的电流,而电流密度可用于比较不同尺寸电池的电池组,从而得到输送电流与电池有效区域之间的比。化学计量比R被定义为实际进入电堆的空气质量流量与发生反应的理论值之间的比(见第4.3节和第6.2节)。

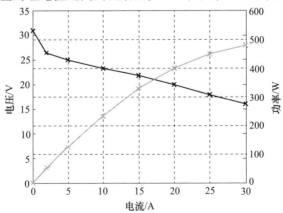

图3-5 电压/功率与电流的关系

可以注意到,在没有电负载的情况下,当气态反应物被送到电池组但电路断开(零电流)时,总电堆电压低于理论值或热力学值(在25℃和环境压力下 U_{OCV} = 1.23V×32=39.4V),并且它对应于每个电池(31V/32个电池单元)大约0.96V的零电流电压,这并不是由于标准温度和压力条件轻微变动(见第3.3.2节)。术语极化或过电位用于描述实际电极电位与平衡电位之间的差异,并且表示电化学反应的驱动力,即产生电流所需的电位差。另外,实际系统中存在的过电压表明,在外部电路中没有电流循环也存在一些能量损失,当施加电负载时这种损失当然会增加。实际上,图3-5的特性曲线还表明,对于真实的系统,考虑到在较低的电流下(大约2A)约5V的电压降后,会出现较慢且线性的电压降低,直到达到最大功率(在30A时为480W)。从一个特定电化学反应所提供的能量出发,所有的电压损失通常与电池用来以所需速度完成电极反应的那部分能量相关,然后它们以某种方式与电极动力学相关联,而其余的反应能量仍然可用于外部使用,例如有用功的产生。

1. 极化过电位造成的能量损失

低电流下第一个电压降的理论解释是基于 Butler-Volmer 方程,该方程由电极动力学分析得出,并提供了燃料电池的电流密度和表面过电位之间关系的一般描述[46]:

$$i = i_0 \left\{ e^{\frac{-\alpha_{Rd} F(E-E^\circ)}{RT}} - e^{\frac{\alpha_{Ox} F(E-E^\circ)}{RT}} \right\} \tag{3-23}$$

式中,i 为由电荷传输的电流密度;α_{Rd} 为还原反应的电荷转移系数,代表从平衡条件移动所必需的过电位分数,取值范围为 0 到 1.0,取决于所涉及的反应和电极材料;α_{Ox} 为氧化反应的电荷转移系数。F 为法拉第常数;R 为通用气体常数;T 为绝对温度。i_0 为交换电流密度,表示当反应物和产物处于平衡条件时在电极处发生的电子的连续流动,即当没有通过外部电路观察到净电流时,前向和后向反应的速率是相等的。i_0 可以认为是平衡时电化学正向和反向反应的速率,并且可以认为与化学反应的速率常数类似。此外,在方程(3-23)中:$E-E^\circ$ = 过电位。

方程(3-23)表明,平衡电位和实际电位($E-E^\circ \neq 0$)之间的某些差异对于实现电化学反应和观察通过外部电路的电流密度是必要的。该方程中的超电势称为活化极化,它存在于燃料电池的阳极和阴极,并且与电极动力学相关。活化极化与将反应物转化为产物的化学键断裂再生产所需的能量有关。其次,可用于产生有用功的能量的减少与反应速率有关,特别是较高的电极动力学意味着较低的活化损失。在特定的电化学反应中电极活性的测量由交换电流密度 i_0 给出(较高的 i_0 意味着较高的电极活性)。在氢/氧燃料电池中,阴极的还原反应比阳极氧化慢得多,特别是阴极交换电流密度相对于阳极交换电流密度低几个数量级。这意味着阴极上的过电位比阳极上的过电位大得多,那么对燃料电池的阳极和阴极都有效的 Butler-Volmer 方程可以只写成阴极反应:

$$i_c = i_{0,c}\left\{e^{\frac{-\alpha_{Rd,c}F(E_c-E°_c)}{RT}} - e^{\frac{\alpha_{Ox,c}F(E_c-E°_c)}{RT}}\right\} \qquad (3\text{-}24)$$

并假设有效的"高度极化"近似(E_c 远低于 $E°_c$,阴极过电位为负),方程(3-24)的第二项可以忽略[47],得:

$$i_c = i_{0,c}e^{\frac{-\alpha_{Rd,c}F(E_c-E°_c)}{RT}} \qquad (3\text{-}25)$$

从方程(3-25)阴极活化过电位可以导出:

$$E°_c - E_c = \frac{RT}{\alpha_{Rd,c}F}\ln\frac{i_c}{i_{0,c}} \qquad (3\text{-}26)$$

由电极动力学推导出的方程(3-26)与Tafel提出的经验方程式相同[48,49],它给出了活化过电位(V_{act})和电流密度之间的关系。假设 $RT/\alpha_{Rd,c}F$ 等于常数 A,则式(3-26)变成:

$$V_{act,c} = A\ln\frac{i_c}{i_{0,c}} \qquad (3\text{-}27)$$

当电化学反应较慢时,常数 A(称为 Tafel 常数)较高;而反应较快时,$i_{0,c}$ 较高。式(3-27)也可以写成如下形式:

$$V_{act,c} = a + b\log(i) \qquad (3\text{-}28)$$

其中:

$$a = -2.3\left(\frac{RT}{\alpha_{Rd,c}F}\right)\log(i_0)$$

$$b = 2.3\frac{RT}{\alpha_{Rd,c}F}$$

在对数坐标系中的过电位与电流密度的关系曲线给出参数 a、b 和 i_0(b 称为塔菲尔斜率)。式(3-28)仅对 $i > i_0$ 有效,表明交换电流密度 i_0 也可以认为是过电位开始发挥其功能以使电化学反应进行的电流密度值,从零开始变化。

Tafel 方程可用于模拟极化曲线中的活化损耗,事实上假设这些是燃料电池中唯一的损耗,电池电压由下式给出:

$$E = E_c - E_a = E° - V_{act,c} - V_{act,a} \qquad (3\text{-}29)$$

如前所见,在氢/氧燃料电池中,阳极极化可以忽略,然后这种类型的燃料电池[式(3-29)]可以写成:

$$E = E° - V_{act} = E° - \frac{RT}{\alpha F}\ln\left(\frac{i}{i_0}\right) \qquad (3\text{-}30)$$

对于具有铂基电催化剂的质子交换膜燃料电池,氢电极的 α 约为 0.5,而氧电极的 α 为 0.1~0.5。在 25℃ 和环境压力下的恒定 i_0 的典型值在阴极约为 0.1mA/cm^2,在阳极约为 200mA/cm^2 [50]。

从上述考虑可以清楚地看出,交换电流密度是影响活化过电压的主要因素,因此质子交换膜燃料电池性能的优化需要最大化 i_0。这可以通过增加催化剂活性来完成，这意味着提高表面积、电池温度和反应物压力（这最后的效果也应该有利于在催化剂位点上的气体吸附）。

可以在式（3-30）中适当选取参数 a 和 i_0 来拟合低电流区域的极化曲线，特别是电流对极化的对数依赖性可以模拟在 2A 以下观察到的电压的快速下降（图 3-5）。然而，它不能解释 U_{OCV} 值的转变，这需要进一步的研究来解释。

2. 燃料渗透和内部电流造成的损失

即使质子交换膜燃料电池中的聚合物膜设计为仅允许水合氢离子通过，也不能避免有一些电导率和气体渗透。在开路时，当通过外部电路观察不到电流时，在质子交换膜燃料电池的阳极侧会出现两种现象：燃料渗透和内部电流。

① 燃料渗透：一些未被氧化的氢可以穿过电解质膜到达阴极，在那里它可以被氧直接氧化，每个氢分子浪费两个电子。氢交换取决于膜的渗透性和厚度，以及膜两侧的氢分压差。

② 内部电流：一些氢在阳极侧被氧化，每个分子产生两个电子。它们不流过外部电路（开路），而是直接通过电解质膜到达阴极。

尽管没有产生有用的电流，但上述两种现象会产生相同的效果：直接将电子从阳极转移到阴极并在开路中消耗少量的氢气。这种氢消耗与通过电解质膜的电子流动的电流密度相关，这是从产生有用功所必需的电流密度中损失的部分电流密度。这种损失在能源方面可以忽略不计，但对于接近开路的情况而言，电位的减少是显著的。内部电流的产生允许应用方程式（3-30），但在开路时使用内部电流密度与外部电流密度之比 i/i_0。对于整个电流密度范围，式（3-30）变成：

$$E = E° - V_{act,in} = E° - \frac{RT}{\alpha F}\ln\left(\frac{i+i_{in}}{i_0}\right) \tag{3-31}$$

其中，总电池电流密度是远离平衡条件的通过外部电路循环的电流密度（i）和在开路处通过膜损失的电流密度（i_{in}）之和。在式（3-31）中设置 $i=0$，有可能计算出质子交换膜燃料电池的开路电压，这通常会导致理论值显著降低。在实际的电流密度值下，即当外电路中存在明显的电子流时，膜两侧的氢浓度差减小，氢渗透驱动力大大降低，交叉损耗可忽略不计（i_{in} 的典型值为 $2mA/cm^2$[50]）。

3. 电阻造成的损失

图 3-5 中极化曲线的大斜率变化表明，由于活化极化和内部电流极化，第一次陡降电压至 2A 之后，另一类损耗占主导地位。

图 3-5 所示的电流的线性和较慢的电位下降可以用欧姆定律来解释，那么由这个效应引起的电压损失可以用下式描述：

$$V_{ohm} = (i+i_{in})R_{in} \tag{3-32}$$

式中，i 为电流密度；R_{in} 为总电池内阻，主要由电池组件的电阻和通过电解质膜的离子流阻力构成。R_{in} 的典型值为 $0.1 \sim 0.2 \Omega \cdot cm^2$ [34]。

电极、气体扩散层和双极板的高电导率以及调整薄膜厚度是降低电阻损耗效应的明显方法。

4. 传输阻力造成的损失

当电池组功率接近其最大额定值(30A 时为 480W)时,图 3-5 中的极化曲线终止,因为其他电压源损耗将成为电流值较高的主要因素,其影响可能会严重损坏电池组。这些损失来源于对气体反应物向催化层输送的大量阻力,以及来自电池的产物水的阻力。在高电流密度下,当反应物消耗速率高于其供应流速时,质量传输阻力变得主要,并且电池内部的水积聚快于去除。这种现象的后果是,对于特定的电流密度值(称为极限电流 i_L),电极表面上的反应物浓度以及电池组电压将快速下降到零。通过将能斯特方程(3-15)应用于高电流工况下气体体积和电极表面的氢分压梯度密度,可以描述与质量传输电阻效应有关的电压降。

$$V_{tr} = \frac{RT}{2F} \ln\left(\frac{p_b}{p_s}\right) \quad (3-33)$$

式中,V_{tr} 为由传质阻力引起的电压变化;p_b 和 p_s 分别为电池内部和电极表面处的氢分压。假设当电流密度从 i 增加到 i_L 时,氢分压的线性减小,则 p_s 随电流密度的变化导致:

$$p_s = p_b - p_b \frac{i}{i_L} \quad (3-34)$$

式(3-34)表明电极表面上的氢分压与零电流密度下的体积中的氢分压相同,并且当电流密度达到极限值 i_L 时变为零。将式(3-33)和式(3-34)结合,可获得与质量传输极化有关的电压损失的关系:

$$V_{tr} = \frac{RT}{2F} \ln\left(\frac{i_L}{i_L - i}\right) \quad (3-35)$$

当电流密度达到其极限值时,应考虑到与质量传输损耗相关的快速电压降。这种快速电压降在图 3-5 中没有表示,因为它会导致电池组出现危险电流值。在这些条件下,单个电池电压的一致性变差以及直接降低的电位可能导致一些电池中的电化学反应逆转,这些电池将作为电解电池而操作,直接混合氢气和氧气,强烈上升局部温度,并可能对膜电极组件造成损害。

上述所有极化现象均可发生在质子交换膜燃料电池的阳极和阴极,但由于氢阳极氧化相对于氧阴极还原的较高反应速率,阳极极化可被认为小得多。

如果将欧姆损失[方程(3-32)]代入方程(3-31),则可以得到电池电势和电流密度之间的一般关系:

$$E = E^\circ - V_{act,in} - V_{ohm,in} = E^\circ - \frac{RT}{\alpha F}\left(\frac{i + i_{in}}{i_0}\right) - (i + i_{in})R_{in} \quad (3-36)$$

式(3-36)对于低于极限值 i_L 的电流密度是有效的,那么它不考虑质量输运阻力,但是具有适当的参数 α、i_{in} 和 i_0 的值。考虑到电池的有效面积和单体数量,它可以用于拟合图 3-5 的极化曲线。

3.3.2 操作参数对极化曲线的影响

为了优化电池堆性能,可以调节的操作参数有膜电极组件增湿、反应物压力、电池堆温度和化学计量比。虽然膜加湿的作用已在第 3.2 节中进行了部分讨论,在第 4.5 节和案例研究(第 6 章和第 7 章)中有详细介绍,其他参数的影响在此参照图 3-5 的电堆进行检查。这些效应已经从热力学的角度进行了描述(参见第 3.1 节),而本节将考虑它们在确定动力学性能方面的重要性。

例如,图 3-6 显示了两种不同电流值 12A 和 25A 时,相对空气压力对电池组电压的影响[45]。在上述实验中,根据电池组的说明,阳极和阴极之间的压力差保持在 40kPa 以下。

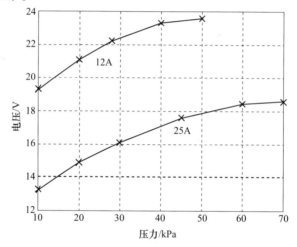

图 3-6 相对空气压力对电池组电压的影响

在所考虑的电流值下,压力的正面影响是明显的,特别是如果空气压力在电流值为 12A 时从 10kPa 增加到 50kPa,可获得约 4V 的电池堆电压增益;同时将空气压力升高到电流值在 25A 的 70kPa 下,观察到 18.5V 的电堆电压,相对于 10kPa 下的值增加约 5V。当氢气压力增加时,可观察到类似现象,当压力从 10kPa 增加到 20kPa 时,电池堆电压增益约为 2V(数据未显示在图 3-6 中)。

根据能斯特方程式(3-15)可以预计,当电池工作压力增加时,极化曲线更高,但由于电极上反应物气体浓度较高,必须考虑氢氧反应速率提高导致的交换电流密度 i_0 的增加[34]。

电池堆温度对极化曲线的影响如图 3-7 所示,温度范围为 303~333K。实验

条件为化学计量比 R 为 2~5，空气进气压力为 60kPa，氢气压力为 20kPa。图 3-7 表明，将电池堆温度从 303K 升到 333K，在 2A 后所有电流值都可以获得约 10% 的电压增加。实际电堆中通常采用较窄的温度范围，因此无法显著提高该效应（包含在 300~350K 之间）。由于电化学反应(3-13)是放热的(表 3-1)，热力学应该可以预见潜在的损失；然而，图 3-7 的结果表明，在确定温度对电池堆效率的总体影响时，动力学影响是普遍存在的，特别是交换电流密度的增加和质量传输性质的改善带来一定影响。

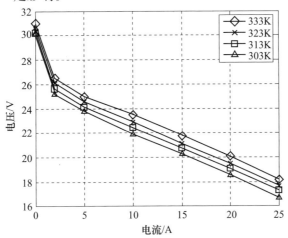

图 3-7　温度对 500W 质子交换膜电堆极化曲线的影响

对于不同的电流值，化学计量比对电池堆性能的影响如图 3-8 所示。当使用压缩机供给空气时，氧化剂很容易供给质子交换膜堆。为了获得令人满意和均匀的性能，在氢氧化($R>1$)的化学计量反应中，有必要补充过量的空气，以克服阴极侧质量传输的限制。

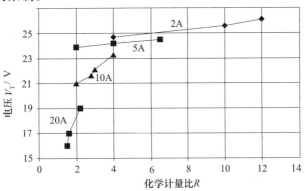

图 3-8　化学计量比 R 对 500W 质子交换膜电堆的影响

图 3-8 的实验数据表明，化学计量比 R 对电堆性能的影响在低电流(2~5A)

时受到限制,而在增加负载(5~20A)时变化明显;然而,对于所有的当前值,在$R>2$处运行电堆是有利的。在不同条件下,R的上限取决于在阳极侧消耗的氢气流量。事实上,为了确保在高电流下空气过量,意味着用于将氧化剂供应到阴极侧的压缩机的功率消耗不可忽略。

这一方面也在第4章、第6章和第7章的案例中有仔细研究。在这里可以通过分析图3-9中的数据来预计,用于测试的空气压缩机吸收的功率与由电堆提供的功率之间的比相对于由燃料电池系统供电(FCS电源)功率的曲线如图3-9所示。结果表明,对于高输出功率(从200W到最大负载),保持化学计量比不高于2,可获得可接受的压缩机消耗(约为堆功率的10%),而在低负载下必须保持最小空气流量,这意味着由压缩机引起的能量损失占了由电池组供应的电力的大部分。

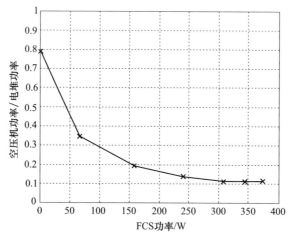

图3-9 空气压缩机消耗百分比与系统功率输出的关系

3.4 质子交换膜燃料电池的耐久性

耐久性是质子交换膜燃料电池在任何应用领域中可以作为实用电源而得到广泛应用的一项基本和必要特征。对于燃料电池寿命的要求随具体应用而变化,特别是至少5000h的累计时间对汽车的使用是必需的,而对于公共汽车和特定工作而言甚至需要更长的时间(对于大多数应用来说,可接受的退化率被认为是包含在$2\sim10\mu V/h$[51]的范围内)。然而,汽车应用中通常遇到的操作条件的变化性(例如动态驾驶循环,起动/关闭阶段以及冻结/解冻)也使得当前技术难以满足汽车的目标。

由于耐久性的概念与老化的概念密切相关,性能逐步下降且不可恢复,对质子交换膜燃料电池这一特征的检查必须考虑主要过程的因素，用于这些系统组件（电催化剂、膜、气体扩散层和双极板）的材料的退化，主要涉及高湿度和高温、氧化或还原环境以及动态操作的工作条件。

如之前所讨论的，用于质子交换膜燃料电池的 Pt 催化剂以纳米颗粒的形式支撑在碳载体上，以便相对低的担载下实现高分散。为了避免或控制电催化剂老化，需增加催化剂颗粒尺寸，这导致活性表面积减小，进而使催化活性降低。在质子交换膜燃料电池运行过程中，已对 Pt 纳米粒子的粗化进行了大量研究，并且已经提出了不同的机理[52]，其中所谓的 Ostwald 熟化得到了实验数据的支持[53]。该机制基于离子交联聚合物相中的 Pt 颗粒的溶解和扩散，并且在其他颗粒上连续再沉积，导致其尺寸增大。Pt 颗粒在膜中的溶解和扩散机制同样也导致了质子电导率的退化作用，这是由于 Pt 的还原（氢的存在可以决定有效的还原环境）和它在膜体内部的沉淀[54]。其他可能的催化剂团聚途径已经找到了实验数据支持，它们基于纳米晶在碳载体表面迁移引起 Pt 纳米粒子的聚结[55]。

碳载体的腐蚀问题也被归因为电催化剂耐久性损失[32]，特别是通过在阴极电化学氧化可发生碳氧化，形成 CO_2（$C+2H_2O = CO_2+4H^++4e^-$）或者通过水煤气变换反应，产生 CO（$C+H_2O = CO+H_2$）。这两种途径都是由 Pt [56,57] 催化的，并减少了可用于铂负载的碳，随后金属烧结且电化学反应表面积减少[58]。

因为 Pt 分解受高电极电位、相对湿度和温度影响，所以限制电催化剂老化风险的一种可能性方法是使用 Pt 合金催化剂代替纯铂，至少对于阴极来说，其特点是相对于阳极具有更高的电位，并且可以采用在湿度和温度方面要求不太严格的操作条件。尽管最后一点需要对膜结构进行干预，但对于催化剂材料的相关研究已经证明，通过向 Pt 阴极催化剂添加非贵金属（例如 Ni、Cr 或 Co）可以获得较小的烧结趋势[59,60]，为未来的工作提供了一条可能的途径。另一方面，非铂催化剂的潜在应用正在研究中，特别是基于卟啉和相关衍生物结构的过渡金属络合物已被提议用于替代贵金属[61]，但它们的活性表现仍远不如那些 Pt 基的催化剂。

不同含碳载体（如炭黑或碳纳米结构）会具有不同抗碳腐蚀能力。最近的研究结果表明，石墨化碳相对于无定形碳在耐腐蚀性方面具有优越性，以及 Pt 烧结效应时碳纳米笼具有一定的优良特性[62]。

关于质子交换膜燃料电池耐久性的另一个关键问题是电解质膜的可靠性，它可能会发生机械、热和化学/电化学退化[63]。机械老化包括不同类型的故障（裂缝、针孔、穿孔），这些故障由燃料电池工作条件变化引发，特别是用于运输领域时。退化的可能性主要与不同的加湿操作条件有关，其影响范围可以从没有外部加湿时的膜收缩到高 RH 水平下的膨胀和面内压缩。任何类型的机械故障对于电池堆寿命都是非常致命的，特别是针孔和穿孔，它们可以允许反应物气体与催化剂表面上的氢直接交叉燃烧，因此导致强烈的热释放和局部热点产生。这启动了增加交叉和穿孔的循环进程，可能导致电池堆快速退化。

膜的热老化不仅与在高温和低 RH 水平下质子电导率性质的降低相关，而且还与在局部热点附近的 Nafion 分解有关。此外，由于与遇到的各种温度（从冷冻到约 80℃）相关的相变，汽车应用中典型的频繁温度变化会对 Nafion 膜的质子传导性、气体不可渗透性和机械抗性产生严重限制。这种退化原因的缓解策略主要是通过气体净化去除残余水。

化学/电化学降解与由阳极和阴极反应产生的过氧化物和氢过氧化物自由基对膜和催化剂的攻击有关。在 U_{OCV} 和低 RH 条件下，这些物质的形成和膜的老化被加速。为克服这个问题，需要开发能够抵抗过氧自由基的新材料，可以在膜制造过程中加入自由基抑制剂（或过氧化物分解催化剂[64]），也可以改变其结构[65]。

因为在分离催化剂和双极板等相邻元素的影响方面存在困难，所以没有对气体扩散层的降解进行清楚的评估*。虽然气体扩散层电导率和疏水性的降低与 PTFE 和碳的损失有关，但还要考虑燃料电池运行过程中的温度和电化学表面氧化[66]。研究表明，在 10000h 的测试中，气体扩散层的疏水性变化在高湿度下可以忽略不计[67]。

3.5 参 考 文 献

1. Mahan BM (1968) University chemistry. Addison-Wesley Publishing Company, Reading
2. Lange NA (1967) Handbook of chemistry. McGraw Hill, New York
3. Zemansky MW, Abbott MM, Van Hess HC (1975) Basic engineering thermodynamics. McGraw Hill, New York
4. Lide DR, Frederikse HPR (eds) (1996) CRC handbook of chemistry and physics. CRC Press, Boca Raton
5. Atkins P, de Paula J (2002) Physical chemistry. Oxford University Press, Oxford
6. Weaver G (ed) (2002) World fuel cells—an industry profile with market prospect to 2010. Elsevier Advanced Technology, Kidlington, Oxford
7. Kamarudin SK, Achmad F, Daud WRW (2009) Overview on the application of direct methanol fuel cell (DMFC) for portable electronic devices. Int J Hydrogen Energ 34: 6902–6916
8. Gottesfeld S, Pafford J (1988) A new approach to the problem of carbon monoxide poisoning in fuel cells operating at low temperatures. J Electrochem Soc 135(10):2651–2652
9. Kreuer KD (2001) On the development of proton conducting polymer membranes for hydrogen and methanol fuel cells. J Membrane Sci 185:29–39
10. Zawodzinski TA Jr, Spronger TE, Davey J, Jestel R, Lopez C, Valerio J, Gottesfeld S (1993) A comparative study of water uptake by and transport through ionomeric fuel cell

---

* 此书写成于 2010 年，之前对气体扩散层材料的衰退机理研究不多，而之后的几年间，气体扩散层老化机理也有不少研究（译者注）

membranes. J Electrochem Soc 140(7):1981–1985
11. Chen C, Fuller TF (2009) The effect of humidity on the degradation of Nafion® membrane. Polym Degrad Stabil 94:1436–1447
12. Jiang R, Kunz HR, Fenton JM (2005) Electrochemical oxidation of H_2 and H_2/CO mixtures in higher temperature ($T_{cell} > 100°C$) proton exchange membrane fuel cells: electrochemical impedance spectroscopy. J Electrochem Soc 152(7):A1329–A1340
13. Li Q, He RH, Gao JA, Jensen JO, Bjerrum NJ (2003) The CO poisoning effect in PEMFCs operational at temperatures up to 200°C. J Electrochem Soc 150(12):A1599–A1605
14. Das SK, Reis A, Berry KJ (2009) Experimental evaluation of CO poisoning on the performance of a high temperature proton exchange membrane fuel cells. J Power Sources 193:691–698
15. Mathias MF, Makharia R, Gasteiger HA, Conley JJ, Fuller TJ, Gittleman CJ, Kocha SS, Miller DP, Mittelsteadt CK, Xie T, Yan SG, Yu PT (2005) Two fuel cell cars in every garage? Electrochem Soc Interface 14(3):24–35
16. Hogarth WHJ, da Costa JCD, Lu GQ (2005) Solid acid membranes for high temperature (>140°C) proton exchange membrane fuel cells. J Power Sources 142(1–2):223–237
17. Sone Y, Ekdunge P, Simonsson D (1996) Proton conductivity of Nafion 117 as measured by a four-electrode AC impedance method. J Electrochem Soc 143(4):1254–1259
18. Peinemann KV, Nunes SP (eds) (2008) Membranes for energy conversion. Wiley-VCH Verlag Gmbh & Co. KGaA, Weinheim
19. Yang C, Costamagna P, Srinivasan S, Benziger J, Bocarsly AB (2001) Approaches and technical challenges to high temperature operation of proton exchange membranes fuel cells. J Power Sources 103:1–9
20. Santiago EI, Isidoro RA, Dresch MA, Matos BR, Linardi M, Fonseca FC (2009) Nafion-TiO_2 hybrid electrolytes for stable operation of PEM fuel cell at high temperature. Electrochim Acta 54:4111–4117
21. Harrison WL, Hickner MA, Kim YS, MaGrath JE (2005) Poly(arylene ether sulphone) copolymers and related systems from disulphonated monomer building blocks: synthesis, characterization and performance – a topical review. Fuel Cells 5:201–212
22. Herring AM (2006) Inorganic polymer composite membranes for proton exchange membrane fuel cells. J Macromol Sci C 46:245–296
23. Quinfeng L, Jensen JO, Savinell RF, Bjerrum NJ (2009) High temperature proton exchange membranes based on polybenzimidazoles for fuel cells. Prog Polym Sci 34:339–477
24. Wainright JS, Wang JT, Weng D, Savinell RF, Litt M (1995) Acid-doped polybenzimidazoles—a new polymer electrolyte. J Electrochem Soc 142:L121–L123
25. Schuster M, Rager T, Noda A, Kreuer KD, Majer J (2005) About the choice of the protogenic group in PEM separator materials for intermediate temperature, low humidity operation: a critical comparison of sulphonic acid, phosphonic acid and imidazole functionalized model compounds. Fuel Cells 5:355–365
26. Peng J, Shin JY, Song TW (2008) Transient response of high temperature PEM fuel cell. J Power Sources 179:220–231
27. Sakai T, Takeraka H, Torikai E (1986) Gas diffusion in the dried and hydrated Nafions. J Electrochem Soc 133(1):88–92
28. Paganin VA, Ticianelli EA, Gonzales ER (1996) Development and electrochemical studies of gas diffusion electrodes for polymer electrolyte fuel cells. J Appl Electrochem 26:297–304
29. Sasikumar G, Ihm JW, Ryu H (2004) Dependance of optimum Nafion content in catalyst layer on platinum loading. J Power Sources 132(1–2):11–17
30. Carmo M, Roepke T, Roth C, dos Santos AM, Poco JGR, Linardi M (2009) A novel electrocatalyst support with proton conductive properties for polymer electrolyte membrane fuel cell applications. J Power Sources 191:330–337
31. Wang J, Yin G, Shao Y, Zhang S, Wang Z, Gao Y (2007) Effect of carbon black support corrosion on the durability of Pt/C catalyst. J Power Sources 171:331–339
32. Maass S, Finsterwalder F, Frank G, Hartmann R, Merten C (2008) Carbon support oxidation in PEM fuel cell cathodes. J Power Sources 176:444–451

33. Lim KH, Oh HS, Kim H (2009) Electrochem Commun 11:1131–1134
34. Barbir F (2005) PEM fuel cells. Theory and Practice. Elsevier Academic Press, Burlington
35. Bevers D, Rogers R, Bradke M (1996) Examination of the influence of PTFE coating on the properties of carbon paper in polymer electrolyte fuel cells. J Power Sources 63:193–201
36. Lim C, Wang CY (2004) Effects of hydrophobic polymer content in GDL on power performance of a PEM fuel cell. Electrochim Acta 49:4149–4156
37. Park S, Popov BN (2009) Effect of cathode GDL characteristics on mass transport in PEM fuel cells. Fuel 88:2068–2073
38. Cindrella L, Kannan AM, Ahmad R, Thommes M (2009) Surface modification of gas diffusion layers by inorganic nanomaterials for performance enhancement of proton exchange membrane fuel cells at low RH conditions. Int J Hydrogen Energ 34:6377–6383
39. Kannan AM, Kanagala P, Veedu V (2009) Development of carbon nanotubes based gas diffusion layers by in situ chemical vapour deposition process for proton exchange membrane fuel cells. J Power Sources 192:297–303
40. Li X, Sabir I (2005) Review of bipolar plates in PEM fuel cells: flow-field designs. Int J Hydrogen Energ 30:359–371
41. Mehta V, Cooper JS (2003) Review and analysis of PEM fuel cell design and manufacturing. J Power Sources 114:32–53
42. Wang SH, Peng J, Lui WB (2006) Surface modification and development of titanium bipolar plates for PEM fuel cells. J Power Sources 160:485–489
43. Abo El, Enin SA, Abdel-Salam OE, El-Abd H, Amin AM (2008) New electroplated aluminum bipolar plate for PEM fuel cells. J Power Sources 177:131–136
44. Feng K, Shen Y, Sun H, Liu D, An Q, Cai X, Chu PK (2009) Conductive amorphous carbon-coated 316L stainless steel as bipolar plates in polymer electrolyte membrane fuel cells. Int J Hydrogen Energ 34:6771–6777
45. Corbo P, Corcione FE, Migliardini F, Veneri O (2006) Energy management in fuel cell power trains. Energy Convers Manage 47:3255–3271
46. Crow DR (1998) Principles and applications of electrochemistry. Stanley Thornes (Publisher) Ltd., Cheltenham
47. Mann RF, Amphlett JC, Peppley BA, Thurgood CP (2006) Application of Butler-Volmer equations in the modelling of activation polarization for PEM fuel cells. J Power Sources 161:775–781
48. Petrii OA, Nazmutdinov RR, Bronshtein MD, Tsirlina GA (2007) Life of the Tafel equation: current understanding and prospects for the second century. Electrochim Acta 52:3493–3504
49. Gutman EM (2005) Can the Tafel equation be derived from first principles? Corros Sci 47:3086–3096
50. Larminie J, Dicks A (2003) Fuel cell systems explained. Wiley, Chichester
51. Knights SD, Colbow KM, St. Pierre J, Wilkinson DP (2004) Aging mechanisms and lifetime of PEFC and DMFC. J Power Sources 127:127–134
52. Shao Y, Yin G, Gao Y (2007) Understanding and approaches for the durability issues of Pt-based catalysts for PEM fuel cells. J Power Sources 171:558–566
53. Watanabe M, Tsurumi K, Mizukami T, Nakamura T, Stonehart P (1994) Activity and stability of ordered and disordered Co-Pt alloys for phosphoric acid fuel cells. J Electrochem Soc 141:2659–2668
54. Akita T, Taniguchi A, Maekawa J, Siroma Z, Tanaka K, Kohyama M, Yasuda K (2006) Analytical TEM study of Pt particle deposition in the proton-exchange membrane of a membrane-electrode-assembly. J Power Sources 159:461–467
55. Zhai Y, Zhang H, Xing D, Shao Z (2007) The stability of Pt/C catalyst in H3PO4/PBI PEMFC during high temperature life test. J Power Sources 164:126–133
56. Li W, Lane AM (2009) Investigation of Pt catalytic effects on carbon support corrosion of the cathode catalyst in PEM fuel cells using DEMS spectra. Electrochem Commun 11:1187–1190
57. Stevens DA, Hicks MT, Haugen GM, Dahn JR (2005) Ex situ and in situ stability studies of PEMFC catalysts. J Electrochem Soc 152:A2309–A2315

58. Shao YY, Yin GP, Gao YZ, Shi PF (2006) Durability study of Pt/C and Pt/CNTs catalysts under simulated PEM fuel cell conditions. J Electrochem Soc 153:A1093–A1097
59. Colon-Mercado HR, Popov BN (2006) Stability of platinum based alloy cathode catalysts in PEM fuel cells. J Power Sources 155:253–263
60. Zhang S, yuan XZ, Cheng Hin JN, Wang H (2009) A review of platinum-based catalysts layer degradation in proton exchange membrane fuel cells. J Power Sources 194:588–600
61. Charreteur F, Jaouen F, Dodelet JP (2009) Iron porphyrin-based cathode catalysts for PEM fuel cells: Influence of pyrolysis gas on activity and stability. Electrochim Acta 54:6622–6630
62. Oh HS, Lim KH, Roh B, Hwang I, Kim H (2009) Corrosion resistance and sintering effect of carbon support in polymer electrolyte membrane fuel cells. Electrochim Acta 54:6515–6521
63. Collier A, Wang H, Yuan X, Zhang J, Wilkinson DP (2006) Degradation of polymer electrolyte membranes. Int J Hydrogen Energ 31:1838–1854
64. Ramani V, Kunz HR, Fenton JM (2005) Stabilized composite membranes and membrane electrode assemblies for elevated temperature/low relative humidity PEFC operation. J Power Sources 152:182–188
65. Curtin DE, Lousenberg RD, Henry TJ, Tangeman PC, Tisack ME (2004) Advanced materials for improved PEMFC performance and life. J Power Sources 131:41–48
66. Kangasniemi KH, Condit DA, Jarvi TD (2004) Characterization of Vulcan electrochemically oxidized under simulated PEM fuel cell conditions. J Electrochem Soc 151:E125–E132
67. Hiramitsu Y, Sato H, Hosomi H, Aoki Y, Harada T, Sakiyama Y, Nakagawa Y, Kobayashi K, Hori M (2009) Influence of humidification on deterioration of gas diffusivity in catalyst layer on polymer electrolyte fuel cell. J Power Sources 195:435–444

第 4 章

氢燃料电池系统设计

燃料电池堆自身并不能工作,它的运行需要借助若干个辅助子系统,由此来输出有效的可靠的电压。本章将介绍这些组件,也会逐一分析它们对燃料电池电堆性能的影响。这个讨论旨在验证燃料电池系统是否以及如何能够真正匹配车辆的要求,并说明辅助部件的寄生功率损失以及燃料电池系统在启动、频繁的停起、快速负载变化和可变功率水平方面的动态性能。这里还讨论了为保证电堆在汽车的应用中能实现最佳的性能而必须进行的燃料电池系统和管理策略之间的交互,并简要介绍了燃料电池系统的成本。

在过去的 20 年中,许多汽车厂商生产了几种以氢气(H_2)为燃料的燃料电池汽车,其特点是独特的动力性、环保性以及较高的可靠性(例如梅赛德斯·奔驰在 2009 年底推出了新型 B 级 F-Cell,配有最新一代的燃料电池、锂离子电池和先进的燃料储罐)。另外还有人提出了以一些液体(甲醇、汽油和柴油)作为燃料供应给电堆,但是它们需要车载燃料处理器来将液体混合物转化成氢气。在这种情况下,需要仔细考虑燃料处理器对整个推进系统动力组成的选择(参见第 5.5 节)和电堆耐久性的影响。带有处理器单元的燃料电池系统由于其热惯性动态响应速度很慢,意味着电堆必须在稳态条件下运行。而一些化合物(如 CO 或 NH_3)不可避免地出现在重整器出口氢气流中,这些化合物即使在很低的浓度下对于堆电极来说仍是危险的污染物。最近有研究,为了将流体中的 CO 水平降低到可接受的值,汽车的启动时间将少于 4min[1],但是以重整的流体作为燃料供给的电堆的长期耐久性还尚未有研究成果。

另一方面,车载燃料处理器的使用使其在汽车领域中的实际商业化认可过于复杂,因为存在碳排放并且使用了不可再生燃料。

此外,相对而言,由纯氢气供给的质子交换膜燃料电池系统在系统动力性、燃料电池成本(阳极的贵金属负载最小)方面显示出优势,并且在电堆和系统功率密度方面,分别能达到 1.36kW/L 和 0.6kW/L[2,3]。

本章的讨论仅限于氢燃料电池系统,不包括以含氢载体(烃混合物、甲醇)作为燃料的燃料电池系统。

4.1 氢燃料电池系统概述

质子交换膜燃料电池的运行特性可以归纳为以下几点：

① 可以使用不同的燃料，但氢气是能使质子交换膜燃料电池高效可靠运行的最佳还原剂。

② 氧气是电堆阴极一端的理想反应物，但也可以直接供给空气，在这种情况下需要过量的氧化剂。

③ 水是电化学反应的产物。

④ 压力和温度增加了单体电池的性能。

⑤ 电解质膜需要在任何的压力和温度的操作条件下保持适当的水合。

⑥ 热量是燃料电池反应的副产品，可逐渐提高电池温度。

⑦ 电堆运行温度不能超过90℃。

因此，就效率和可靠性而言，质子交换膜燃料电池的性能的优化需要对反应物的供给以及冷却和增湿子系统进行适当的设计和管理[4]。

辅助设备（Balance of Plant，BOP）的选择和大小取决于它们与电堆之间的相互作用，以及整个系统内部可能存在的所有其他的关联。

图4-1展示了一种氢气燃料电池系统设计方案。在该方案中燃料电池设备的输入/输出包括：氧化剂是空气，燃料则从选定的氢气储存装置进入燃料电池系统（见2.3节）。氢气被氧化发生电化学反应产生电能、水和热量。水和热量可以

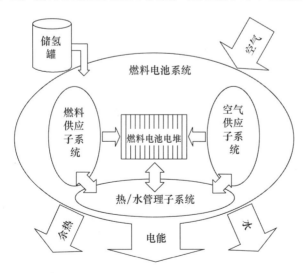

图4-1 一种车用氢气质子交换膜燃料电池系统方案

部分地被回收用于电池管理。同样图 4-1 给出了供给反应物、控制电堆温度以及确保质子交换膜在电堆的反应过程中有足够湿度所必需的主要的燃料电池子系统。图 4-1 所示的所有子系统之间的相互联系，强调了辅助元件和电堆之间的复杂集成的必要性。通过集成系统可以优化燃料电池系统的效率和可靠性，并且充分发挥质子交换膜燃料电池的动态性能。

燃料供应部分的设计必须集中在如何将氢气最佳地供应到电池堆的阳极。关于氢气供给子系统中涉及的具体组件及功用将在 4.2 节中介绍。4.3 节对比了各种不同种类的空气供应系统，着重在压力工作和功耗方面分析了其性能。因为反应产生的热量会不断提高质子交换膜的温度，所以热管理子系统是必不可少的。这与增湿问题有关，因此就需要开发能够控制整个系统内部的电堆温度和热流的子系统。有关的讨论在第 4.4 节中介绍。

燃料电池系统水管理是质子交换膜燃料电池电堆高效可靠运行的关键因素。该子系统的主要目标是通过交换膜的水合控制和水平衡来实现燃料电池系统的耐久性，其设计和控制问题不仅密切地与热管理子系统相关，而且也与反应物供给子系统有关。有关内容将在 4.5 节中讨论，同时也讨论了潮湿且温暖的阴极出口气流与热水管理子系统组件之间有可能存在的相互联系。

上述子系统的分析主要针对适用于车用燃料电池的辅助元件，并着重介绍了与整个燃料电池系统内部交互框架有关的主要方面。

4.6 节讨论了氢燃料电池系统的基本属性，并且通过一种集成设备来分析优化整个系统的效率和可靠性可能遇到的一些问题，同时讨论了主要运行参数对系统工作的影响，并分析了与快速负荷变化和预热阶段有关的动态行为的问题。本章末尾简要概述了电堆和辅助元件的预期成本。

4.2　氢气供应子系统

燃料供给子系统的布局及其管理策略取决于安装在车上的储气罐的类型。对于各种类型的储氢系统（参见 2.3 节），氢气供应子系统中要控制的主要参数有工作压力、相对湿度、燃料纯度等级和流体动力学条件。

氢气可以以死端或循环模式实现供给。使用纯氢气而非烃衍生的氢混合物作为燃料使系统能够在所谓的"死端"模式下供给燃料。在这种情况下，通过位于出口处的阀门，氢气被加压并供给到电堆中。这意味着能够通过电池组供应的电流来决定通过阳极通道的燃料的流动速率，并让其仅与所需的功率有关。另一方面，氢气在没有负载的情况下停止流动。这种方案通常需要排气阀来排出在电堆运行期间可能积聚在阳极侧的氮气和水。这种阀门通常是电子控制的电磁阀。

如果燃料电池汽车配备有燃料重整器,则另一种所谓的"循环"模式就可以作为替代模式。这种模式需要额外的组件,如氢气循环泵或喷射器。两种模式之间的选择会影响特定子系统的设计,并可能影响它与其他燃料电池系统组件的集成。

图 4-2 给出了一种车用氢气燃料电池系统的燃料供给子系统方案。压力调节子系统设计的目的是调节入口压力以确保化学反应所需的氢气流量。进口压力和燃料排放是两种工作模式下要控制的主要参数,但是对于两种模式,排气阀的作用是不同的。在死端模式下,当氧化剂是空气时,氮气容易从阴极流场穿过电解质到达阳极。随着燃料在燃料电池中的消耗,阳极中的氮浓度逐渐增加,积聚在阳极,这将对燃料电池的性能产生负面影响[5]。此外,增湿控制(参见 4.5 节)在一些运行阶段可能会使阴极和阳极侧的电极表面上出现小滴液体,这是很危险的,它会导致电堆水淹和燃料供给不足的问题,在电堆需要输出功率时干扰到氢气供应通道。这时排气阀就可以起到作用了,它可以排出阳极中可能积聚的过量的氮和水,消除催化剂表面的大部分液体分子并提高燃料的纯度。因此,为了尽可能减少氮气穿过电解质同时避免溢流的现象,使电堆可靠高效地运行,保持电堆质子交换膜充分水合的管理策略就必须包括排气阀周期性的开闭。排气阀通常是关闭的,但是在必要时,控制策略会通过控制排气阀特定的开启时间和频率,让电堆足以排出污染物同时又防止有用燃料不必要的泄漏。为了评估排气对燃料电池系统效率的影响,可以定义一个表示供给燃料转换成实际参与反应燃料的比例系数(参见 6.2 节),该系数在优化实现中可以达到 90% 以上[6,7]。

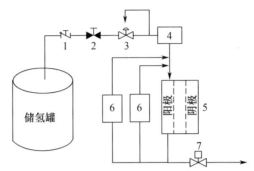

图 4-2　一种通用发纯氢气供应系统的
模式,无喷射器

1—开关阀　2—压力调节器　3—比例阀
4—压力传感器　5—电堆
6—高、低流量下的喷射器　7—排气阀

另一方面,在流通模式下,可以在阳极回路中采用基于燃料再循环的系统布局,即通过泵或喷射器扩散器[8],将一部分排出的燃料通过回路从出口再循环到入口,并与来自储氢罐的新鲜燃料混合。这种解决方案的一个重要优点是,进入燃料电池组的混合燃料至少部分被增湿,这可以给整个增湿管理策略带来很大的好处,避免或者使阳极处气流的外部增湿最小化(参见 4.5 节)。然而,氮气可能会从阴极侧穿过导体膜到达阳极侧,影响再循环回路中的燃料的纯度。这降低了燃料电池的性能和再循环装置的效率。另外,随着燃料被消耗,来自燃料源的污染物也会积聚在阳极流场(和/或阳极再循环回路)中。因此,这种方法并不排除使用排气阀的可能性;事实上强烈建议周期性地排出阳极的残余部分,以限制在燃料电池系统运行期间燃料纯度的降低程度。然而,如果对燃料供给部分的这种布局进行适当管理,就可以改善阳极湿度和纯度,并使氢气溢出最小化。在喷射器系统中,气流通过喷嘴和文丘里管基于伯努利方程回到阳极处。它们都是无源器件,不需要额外功率,但是,应该在带有循环气体的阳极湿度的最佳调节方面改进喷射器的实际性能,以满足车用燃料电池系统的要求[9]。除了喷射器之外,还可以在阳极回路中插入鼓风机以增加压力并再循环氢气。这个解决方案为燃料电池系统管理增加了一个独立的参数,允许调整和控制子系统,但是仍然会遇到问题。比较明显的就是需要适当冷却含有氢气、氮气和蒸汽的温热气体混合物,以保持氢气再循环鼓风机令人满意的耐久性。此外,系统组件的增加会导致整个燃料电池系统额外功耗的增加[8]。

最后,基于电解方法,对阳极流场的氢气进行增压并循环的可能性也进行了研究[10]。这种电化学式的"氢气泵"需要在外部附加小型零部件连接到外部发电设备,或者在主堆的边上额外设计另一组专门用于进行电解的副堆。

在"流入-通过"这种操作模式中,相比于简单的"死端模式",单电池电压下降要小一些,而且也具备更为稳定的特性,这是由于阳极在前者操作过程中出现轻微的吹扫。在4.5节中已经对吹扫这种操作在电堆集成系统中的作用进行了介绍,这里不再赘述。

4.3 空气供应子系统

本节描述的子系统的功能是给阴极提供氧化剂。质子交换膜燃料电池通常使用空气作为氧化剂,而在一些高压气缸中也有使用纯氧作为氧化剂。尽管纯氧能使电堆具有更好的性能,但由于在燃料电池动力系统中添加氧气罐会限制氢燃料储存装置的可用空间(这是氢燃料电池车辆在实际应用中最关键的问题之一),因此纯氧通常不适用于燃料电池车辆的实际应用。而且,纯氧作为氧化剂的话就必须生产氧气,导致"从油井到车轮"效率降低。

该子系统中要控制的关键参数是空气质量流量和压力。因此,本节重点讨论能够供给特定压力和流量氧化剂的装置(鼓风机和压缩机)的特性。关于空气供应子系统与其他燃料电池子系统集成问题将在接下来的三个部分中讨论,这些部分着重于热和水管理策略以及整体系统性能优化。

自由对流模式不足以保证在阴极表面具有足够的氧浓度,从而也无法保证足够的燃料电池功率[11]。因此,关于氧化剂供给部分的设计最常用的解决方案是采用紧凑的空气压缩机设备[1]。整个供气系统基于空气压缩机，但也可能包括高压设备的膨胀器(压力高于2bar)，用来恢复一部分压力能量。

为了获得最佳的燃料电池系统的操作性能，就空气供应子系统而言最重要的一个方面是选择一个适用于汽车应用的、在所有操作条件下都能保持高效的空压机。

可逆绝热条件下的空压机(或其他任何转换机械能的设备)的理论能量消耗可通过以下等式计算：

$$L_{\text{mecc}}^{id} = h_2 - h_1 = \int_{p_1}^{p_2} v\mathrm{d}p \tag{4-1}$$

式中，L_{mecc}^{id} 为启动压缩机所需的可逆理想机械功；h_1 和 h_2 分别为压缩阶段前后的流体焓；v 为流体的比容量；p 为工作压力，从入口值 p_1 变为出口值 p_2。

在氢燃料电池中，适用于空气供应部分的操作条件表明气流可以被认为是理想的气体混合物。理想气体的多变压缩关系为

$$T_2 = T_1 \times \left(\frac{p_2}{p_1}\right)^k \tag{4-2}$$

在绝热条件下：

$$k = (\gamma - 1)/\gamma \quad \gamma = c_p/c_v$$

式中，T_1 为入口温度值；T_2 为压缩阶段后的出口温度值；c_p 和 c_v 分别为恒定压力和体积下的比热；对于空气参数，k 为 0.285。

与等熵(绝热)压缩有关的理想功耗(p_{id})可以按照下式计算：

$$p_{id} = m_a c_p T_1 \left[\left(\frac{p_2}{p_1}\right)^k - 1\right] \tag{4-3}$$

式中，m_a 为空气质量流量。式(4-3)证明运行空压机所需的理论能量损失几乎完全取决于质量流量和压缩比(p_2/p_1)。

此外，由于不可避免的不可逆过程，真正为绝热压缩设计的机器不能达到理想的可逆等熵过程。与流体内部压力增加相关的可逆工总是可以计算为 $\int_{p_1}^{p_2} v\mathrm{d}p$，而焓的净变化与机械能耗直接相关，机械能耗随不可逆性而增加。

压缩机的效率 η_c 定义为：

$$\eta_c = \frac{\int_{p_1}^{p_2} v\mathrm{d}p}{L_{\text{mecc}}} \tag{4-4}$$

式中，L_{mecc} 为达到最终所需压力值所需的总机械能。此外，效率参数 η_c 还包括了运动部件的摩擦(机械损失)。最后，压缩机设备的实际功耗可以被计算为：

$$P_{\text{real}} = \frac{p_{\text{id}}}{\eta_{\text{c}}} \tag{4-5}$$

另一方面，与空压机相关的一部分功耗可以由通过使用涡轮机从废气获得的电功提供。这部分电功可以按照下面的公式计算：

$$P_{\text{real}} = m_{\text{ex}} c_{\text{pex}} T_{\text{ex}} \left[1 - \left(\frac{p_{\text{atm}}}{p_{\text{ex}}} \right)^{\frac{k-1}{k}} \right] \times \eta_{\text{exp}} \tag{4-6}$$

式中，η_{exp} 为涡轮机效率，而其他参数严格与燃料电池系统管理相关。特别地，m_{ex} 为排气流量；T_{ex} 和 p_{ex} 分别为电堆的温度和压力；c_{pex} 为排气混合物的比热。在高压设备中，如果选用了压缩机膨胀器模块（Compressor Expander Module，CEM）组，那么选择合适的高效压缩机是一个重要原则[4]。

图 4-3 展示了空气供应子系统的两种方案，涉及低压/高压燃料电池装置。因为空气供应子系统是所有辅助组件中功耗最高的，并严重影响整个系统的效率（参见 4.6 节），所以使用鼓风机（图 4-3a）来限制功率损失，它们对整体效率的影响不可以忽略不计。实际上，鼓风机不仅需要较小的电力消耗，尤其是在最小负载情况下，它们还可以提供较低的空气压力值，进而限制电池电压从而提高电堆效率（参见 3.3 节）。无论如何，低成本和简捷性使该解决方案更适用于小型动

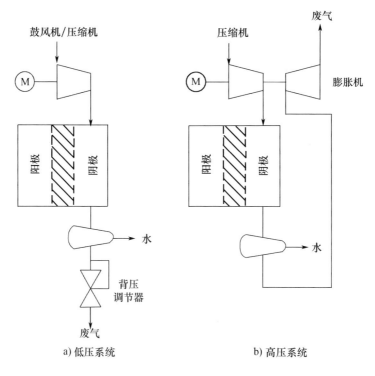

a) 低压系统　　　　　　　　　b) 高压系统

图 4-3　低压/高压系统中的空气供应子系统原理

第4章
氢燃料电池系统设计

力系统(1~10kW)。

另一方面，高压环境决定了空压机较高的能耗，采用膨胀器模块可以从加压阴极废气中回收一些能量(图4-3b)。该解决方案增加了系统的复杂性，可用于中大型燃料电池动力系统(10~100kW)。

空气的供给策略必须最大限度地克服功耗过大以及氧气供给不足的缺点。后一个问题在供给阴极是空气而不是纯氧的时候会出现，氧气供应是否充足取决于电堆运行期间氧气部分的可变分压。能够克服氧气不足的控制策略是对入口压力进行精细调节，从而实现比化学计量要求更高的空气流量值。空气中的氧气浓度会在穿过反应电堆后大幅度下降。空气中所含的惰性氮气摩尔量在电堆运行期间保持不变，而氧气浓度在催化剂表面下降，这就需要随负载变化的过量空气。特别是化学计量比R(在3.3节中定义)在大范围的运行条件下需要保持在2左右(有关空气管理策略和相关R值的详细信息在第6章和第7章的案例研究中说明)。但是，当氧气不足的风险降低时，与高质量流量压缩阶段相关的功率消耗又可能急剧增加，从而严重限制了燃料电池系统的整体效率(另见4.6节)。

氧化剂供应装置要满足的另一个要求是：在较大范围的空气流量下保持较好的动态性能。这一方面对于某些混合动力传动系统的运行模式至关重要，这些运行模式要求具有较高的电堆动力特性(全功率或软混合配置，参见5.5节)。

压缩机还应该符合道路车辆的其他典型要求，特别是噪声、低成本和紧凑性。进而要考虑电堆所需的氧化剂的质量。空气必须非常干净，因为少量油滴或微量化学污染物的存在都可能会严重损坏燃料电池，降低其效率和耐用性。因此，质子交换膜燃料电池系统需要使用无油压缩机或空气过滤器来去除颗粒物和污染物(硫、盐、CO和碳氢化合物)。

几种类型的鼓风机或空压机都可能适用于燃料电池。图4-4展示了所有空压机类型的关系图，区分了两种主要类别(动态和容积式)及其包含的不同类型(作为容积式装置的往复式和旋转式，以及作为动态机械的离心式和轴向式)。

在车用功率范围内，动态式压缩机中的离心式压缩机比轴向式压缩机更高效

图4-4 压缩机的基本分类

而且更便宜。用于小中型燃料电池系统的空气供给的电动压缩机/鼓风机是基于一个离心式叶轮[4]。在侧通道鼓风机（图 4-5）中，来自电机的能量传递给空气，使空气在径向和轴向得到加速。流体被迫进入侧通道，压力和动能增加。因此，空气再次被加速并沿螺旋路径通过叶轮和侧通道，直到排出。平衡旋转叶轮是压缩机独特的运动部件。这种装置的另一个优点是叶轮和壳体之间没有接触，消除了磨损现象和材料消耗，从而提高了其可靠性和耐用性。最后，侧通道鼓风机完全无油并具有较低的噪声。

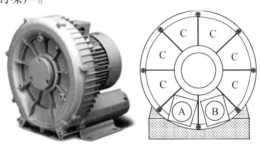

图 4-5 用于燃料电池的侧通道鼓风机
A—进气口　B—排气口　C—侧通道

鼓风机虽然工作在有限的压力范围内，但它们能够满足在低压（低于 0.5bar）下运行的电堆输入需求[12,13]。

高速离心式空气压缩机是适用于最大功率为 100kW 的燃料电池系统的最佳选择[14]。其工作原理与离心式鼓风机相同，通过旋转叶轮向空气的能量传递。由叶轮旋转产生的角动量来获得压力。速度越高，能达到的效率就越高。离心式空气压缩机是一款无油压缩机。油润滑的传动装置通过轴封和大气通风口与空气分离。基于动态式空气压缩机的高压空气管理系统已经成功得到开发并应用于 80kW 燃料电池系统。它有一个压缩机膨胀器模块，由轴向/径向液冷式压缩机与可变喷嘴径流式涡轮机连接构成[15]。

容积式压缩机在低燃料电池负载下能够提供更灵活的压缩比，此外，旋转式压缩机相比于往复式压缩机具有流量波动较小的优点。

在旋转容积式压缩机中，近来较常用到的是涡旋式压缩机和螺杆式压缩机。

① 涡旋式压缩机使用两个交错的螺旋状叶片来压缩空气流。通常其中一个叶片是固定的，而另一个叶片是移动且无摩擦地偏心旋转着。由此形成的几个空腔，沿着两个螺旋杆的中心移动，从而减小其体积。压力增加，然后可以排出空气。这种机器在运行期间比其他设备的噪声更小，更平滑，而且在低排量范围内很可靠[16]。涡旋式压缩机中的水可以用作润滑剂和冷却剂，从而实现近等温压缩[17]。涡旋式压缩机的优点已经被用于压缩机/膨胀器模块的原型开发，以用于设计加压燃料电池系统中的空气供应[18]。

② 螺杆式压缩机代表了另一种不同类型的旋转容积式压缩机，并且在过去的几十年中大量地用于工业应用，特别是用于空调和制冷系统。它们的性能在效率、紧凑性、简捷性和可靠性方面都十分优秀。螺杆式压缩机基本上由一对啮合的螺旋叶片转子组成，叶片转子在完全包围它们的固定外壳内旋转。随着机构的旋转，两个螺旋转子不断啮合和旋转，产生一系列体积减小的空腔来吸收并压缩空气。流体在空腔体积减小后从出口排出。这些压缩机的容量控制是通过改变转速或压缩机排量来实现的。

根据最终的理想压力要求，螺杆式压缩机可以是单级的或多级的。在多级式压缩机中，空气被多组旋转螺杆压缩，最终压力值可以高于0.5bar。

最近，为了优化螺杆式压缩机的性能，使其能够作为辅助组件用于燃料电池系统中给阴极供气，研发了一种配有注水设备的双螺杆装置。利用水作为冷却和密封介质可以控制工作温度和空气泄漏，限制功耗，从而优化压缩机效率[19]。另一方面，由注水引起的额外功耗略微降低了总体功耗。

4.4　热管理子系统

温度控制系统的设计对质子交换膜燃料电池系统的性能和动态特性都有很大的影响[20-22]。由于在聚合物电解质燃料电池中发生的氢的电化学转化的不可逆性，该过程会产生作为副产物的热量。这种热量升高了膜电极（MEA）内部反应位置的温度，并且通过双极板的热传导和反应物供给通道内的对流流动逐渐升高整个电堆的温度。在电堆运行过程中，电池单体电压在整个电流密度范围内下降到可逆值（约1.2V）以下，大概从0.9V至约0.5V，根据欧姆定律（参见3.3节），以下等式可以用于计算电堆内产生的热功率：

$$\dot{Q} = \Delta V = (V_{id} - V) \times I \tag{4-7}$$

式中，$\dot{Q}$ 为产生热量的速率；I 为流过电池的电流；V_{id} 和 V 分别为可逆的和实际的电池电压值。

与产生的功率相关的温度变化速率由以下微分方程导出：

$$\partial T / \partial t = \frac{\dot{Q}}{m \times c_p} \tag{4-8}$$

式中，$\partial T/\partial t$（时间导数）为温度变化率；m 为整个电堆质量；c_p 为电堆的平均比热。式(4-8)在4.6节会进一步讨论，到时还会明确整体燃料电池系统的动态行为和综合管理策略的优化。

热管理子系统的设计问题取决于产生的总热量，并且在很大程度上取决于电堆尺寸。冷却剂的质量流量(通常为去离子水)可以通过定义由以下等式描述的热容量导出：

$$\dot{m}_{H_2O} = \frac{\dot{Q}}{c_p \times (T_f - T_i)} \quad (4-9)$$

式中，$\dot{Q}$ 为产生热量的速率；c_p 为水的比热；$T_f - T_i$ 为电堆出口(T_f)和出口(T_i)处冷却液的温度差。$T_f - T_i$ 最好不高于5K[11]。

图4-6展示了用于汽车的燃料电池系统的一种冷却循环方案。其主要部件是液体循环泵、散热器和带风扇的热交换器。对于尺寸较小的电堆(100～500W)，可以直接使用风扇对电堆进行冷却；而对于功率较大的电堆，如适用于汽车要求的(1～100kW)，最好使用液体冷却剂(例如去离子水或乙二醇-水混合物)在内部形成冷却回路，这相对于气体冷却将提高一个数量级的除热能力。

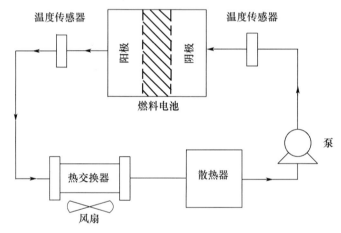

图4-6 氢燃料电池系统的水冷子系统

燃料电池系统热管理中要考虑的不仅是电堆的冷却，还有热回收的可能性。在这方面必须使用额外的装置，例如空气-空气热交换器、增湿器或冷凝器。它们利用部分阴极出口排气和冷却剂的焓[23]，特别是热交换器中的焓轮，可以利用阴极出口处的湿热气流(饱和状态下为与电堆温度近似相同的气态混合物)的焓值来预热电堆入口气流。这些部件主要负责传递热量，但也允许交换水分。它们非常紧凑，可以实现高能量传输效率。它由一个有较大表面积的透气材料(聚合物、铝或合成纤维)的圆筒构成，这是显热传递所必需的。实现交换的驱动力是相对气流之间的热梯度。

焓交换通过使用典型的吸附剂材料如硅胶、沸石或其他分子筛来完成，这些材料通过相对空气流内的水蒸气分压差来传递水分子。带有该组件的燃料电池系统的运行需要特定的、能够根据过程变量动态控制焓轮转速的方法。

4.5 水/增湿管理子系统

聚合物质子交换膜需要保持适当的湿度,以保证电堆运行期间有足够的离子电导率(参见3.2节)。事实上,质子交换膜燃料电池中交换膜使用的全氟磺酸(Nafion)材料的质子传导性和其含水量之间存在很大的关系[24,25]。然而,由于涉及膜电极(MEA)内部水分的复杂现象[26](图4-7),阴极产生的水和空气中的水分子并不足以使交换膜在所有工作条件下保持一个合适的湿度。

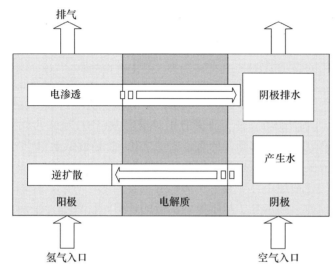

图4-7 质子交换膜燃料电池中膜电极(MEA)内的水活动

图4-7提到了膜电极(MEA)内部发生的一种水活动,进入膜电极(MEA)的气体有死端模式下的纯氢气(参加4.2节)和不饱和的空气。以下四个事实已经被证明:

① 水在阴极表面生成($O_2+2H^++2e^-\rightarrow H_2O$)。
② 由于浓度梯度,水通过电解质从阴极到阳极逆向扩散。
③ 在电堆功率需求期间,H_2O分子被质子拖拽(电渗透)。
④ 阴极中的水分子被连续不断流入的不饱和空气排出;类似的情况在阳极的氢气循环模式或死端模式下的排气过程中也会出现,但是程度较小。

由于水合质子的拉力,电渗拉力可以通过将水从阳极转移到阴极来限制逆扩散机制的影响,并且与电流密度呈线性关系[27]。

最后,反应物流特别是空气流的除水能力会从电池模块中吸出一部分水。吸出水的数量在高温条件下会变得非常显著,并超过电化学反应产生的水。发生这种情况是因为蒸发速率和水的饱和蒸气压随温度增加呈非线性关系[1]。

表 4-1 展示了质子交换膜燃料电池在大气压力的应用范围内，水蒸气的饱和压力及相关的最大湿度比与温度的关系。湿度参数定义为饱和空气中的水蒸气质量与干空气质量之比。

表 4-1 温度对饱和空气参数的影响（$p=0.1\text{MPa}$）

温度	水蒸气的饱和压力/kPa	最大湿度比（$g_{H_2O}/g_{干空气}$）	温度	水蒸气的饱和压力/kPa	最大湿度比（$g_{H_2O}/g_{干空气}$）
0	0.6	3.8	50	12	78
10	1.2	7.5	60	20	120
20	2.3	15	70	31	190
30	4.2	27	80	47	270
40	7.4	49			

在高温条件下，空气流可能含有大量的水蒸气，从而持续地保持电极表面强大的吸水性，因为整条阴极进气通道的相对湿度值（RH，定义为相同温度下实际水蒸气的重量密度与饱和水蒸气的重量密度之比）总是远低于100%。湿空气的温度通常低于电极的局部表面温度，因此蒸发速度基本上与膜的干燥速度一致，这是燃料电池系统在理想条件下运行所面临的主要问题之一[1]，特别是在低压条件下。如果电渗拉力引起水分子从阳极到阴极的迁移，仅仅部分平衡了由浓度差引起的水扩散，那么上述危害性就可以得到证明。另一方面，工作压力会在很大程度上影响空气的最大湿度，因为当气压高于大气压时，空气达到饱和所需的水含量就减小了。

上述关于几种运行条件（电流密度、温度和压力）对交换膜水合作用的影响的考虑证明了水管理策略的主要目标是避免出现干燥现象。因此，制定一个合适的管理策略，以保证在车用燃料电池系统的所有运行条件下交换膜都能保持足够的湿度是必不可少的。向反应物气流中加入水是一种有效的方法，因为通过控制进入电堆的氢气和空气的湿度确实能够限制干燥现象。

但是另外一个重要的复杂情况是电解质内部和催化电极湿度分布不均匀，以及由于燃料电池组件内积水过多而导致可能发生的初期溢流现象，这可能会影响反应物进入催化电极的活性位置，是十分危险的。这种现象在没有外部增湿的情况下也可能出现，因为进入电池模块的干空气会逐渐增湿，并在末端产生局部溢流现象[28]。

应该通过对整个燃料电池系统的管理来避免溢流现象，但是如果溢流现象真的发生，就必须在氢气供应管理程序或空气流量控制方面迅速采取行动，以排出阳极和阴极内过量的水。燃油供给回路中的排气阀（参见 4.2 节）应该以不同的频率或延迟打开，同时空气流量也应该能够改变，以修改化学计量比（参见4.3节）。在4.6节将更详细地提到，增湿管理将影响到整个燃料电池系统的效率。此外，对干燥和溢水现象的精细控制不仅会影响电堆的设计（膜电极和流场渠道），还会影响集成燃料电池系统的布局，因为增湿包含了对燃料电池整体效率有影响的辅助组件。

增湿可以分为内部增湿和外部增湿。内增湿意味着增湿过程只涉及燃料电池堆的内部空间，而外增湿涉及电堆外进气气流湿度比的改变[1,29]。

最简单的内增湿方法是"自增湿"，其原理是让交换膜中的小部分水保留在聚合物材料内部，并且让电堆运行过程中反应产生的水被电解质充分吸收[30]。该方法不需要外部增湿器，通过控制膜的增湿可以影响内部运行参数，而且增湿管理仅通过电解质利用输送机制。自增湿受到交换膜扩散特性的限制。在膜电极温度较高的条件下（>90℃），水的逆扩散速率成为主要限制因素，因为反应物气体的吸水量随着温度的增加而增加，而由电渗拉力引起的水的转移随着电流密度增加。因为交换膜限制了逆扩散速率，所以电渗拉力引起的水的转移成为主要因素，水从阳极被运走，因此阳极将变干，而阴极将会发生溢流。因此，温度和电堆功率是自增湿条件下维持交换膜湿度的关键参数。

膜的水合作用也与空气流动管理有关。空气流通过阴极时逐渐变得温暖和潮湿，使阴极变得干燥，这和温度呈现强烈的非线性关系。在高于60℃的温度条件下，出口空气的相对湿度经常低于饱和度（100%）。通过控制参数R，可以使阴极的出口气流的相对湿度（RH）接近100%，从而控制膜的水合作用。小型的燃料电池系统（<3kW）在采用适当的工作温度时（<60℃），可以依靠自增湿运行，并且能在预定义的循环驾驶期间提供足够的电堆功率[6]。此时其最大功率下降约40%，但效率仍然很高。

另一种内增湿技术叫作"内部膜增湿"，直接在电堆内部使用专门设计的用来接收"水滴喷雾"的喷水器。交换膜的一部分是专门用来增湿入口处的气体的，喷水器就直接将液态水喷到电堆的这一部分。由于引进了一个可控的附加参数，水管理就更加灵活了[31,32]。内增湿通常会降低燃料电池系统设计的复杂性，而且还有另一个重要的优点：由于气体是在堆内进行调节，其温度与膜的温度非常接近，就避免了气体快速蒸发和脱水。然而，一部分膜并不用于反应，因此膜的湿度增加会使功率密度降低。

在高温条件下一般要用外增湿，因为如果空气和氢气都在外增湿，单个电池膜中水的浓度梯度将更均匀。外部供水有助于平衡水的电渗拉力和扩散的组合效应，从而保持膜的性能。外增湿在60℃以下也是有用的——至少对于中大型燃料电池系统来说。

还有一种可能的增湿方法是在不同温度下对即将进入电堆的反应物进行增

湿[33]。这种方法可以通过外部露点、外部蒸发、下游冷凝器蒸汽喷射和闪蒸等步骤来完成。较高的温度能使气流吸收更多的水，然后将其运输到电堆内，以补偿由于内部快速蒸发导致的水分损失。然而，外增湿的主要问题是气体在经过增湿器装置后会冷却，多余的水会冷凝并以液滴形式进入燃料电池，这会使入口处的电极溢流，阻碍反应气流的流动。另一方面，"内部液体喷射"方法对于蒸汽喷射方法来说更有优越性，因为蒸汽喷射需要大量的能量来产生蒸汽。

大部分的增湿设备都用于空气增湿，但有时也用于氢气增湿，这些都是通过起泡器、水蒸发器、焓轮、膜或泵向混合器直接向阴极收集器的第一部分注入液态水。对于氢气的增湿，普遍使用膜增湿器或注射泵。

在起泡器中，气体直接通过外部装在瓶中的液体，但是在所有运行条件下很难控制相对湿度。此外，在进入电堆之前冷却的湿气流可形成对电池性能维护十分不利的小液滴。

反应气体的增湿可以通过膜增湿器来实现[34,35]。湿气流中的水分可以穿过半透膜转移到干气流中（图4-8）。该膜将干气流流过的区间与另一个液态水或湿气流流过的区间分开。理论上，干气流在经过整个膜的表面时均可增加其水蒸气含量，从入口处的干气流到装置出口处的接近饱和状态。该设计包含管状增湿器和用来优化水蒸气交换的对流。这种装置相比于起泡器增湿和喷水器增湿更适合燃料电池系统的管理，因为后者需要一个额外的设备，增加了系统的复杂度和额外的功率消耗。质子交换膜燃料电池的膜使用的基本材料（Nafion）也可用于增湿器装置中的膜的制造[35]（参见3.2节）。

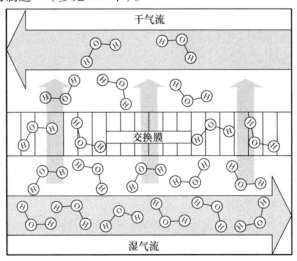

图4-8 膜增湿的基本原理

在过去的十年里，一些公司发明了将增湿和冷却相结合的新的解决方案，并获得了专利[36]。普拉格能源公司（Plug Power）设计了一种新型冷却增湿器[37]，增湿器包括一块平板,平板的一侧有能够带走热量的水流,另一侧有能够为反应物气体增湿的棉芯。增湿侧的水蒸发能够提供额外的冷却效果。

还有人试图通过使用多孔石墨板或连接到膜上的外部棉芯,通过毛细作用来排出或供应水。更可靠的水管理形式是基于连续流场设计和适当的运行条件的[38]。可以在流场的入口和出口之间设置一个温差,以增加气流携带水蒸气的能力。最新的研究都旨在开发一种能够提高膜性能的新型材料。一种新的方法提到了多层复合聚合物电解质[39],其中增湿层含有 Pt 催化剂颗粒。

另一种广泛使用的方法是蒸发注入气流中的液态水[36]。雾化喷嘴可以用来向氢气和空气流中注入水。气流中的水蒸发所需的潜热会导致气体温度降低,因此在注水室周围就需要一个加热器。此外,配有加热器的长管也可用来充分蒸发水分,避免水蒸气冷凝。在这种情况下,湿度控制可能会很困难,并且瞬态响应也会很低,这就限制了这种解决方案的实际应用。

燃料电池系统内部的水平衡至少需要在电堆出口处放置一个冷凝器。这个装置具有两个作用:一是可以将阴极出口的湿热气流(氮气、氧气和水蒸气的混合物,可能存在小水滴)中的大部分水冷凝以便在增湿装置中循环使用;二是转移或回收阴极气流一部分有用的热能。冷凝器也可以少量地回收阳极中过量的水分。所以,冷凝器的作用是保持车辆的续航能力,并配合其他系统使效率最大化。

4.6 燃料电池系统集成:效率、动力和成本

生命周期评估研究表明,燃料电池汽车在总排放量和降低能耗方面具有很大的潜力[40-42]。

氢的全球环境效益主要取决于所采用的制氢技术(参见 2.1 节),氢氧化的电化学方法能够本质上地确保零排放,然而燃料电池发动机的潜力在决定燃料电池驱动系统的效率方面起着至关重要的作用。另一方面,车辆燃料的期望消耗不仅取决于燃料电池系统的能量转换效率,还取决于所有驱动系统部件的轻质性和紧凑性。

如果燃料电池能源系统不仅在能源效率方面,而且在耐久性、水中立性、启动以及不同工况下的动态响应特性方面表现出优异的品质,那么它就可以真正地用在交通领域。

除了之前已经强调过的电堆管理中涉及的主要组件的特性之外,本节还分析了相关子系统动态行为的系统集成问题,详细介绍了它们在汽车运行条件下对效率评估和电堆响应的影响。本节还对电堆和一些关键的辅助组件之间的内部连接进行了具体的讨论,以详细列出集成燃料电池系统设计的基本问题,并有助于分

析车辆在不同行驶条件下功率消耗的管理策略。

对于低压设备，空气供应系统应该包括带有过滤器的压缩机。而在高压的情况下，可以采用压缩机膨胀器模块，为压缩机添加一个膨胀器并回收出口流中较高的能量。在低压设备中，氢气供给部分是基于采用电控排气阀的死端模式，而在高压情况下，排出的氢气应有选择性地用于燃烧器，以增强膨胀器/涡轮机的运行[43]。较高的氢气排放速率会增加从涡轮回收的电能，减少额外的功率损失，但由于燃料利用率较低，整个系统的净效率也会降低[43]。

图 4-9 展示了一种典型的车用低压燃料电池系统设备方案。增湿器应该安装在两种反应物的电堆入口处，反应物供给子系统可以通过同时将热量和质量传递到增湿装置中来直接与热管理和水管理子系统发生交互作用。热管理子系统包括一个内部冷却剂循环回路，基本上由液体泵、用于排除电堆废热的散热器和液体储存器构成。其他次要但同样重要的组件包括离子过滤器、恒温器和阀门。

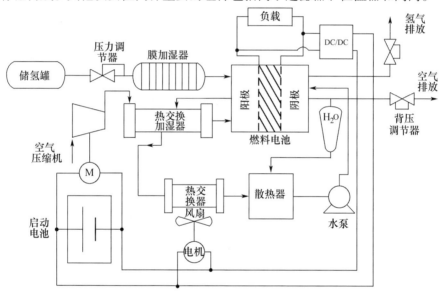

图 4-9　一种低压氢燃料电池装置

但是，冷却子系统应该能够和安装在空气和氢气供应管线中的增湿装置发生相互作用。尤其是从电堆排出的温度较高的冷却液可以在通过冷却回路中的散热器之前，将其一部分焓传递给进气气流，用于进气气流的增湿。增湿/水管理子系统由遍布全局的增湿器以及用于实现整个系统水循环的水的回收回路构成。

该子系统主要包括阴极和阳极出口处的冷凝器和除雾器，来回收阴极废气流中大量的以及阳极排气流中少量的水。通过在电堆入口处安装合适的增湿器，回收的水可以再次供给到空气流中，这与水中性条件下的电堆的运行一致，提高了发电机的可靠性。

4.6.1 燃料电池系统效率

燃料电池系统整体效率的评估，应该从单体电压和总电压与电流密度的关系所体现的基本性能出发。系统管理策略中所涉及的辅助部件的额外功率消耗对燃料电池电堆产生的净功率的影响是紧接着要考虑的重要事项。

图4-10列出了减少电堆输出总功率的主要辅助组件。辅助装置都是电动的，因此电堆产生的所有直流电将部分地用于驱动压缩机和泵的电动机，以及必须有电流供应的散热器风扇和控制器。

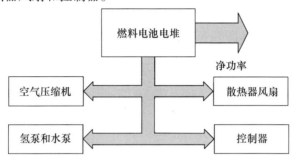

图4-10 氢燃料电池系统主要的辅助部件功率损耗

辅助部件的功耗在低功率范围内特别显著[44]，特别是空气压缩机的功耗。低压设备中的空气压缩机或者高压设备的压缩机膨胀器模块，可以消耗电堆发出的大约7%~10%的功率。所有的辅助部件平均消耗约25%的电堆净功率[12,45]。

图4-11所示为功率为2.5kW的质子交换膜燃料电池中，电堆和整个系统效率与电流密度之间的关系，从中可以看出辅助系统起到的作用[46]。燃料电池系统曲线在非常低的电流密度（低于100mA/cm²）下表现出十分不令人满意的效率，这充分证明了在与电池电压的非线性变化区域相对应的功率范围内，电动的辅助设备对电堆净功率的影响十分巨大。当电堆净功率增加时，系统的效率曲线在一个较宽的范围内接近水平[12,13,45,47]，这对应于极化曲线的线性区域。

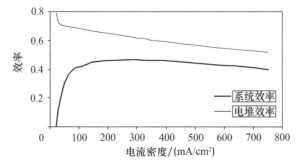

图4-11 电堆和燃料电池效率与电流密度的关系[46]

在大部分驾驶条件下,电堆需要在上述的后一个范围内运行,以保证高转换效率。那么,由燃料电池引起的效率损失就局限于质子流过聚合物交换膜时的阻力了。系统效率在低电流密度的范围可以解释为:单体燃料电池在部分负荷下效率更高(电堆效率曲线),而随着负载的增加,辅助部件的功率消耗对电堆净功率的影响逐渐变小(图4-11中两条曲线之间的区域)。

空气压缩机可以通过改变空气流动速率和工作压力来影响电池电压和压缩机功耗,因此空气压缩机的性能既会影响电堆效率,又会影响系统效率[48,49]。低压和低化学计量比可以将压缩机功耗降至最低,但电堆的效率也会受到负面影响(另见3.3节)。

另一方面,在高压条件下工作能改善燃料电池单体的性能,排除压缩机功率消耗过大的缺点,并能降低对热和水/增湿设备较高的要求。特别是气流增湿所需的水量减少,而且更大温差会减小热交换器的成本和尺寸[1,45]。发电设备的尺寸可以决定工作压力的选择(参见4.3节)。

4.6.2 燃料电池系统动力性

燃料电池发动机要应用于汽车需要满足的另一个重要条件就是对不同的驾驶要求的要有较好的动力性。车辆应当具有较好的加速/减速性能。发电机最好能够在非常短的时间延迟内达到最大功率(90%以上)。传统的发动机能够满足汽车行驶过程中的动力性要求,但其在整个驾驶循环的燃料消耗会很大程度上被一些非理想的工作条件的驾驶阶段所影响。最近,利用混合动力来改善汽车污染物排放水平和燃油经济性的方案已被提出,它利用了内燃机的最佳效率。混合动力方法中一个重要的组成部分就是能量存储系统(动力电池、超大容量),燃料电池汽车也应该使用这种方法,从而尽可能地减少氢气消耗,并最优化整个驱动系统的性能。因为电能储存系统不仅可以满足燃料电池车辆或内燃机车辆较高的动力需求,还可以在制动阶段进行能量回收,所以混合动力方法就可以保证发电机稳定的运行状态。这对于内燃机汽车来说十分有利,因为尾气排放和燃料消耗都可以大大减少,而对于燃料电池汽车,这些优点却应该仔细验证,因为燃料电池汽车在部分负载以及较宽的负载范围下都能表现出较高的效率,混合动力系统并不能很好地改善燃料电池系统的动态性评估[45]。随着负载的变化,大部分工况点都会落在一个较大的效率上。因此,在很大的运行条件范围内,对燃料电池动力性的评估中,它都是符合需求的。

首先,必须要单独地分析所有子系统(包括电堆)对瞬态或动态要求的响应速率[50]。发生在燃料电池电堆内部的电化学反应是十分迅速的,而水和热管理系统相对于典型的车辆要求则显示出巨大的惯性。特别是在设计像热交换器、冷凝器和增湿器这样的辅助控制组件以使其满足动态需求时,温度就成了一个重要的参数。式(4-8)可以证明整个电堆的热容量限制温度变化过程中的动力性。

另一方面,如果氢气储存在高压罐,那么燃料供应系统的响应就比空气供应系统的快得多。而空气供应系统对整个燃料电池系统的动力性评价是至关重要的[48],因为空气压缩机的响应速度限制了电堆对负载变化的响应速度。特别是在较大加速度的情况下,空气流动速率在变化过程中必须保证瞬时化学计量比始终不能低于2太多[49]。

在5s内将最大功率从10%加到90%,这是目前性能较好的车用燃料电池能表现出来的最佳性能[6]。然而,基于上述功率变化过程中的经过几个动态循环的电堆的可靠性有待验证。首先要考虑的问题是要避免低温条件下的溢流和高温条件下的脱水现象。燃料电池系统管理策略必须考虑水/热管理子系统对于工作条件变化较低的响应速率。燃料电池系统运行温度的变化是十分缓慢的,而其动态运行却需要发电功率的快速转变。其中,必须考虑两个关键阶段:

① 最佳管理策略的最高温度水平不应该超过75℃,在高温下的小功率工况点上,尽管交换膜上的水分蒸发得很迅速,电堆内生成水的速率十分缓慢。因此就必须有增湿器的运行来确保电堆内气流的饱和状态。幸运的是,这样的工况条件(较低的空气流动速率和较高的温度)对于热/增湿装置的性能是有利的(高温低功率的工况点)。

② 在启动期间,当电堆温度和性能(电压)较低时,用于给气流和电堆增湿的被动辅助控制设备(焓轮式膜增湿器)就起不了作用并被燃料电池管理系统排除在外,因为它们是基于温差的原理工作的;另外,在低温条件下,电堆增湿的要求大大降低,如果电堆生成的水足够的话(与功率要求成比例),膜可以自我水合。

燃料电池系统中存在的水使其容易受水结冰的影响,因此燃料电池汽车在寒冷国家的冬季停车时,必须要采用特定的程序来清除电堆中几乎所有的水[43]。一部分催化剂表面(特别是在阴极侧)可能会被冰覆盖,从而变得不能进行电化学反应。目前,质子交换膜燃料电池电堆的快速无辅助冷启动几乎是不可行的,特别是当室温低于-20℃时[51]。电堆从冰点以下的温度开始预热意味着电堆温度必须在冰完全覆盖阴极表面并阻止反应过程之前提高到0℃以上。对已经结冰的冰块进行管理是实现有效启动的关键。最近的模型研究表明,让电堆在接近短路条件下运行对启动很有利[51],因为"欧姆热"[方程(4.7)]是在低电池低电压条件下最大的热源[52]。

4.6.3 燃料电池系统成本

关于燃料电池汽车制造成本,特别是质子交换膜燃料电池电堆和辅助控制部件制造成本的讨论,对评估如今燃料电池商业化量产受到的限制是很有用的。最近的评估指出，质子交换膜燃料电池以及集成的燃料电池系统的估计成本太高，至少比传统发动机高 4~5 倍[15,53,54]。这么高的成本主要来源于质子交换燃料电池的电堆材料以及燃料电池系统相对的复杂性。因此燃料电池汽车要真正实现在汽车领域的应用，就必须大幅度降低成本。

考虑到现有技术并结合未来有可能的材料及相关的燃料电池管理策略的概念性改善，2005 年由阿贡实验室创建的约 80kW 高压燃料电池设备的预计成本已得到充分估计[15]。表 4-2 总结了燃料电池系统中最重要的部件的成本细目，以单个组件与燃料电池系统实际参考成本之间的百分比表示。可以注意到，燃料电池电堆是整个氢燃料电池中最昂贵的设备（63%），但随着技术的发展，电堆在整个燃料电池成本中所占比重会大大降低（约 30%）。

表 4-2 燃料电池电堆和辅助控制组件的预计成本（从参考文献[15]中改编）

燃料电池系统组件	当前成本占比(%)	未来成本占比(%)
电堆	63	30
空气管理子系统	13	12
水管理子系统(增湿)	7	3
燃料供应子系统(鼓风机和喷射器)	4	4
冷却剂泵和风扇	4	3
其他	9	9
总计，整个燃料电池系统成本	100	61

在电堆制造中，电极占了主要的制造成本（77%），接下来依次是交换膜（6%）、气体扩散层（5%）和双极板（5%）。电极成本如此高，主要是因为其中的铂十分昂贵。因此，现在很多人都在尝试减少催化电极中的铂含量[55,56]。最新的研究表明，用更便宜的镍来部分替代阴极催化剂中的 Pt，其反应活性能够得到保持甚至提高[57]，而新的沉积方法可以提高电极表面的耐久性[58]。另一方面，膜电极（MEA）中不同的组成部分，特别是与铂颗粒烧结的组件[59]的降解机理需要不断地被验证，以用于未来开发新型廉价材料。

辅助控制组件中最重要的成本减少可能来自燃料电池交换膜技术的进一步发展，特别是在电力系统运行期间膜的抗湿度变化能力方面[15]。这些发展可以通过移除一些昂贵的设备来大量减少对水管理子系统的需求。燃料电池系统的高压运行从必要的变为可选择的，因此就不一定要使用涡轮，但更重要的是不必再使用膜增湿器（可以减少 3%~7% 的成本）和氢气排气阀。这些不仅对系统的总体成本有明显的积极影响，而且对燃料电池系统的可靠性和简易性亦是如此。另一方面，膜电极（MEA）、双极板以及辅助控制组件的高成本可能因为量产而降低。

4.7 参考文献

1. Bowers BJ, Zhao JL, Ruffo M, Khan R, Dattatraya D, Dushmann N, Beziat JC, Boudjemaa F (2007) Onboard fuel processor for PEM fuel cell vehicles. Int J Hydrogen Energ 32:1437–1442
2. Mench MM (2008) Fuel cell engines. Wiley, Hoboken, NJ
3. Von Helmolt R, Eberle U (2007) Fuel cell vehicle: status 2007. J Power Sources 165:833–843
4. Larminie J, Dicks A (2000) Fuel cell systems explained. Wiley, Chichester
5. Ahluwalia RK, Wang X (2007) Buildup of nitrogen in direct hydrogen polymer-electrolyte fuel cell stacks. J Power Sources 171:63–71
6. Corbo P, Migliardini F, Veneri O (2007) Performance investigation of 2.4 kW PEM fuel cell stack in vehicles. Int J Hydrogen Energ 32:4340–4349
7. Sasaki H, Soga T, Yatake T, Kano A (2002) Development of 30 kW class PEFC system with pure hydrogen fuel. FCDIC Fuel Cell Symp Proc 9:117–121
8. Rodatz P, Buchi F, Onder C, Guzzella L (2004) Operational aspects of a large PEFC stack under practical conditions. J Power Sources 128:208–217
9. Kima M, Sohna YJ, Choa CW, Lee WY, Kim CS (2008) Customized design for the ejector to recirculate a humidified hydrogen fuel in a submarine PEMFC. J Power Sources 176(2):529–533
10. Barbir F, Gorgun H (2007) Electrochemical hydrogen pump for recirculation of hydrogen in a fuel cell stack. J Appl Electrochem 37:359–365
11. Li PW, Zhang T, Wang QM, Schafer L, Chyu MK (2003) The performance of PEM fuel cells fed with oxygen through the free-convention mode. J Power Sources 114:63–69
12. Corbo P, Migliardini F, Veneri O (2007) Experimental analysis and management issues of a hydrogen fuel cell system for stationary and mobile application. Energ Convers Manage 48:2365–2374
13. Corbo P, Corcione FE, Migliardini F, Veneri O (2006) Experimental assessment of energy-management strategies in fuel-cell propulsion systems. J Power Sources 157:799–808
14. Tirnovan R, Giurgea S, Miraoui A, Cirrincione M (2008) Surrogate modelling of compressor characteristics for fuel-cell applications. Appl Energ 85:394–403
15. Ahluwalia RK, Wang X (2008) Fuel cell systems for transportation: status and trends. J Power Sources 177:167–176
16. Yuanyang Z, Liansheng L, Jiang S, Wei Z, Pengcheng S (2003) Research on oil-free air scroll compressor with high speed in 30 kW fuel cell. Appl Therm Eng 23:593–603
17. Zhao Y, Li L, Wu H, Shu P (2005) Theoretical and experimental studies of water injection scroll compressor in automotive fuel cell systems. Energ Convers Manage 46:1379–1392
18. Mc Taggart P (2004) Development of a hybrid compressor/expander module for automotive fuel cell applications. Final Technical Report for DOE Contract DE-FC36-01AL67603
19. Jianfeng L, Huagen W, Bingming W, Ziwen X, Pengcheng S (2009) Research on the performance of water-injection twin screw compressor. Appl Therm Eng 29:3401–3408
20. Hussain MM, Baschuk JJ, Li X, Dincer I (2005) Thermodynamic analysis of a PEM fuel cell power system. Int J Therm Sci 44:903–911
21. Kandlikar SG, Lu Z (2009) Thermal management issues in a PEMFC stack–A brief review of current status. Appl Thermal Eng 29:1276–1280
22. Ahn JW, Choe SY (2008) Coolant controls of a PEM fuel cell system. J Power Sources 179:252–264
23. Bao C, Ouyang M, Yi B (2006) Analysis of the water and thermal management in proton exchange membrane fuel cell systems. Int J Hydrogen Energ 31:1040–1057
24. Ciureanu M (2004) Effects of Nafion dehydration in PEM fuel cells. J Appl Electrochem 34:705–714

25. Weng FB, Jou BS, Li CW, Su A, Chan SH (2008) The effect of low humidity on the uniformity and stability of segmented PEM fuel cells. J Power Sources 181:251–258
26. Park YH, Caton JA (2008) Development of a PEM stack and performance analysis including the effects of water content in the membrane and cooling method. J Power Sources 179:584–591
27. Andreaus B, Scherer GG (2004) Proton-conducting polymer membranes in fuel cells—humidification aspects. Solid State Ionics 168:311–320
28. Karimi G, Jafarpour F, Li X (2009) Characterization of flooding and two-phase flow in polymer electrolyte membrane fuel cell stacks. J Power Sources 187:156–164
29. Huizing R, Fowler M, Mérida W, dean J (2008) Design methodology for membrane based plate-and-frame fuel cell humidifiers. J Power Sources 180:265–275
30. Büchi FN, Srinivasan S (1997) Operating PEMFC fuel cells without external humidification of the reactant gases—fundamental aspects. J Electrochem Soc 144:2767–2772
31. Jung SH, Kim SL, Kim MS, Park Y, Lim TW (2007) Experimental study of gas humidification with injectors for automotive PEM fuel cell systems. J Power Sources 170:324–333
32. Wood D, Yi JS, Nguyen TV (1998) Effect of direct liquid water injection and interdigitated flow field on the performance of proton exchange membrane fuel cells. Electrochim Acta 43:3795–3809
33. Sun H, Zhang G, Guo LJ, Dehua S, Liu H (2007) Effects of humidification temperatures on local current characteristics in a PEM fuel cell. J Power Sources 168:400–407
34. Park SK, Cho EA, Oh IH (2005) Characteristics of membrane humidifiers for polymer electrolyte membrane fuel cells. Korean J Chem Eng 22:877–881
35. Chen D, Li W, Peng H (2008) An experimental study and model validation of a membrane humidifier for PEM fuel cell humidification control. J Power Sources 180:461–467
36. Hoogers G (2003) Fuel cell technology handbook. CRC Press, Boca Raton, FL
37. Vitale NG, Jones DO (2000) U.S. patent US6,066,408,2000
38. Hogarth WHJ, benzinger JB (2006) Operation of polymer electrolyte membrane fuel cells with dry feeds: design and operating strategies. J Power Sources 159:968–978
39. Liu F, Yi B, Xing D, Yu J, Hou Z, Fu Y (2003) Development of novel self-humidifying composite membranes for fuel cells. J Power Sources 124:81–89
40. Hussain MM, Dincer I, Li X (2007) A preliminary life cycle assessment of PEM fuel cell powered automobiles. Appl Therm Eng 27:2294–2299
41. Granovskii M, Dincer I, Rosen MA (2006) Life cycle assessment of hydrogen fuel cell and gasoline vehicles. Int J Hydrogen Energ 31:337–352
42. Wagner U, Eckl R, Tzscheutschler P (2006) Energetic life cycle assessment of fuel cell powertrain systems and alternative fuels in Germany. Energ J 31:3062–3075
43. Barbir F (2005) Fuel cells theory and practice. Elsevier, Burlington, MA
44. Pei P, Ouyang M, Lu Q, Huang H, Li X (2004) Testing of an automotive fuel cell system. Int J Hydrogen Energ 29:1001–1007
45. Ahluwalia RK, Wang X (2005) Direct hydrogen fuel cell systems for hybrid vehicles. J Power Sources 139:152–164
46. Corbo P, Migliardini F, Veneri O (2009) PEFC stacks as power sources for hybrid propulsion systems. Int J Hydrogen Energ 34:4635–4644
47. Wishart J, Dong Z, Secanell M (2006) Optimization of a PEM fuel cell system based on empirical data and a generalized electrochemical semi-empirical model. J Power Sources 161:1041–1055
48. Philipps F, Simons G, Schiefer K (2006) Dynamic investigation of PEFC stacks in interaction with the air supply system. J Power Sources 154:412–419
49. Corbo P, Migliardini F, Veneri O (2008) Experimental analysis of a 20 kWe PEM fuel cell system in dynamic conditions representative of automotive applications. Energ Convers Manage 49:2688–2697
50. Zhao H, Burke AF (2009) Optimization of fuel cell system operating conditions for fuel cell vehicles. J Power Sources 186:408–416

51. Ahluwalia RK, Wang X (2006) Rapid self-start of polymer electrolyte fuel cell stacks from subfreezing temperatures. J Power Sources 162:502–512
52. Jiao K, Li X (2009) Three-dimensional multiphase modeling of cold start processes in polymer electrolyte membrane fuel cells. Electrochim Acta 54:6876–6891
53. Bar-On I, Kirchain R, Roth R (2002) Technical cost analysis for PEM fuel cells. J Power Sources 109:71–75
54. Mert SO, Dincer I, Ozcelik Z (2007) Exergoeconomic analysis of a vehicular PEM fuel cell system. J Power Sources 165:244–252
55. Qi Z, Kaufman A (2003) Low Pt loading high performance cathodes for PEM fuel cells. J Power Sources 113:37–43
56. Zeis R, Mathur A, Fritz G, Lee J, Erlebacher J (2007) Platinum-plated nanoporous gold: an efficient, low Pt loading electrocatalyst for PEM fuel cells. J Power Sources 165:65–72
57. Wu H, Wexler D, Wang G (2009) Pt_xNi alloy nanoparticles as cathode catalyst for PEM fuel cells with enhanced catalytic activity. J Alloy Compd 488:195–198
58. Ramaswamy N, Arruda TM, Wen W, Hakim N, Saha M, Gullà A, Mukerjee S (2009) Enhanced activity and interfacial durability study of ultra low Pt based electrocatalysts prepared by ion beam assisted deposition (IBAD) method. Electrochim Acta 54:6756–6766
59. Wu J, Yuan XZ, Martin JJ, Wang H, Zhang J, Shen J, Wu S, Merida W (2008) A review of PEM fuel cell durability: degradation mechanisms and mitigation strategies. J Power Sources 184:104–119

第 5 章

混合动力电动汽车

虽然混合动力汽车(Hybrid Electric Vehicle,HEV)现在作为一种可行的选择,以提高私家车的效率和改善对环境的影响,但作为替代选项的纯电动汽车的目标却是使交通运输部门不再使用石油以保证零排放[1]。然而,不配备传统能量存储系统的电动汽车还是具有局限性,通常表现为车辆续驶里程和电池充电时间。所以,人们对电动汽车及其在车上添加其他储能装置和车载发电机的新的混合动力解决方案具有强烈的研究动机。在这种前提下,燃料电池成为主要的候选对象,因为它们以氢气作为燃料,氢气效率高,并且不会产生污染物排放[2]。

燃料电池在道路运输车辆动力系统中的使用应解决在车载发电和电能储存(电池、超级电容器)之间的最佳混合度的问题。

本章将讨论混合动力传动系统的主要问题,重点介绍动力传动系统各个组成部分的基本特征以及每种混合动力配置中的能源管理问题。电驱动的主要特点在5.2节中描述,5.3节和5.4节分析不同类型的电能储存系统;而5.5节讨论混合动力电动汽车的不同配置,其中5.5.4小节特别涉及燃料电池动力系统。

5.1 电动汽车概述

1832~1839 年,安德森(R. Anderson)发明第一辆电动汽车后,达文波特(T. Davenport)和戴维森(R. Davidson)于 1842 年左右使用不可充电电池,实现了更实用、更成功的电动道路车辆。1881 年,G. Plante 开发了增大容量的蓄电池,为电动汽车的发展铺平了道路。之后,由于可充电电池的大规模生产,使电动车的推广成为可能,并于 19 世纪末开始商业化生产。第一辆车速超过 100km/h 的电动汽车是由比利时赛车手卡米耶·杰纳齐(Camille Jenatzy)驾驶的"La Jamais Contente"。后来在 1916 年,伍兹提出了一款内燃机+电动机的混合动力汽车。当时电动汽车相比于内燃机汽车、蒸汽机汽车等其他汽车具有很多优势,特别是在可靠性、振动、气味和噪声方面。另一方面,蒸汽机汽车、内燃机汽车等其他车辆需要起动装置,并且热效率低。然而,在20世纪初,电动汽车的发展出现了下滑,这是由下列因素导致的:电池充电所需的时间长、能长距离行驶的汽车需求的增加、新油田的发现、查尔斯·凯特林(Charles Kettering)发明的电起动器、内燃机汽车的量产。在上述问题中,电池电动汽车(BEV)的续驶里程有限仍然是最关键的,并且与相同尺寸的内燃机汽车相比,其成本较高[3,4]。

大规模使用电动汽车意味着电池需要反复充电,这可以通过三种不同的方式来完成。

① 安装家用充电器,用于夜间充电。

② 设立公共充电站,在超市、火车站、工作场所甚至住宅附近停放汽车时,为电池充电。

③ 设立路边充电站,与现在的传统汽车加油站提供的服务相似。

电动汽车的广泛使用意味着电池充电设施的广泛应用,这对于电动汽车技术的发展来说是必不可少的重大投资。其结果就是电池充电器和电源基础设施的进一步发展,以及与电动汽车密切相关的组件的创新。

在任何情况下,电动汽车的充电所花费的时间都要比加满液体和气体燃料箱所需的几分钟时间要长得多。通过采用混合动力技术可能解决充电速度问题是现在对混合动力配置车辆越来越感兴趣的理由之一[3,4]。

BEV的主要组件是电池组、电力驱动的电机、布线系统、冷却系统以及车辆架构[5]。BEV主要电气部件和机械部件之间的连接如图5-1所示。电池组通常通过插头从配电网络充电。电池充电器可以是车载的,或者是充电桩的一部分。

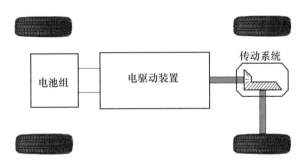

图 5-1 电动车辆(BEV)主要部件的电气与机械连接

如今,全球市场上有一系列的电动汽车,基本上采用图5-1所示的配置,如电动自行车、电动轮椅、电动三轮车、电动小型通勤车、电动运送车、电动高尔夫球车、电动轿车、电动运送车和电动公交车。事实上,私人电动汽车在BEV领域并没有占很大的比重,而是上述各类车型在其特定的市场中占有不同的位置。

图 5-1 的方案展示了所有类型的电动车辆的基本结构，包括使用附加的车载牵引发动机的混合动力汽车（HTEV）和那些采用替代的存储/发电电力系统来进行电驱动的车辆，如氢燃料电池电动车辆（HFCEV）、太阳能车辆以及使用飞轮和超级电容器的车辆。

5.2　道路车辆的电驱动

本部分将从这些应用于道路的电动车辆的部件出发，阐述电驱动的主要特征。

电力驱动装置由旋转电机（将电能转化为机械能或反之亦然）、电力电子变换器和控制器组成，在稳态或变速工况下操作整个电力驱动装置。

旋转电机基本上可分为两种主要类型：直流电机（DC）和交流电机（AC）。所有类型的旋转电机都有被称为定子的静止部分和被称为转子的旋转部分。通常，转子连接到机械转矩作用的轴上。

在旋转电机中，若干个导体沿转子和定子之间的气隙的内侧和外侧分布，由电场激励。这些在定子和转子间的导体携带电流产生合成的磁场，这些磁场随空间和时间不断变化。两个磁场之间的相互作用产生合成的电磁转矩，而这个转矩对机器的稳态和瞬态行为具有非常重要的影响。

电动车辆用电机的主要类型有：直流电机、感应电机、永磁无刷电机和直流开关磁阻电机[2]。这些不同类型的电机将在本章的以下部分进行分析。

5.2.1　直流电机

直流电机的基本原理如图 5-2 所示，它是最简单的电机类型，具有广泛的家用和工业用途。

最普通的直流电机是有刷直流电机，其特征在于存在一个换向器，它是一组相互绝缘的换向片。转子绕组沿着转子表面均匀分布，其端子离开并到达换向器的每个换向片。通过与换向器接触的电刷向转子绕组施加直流电压，产生根据换向器位置在空间上改变极性的磁场。同时定子部分借助铁心结构上的绕组产生一个固定的磁场。这两个磁场的相互作用使得转子相对于定子旋转。

经典的有刷直流电机由于需要使电刷按压集电器而存在限制，其结果是带来摩擦阻力。在更高的速度下，由于换向器表面的不规则性，增加了电刷保持接触的难度，并会产生火花。这种火花会限制电机的最大转速，因为太频繁的火花会使换向器过热、腐蚀甚至熔化。电刷单位面积的电流密度与材料的电阻率限制了电机的性能，同时也会引起电噪声。电刷最终会磨损，需要更换，而且换向器本

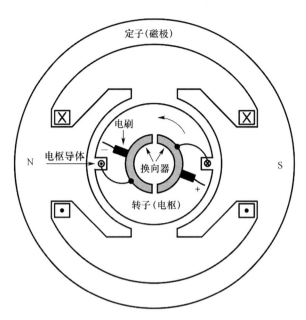

图 5-2 直流电机的工作原理

身易磨损,需要维修或更换。

有刷直流电机根据其特定的定子励磁分类,基于 4 种标准方法为有刷直流电机的励磁绕组提供电流:并励直流电机、串励直流电机、复励直流电机和他励直流电机(图 5-3)[6-8]。

① 并励直流电机(图 5-3a)具有自我调节速度的能力,但是特别难以控制,因为在某些情况下,电源电压的降低对速度的影响很小。

② 串励直流电机(图 5-3b)的主要优点是转矩在低速时非常高,并且随着转速增加而下降。该特性在某些应用中很有用,例如内燃机的起动装置,但是这不是道路车辆通常需要的。

③ 复励直流电机(图 5-3c)的设计结合了上述两种电机的优点。

④ 在他励直流电机(图 5-3d)中,励磁绕组具有与转子绕组分开的电源,这就能根据电动车辆的需求分别控制转速和转矩。由于他励直流电机易于控制,过去被广泛用做电动车辆的驱动电机。后来,感应电机因为结构坚固、可靠性高和成本低等优势取代了他励直流电机,这会在下一章详述。

在永磁直流电机中,永磁体在定子上产生励磁静磁场。

直流开关磁阻电机在定子和转子上都有"凹口"或"齿",称为凸极。定子上的每一对相对的磁极携带一对串联连接的励磁线圈以形成一对磁极,而转子没有绕组。当直流电压提供定子绕组的相位时,转子旋转以使通过转子和定子的磁路的磁阻最小。图 5-4 所示为一个开关磁阻电机的例子[1,3]。

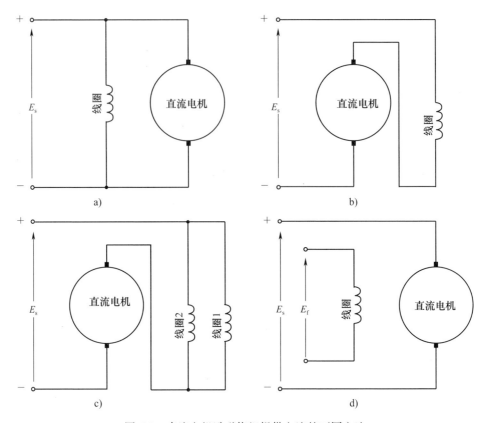

图 5-3 直流电机励磁绕组提供电流的不同方法
a）并励直流电机 b）串励直流电机 c）复励直流电机 d）他励直流电机

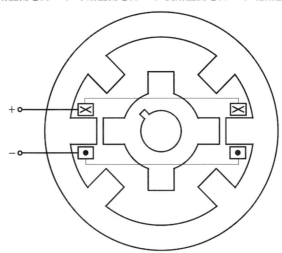

图 5-4 直流开关磁阻电机原理图

直流电机虽然仍被用于某些特定的驱动系统，但几乎已被其他类型的电机所取代。

5.2.2 交流电机

交流电机具有一组或多组分布在定子上的三相绕组。这些三相绕组在空间中以对称的方式沿着定子铁心内缘分布。因此，当三相交流电压施加到定子绕组上时，沿着气隙产生旋转和正弦的磁场。该磁场的方向随着绕组中三相交流电流的相序而改变。旋转磁场以同步转速旋转，同步转速等于三相电压的频率（$\omega = 1/f$）除以极数[9]⊖。

交流异步电机（也称为感应电机）具有转子绕组，其导体与两个端环焊接在一起，构成了所谓的"鼠笼"（图 5-5）。转子导体与定子绕组产生的旋转磁场的相互作用会感应出电动势，从而产生转子绕组中的电流，这些电流与磁场也会相互作用（楞次定律）[10]。磁性相互作用的结果是产生转子磁场，以相同的同步转速和交替的极点旋转。定子磁场与转子磁场之间，或吸引或排斥，因而产生电磁转矩。只有在转子和定子的两个磁场同步时，也就是当两个磁场相对于定子或转子以相同的转速旋转并且转子转速不同于同步转速时，电磁转矩才不为零。

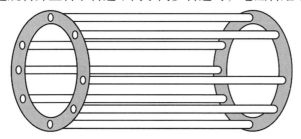

图 5-5 "鼠笼"样例

感应电机的工作原理是基于转子电流由定子电流感应而产生的事实，这是转子绕组损耗的主要原因，这使得这类电机比其他无刷电机效率低[11]。然而，随着异步电机的广泛使用，批量生产使其相当可靠，并且技术成熟，因此成本相当低。

交流同步电机有一个类似于异步电机的定子，它通常具有三相定子绕组。而转子结构有两种类型：圆柱形转子（隐极转子）和凸极转子，如图 5-6 所示。转子磁场由直流电流绕组产生，如图 5-6 所示。若用永磁体产生转子磁场，则被称为永磁交流同步电机。

外部直流电压通过电刷集电环系统提供给直流转子绕组。转子绕组的激励也

⊖ 译者注，电机转速与电源频率的公式应为 $n = 60f/p$。式中，n 为电机的转速（r/min）；f 为电源频率（Hz）；p 为电机旋转磁场的极对数。作者在此的说法有所不同，疑表述有误。

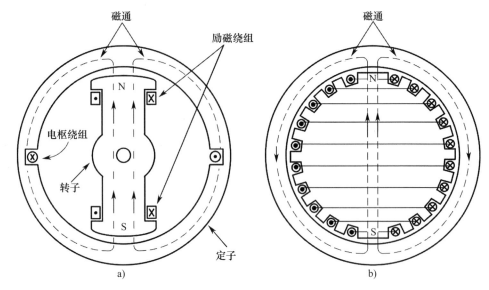

图 5-6 同步电机原理图
a) 圆柱形转子(隐极转子) b) 凸极转子

可以通过位于旋转轴上的被称为激励器的直流发电机或其他使用交流激励器和固态整流器的激励系统来获得。

在交流同步电机中，定子磁场和转子磁场之间的同步是通过使转子磁场相对于转子固定而实现的，因此转子磁场以与转子相同的转速，同时也是与定子磁场相同的转速工作。

可变磁阻交流同步电机代表了其他不需要任何转子励磁系统的同步电机[3]。

5.2.3 控制与功率模块

直流电机的控制与功率模块简单，成本低，其速度调节基于标量控制。为此，它需要简单的电路板来控制直流电驱动操作。其优点是可以通过车上的直流电源供电。其主要缺点是需要维护，例如电刷子就需要定期检查和更换。需要考虑的另一点是，配备有刷式电机的燃料电池电动车辆将需要特定的安全装置，以避免在换向期间换向器的火花可能与用作车上燃料的氢相互作用。

由于其简单的转子绕组，异步电机在机械鲁棒性方面具有较大优势。然而，交流电驱动需要基于调节参数之间矢量关系的复杂控制算法，其实现的成本非常高。当然，如今电子元件尤其是微控制器越来越便宜，因此交流驱动器现在比直流驱动器在成本方面更具竞争力。

变速驱动器通常基于一组由电力电子变换器和控制装置驱动的电动机器。整个系统使电机的调速成为可能。

图 5-7 显示出了由电池组供电的通用直流电驱动器的方案,它也可作为 BEV 的牵引驱动器。

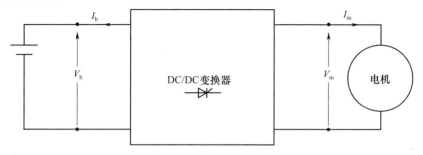

图 5-7 电动汽车(BEV)用的直流电驱动

DC-DC 变换器改变由电源提供的电压和电流的电特性以供给电机,并满足负载机械要求。

在提供直流电源时,交流电驱动器需要更复杂的变换器,因为电机需要周期性的电压和电流波,这取决于负载要求的可变频率。图 5-8 展示了一个以脉冲宽度调制逆变器驱动的三相感应电机的方案。该方案给出了具有 6 个功率模块的三相桥式连接以形成所谓的逆变器。每个电源模块可以由多个并联的功率开关组成,以承载更高的电流。在每个功率开关(IGBT)上并联一个二极管,以便在电源模块关闭时为相电流提供返回路径。

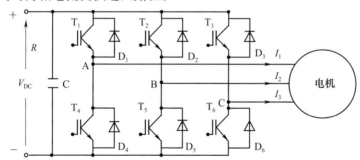

图 5-8 由逆变器驱动的三相感应电机原理图

对于电动汽车的设计,重要的是要考虑使用高的电池组电压对功率电子元件的设计产生的影响。事实上,高电压意味着低电流,然后由于功率电子器件中的压降而降低损耗。然而,出于安全考虑,电压值是受限的。

通过优化电机相电流的控制信号,向电机供电的电压波形由 6 个功率模块中的每一个的脉宽调制(PWM)控制。通过测量定子电流并从电机相电压中推导出气隙磁通,然后控制整个电驱动以产生用于最小电流值的最大负载转矩来对 PWM 进行控制,以评估电机转矩。缓冲电路可以连接在每个功率模块上以控制开关波形的形状,它们一般由与功率模块并联的电阻电容和与功率模块串联的电感组成。电容器组通常连接在逆变器的正负输入端子之间,以过滤直流输入电压,并减少 PWM 切换过程中产生的高频电流的纹波。

20 世纪 90 年代以前,用晶闸管和晶体管作为交流传动系统的功率模块。此后开发并使用了其他半导体开关功率模块,如 GTO、MOSFET、IGBT 及其组合。如今,IGBT 和 MCT 逆变器被电驱动器制造商用于电动车辆市场。表 5-1 列出了用于电力电子器件的不同类型技术的关键特性。另外,其他功率开关模块目前正在开发中[12]。

表 5-1 功率开关元件的特性[12]

晶体管类型	最高阻断电压 /V	最大稳定电流 /A	最高工作频率 /kHz	易于并联	成本
晶闸管	6000	4000	1	不要求	低
GTO	6000	6000	1	不要求	高
MOSFET	1000	100	1000	容易	高
IGBT	1200	400	100	容易	高

用在电动车辆上时,半导体元件耗散的功率是相当大的,因此散热器是必不可少的。这意味着半导体元件上电压的下降,并且这个电压降值是在为特定应用选择元件时要考虑的重要特性。此外,应该考虑到,在交流驱动器中,每个电流通过两个串联的功率元件,而不是通过直流变换器中所需的单个元件。

由于每个电子开关导通时电压相同,这意味着交流逆变器的损耗明显高于直流变换器。在电动车辆的逆变器设计中要考虑的另一个因素是冷却系统的必要性。可以使用自然空气、强制空气或液体冷却系统,散热器的尺寸会根据每种冷却方法的效率来设计。

5.3 电化学蓄电池

储能电池或蓄电池指的是能够通过电化学氧化还原反应将活性物质储存的电能提供给装置。电化学氧化还原反应就是将化学能转换为电能的过程(参见 3.1 节)。蓄电池由一个或多个连接在一起的单元组成,通常串联连接,具体取决于设计者所要求的电压或容量[13]。放电后,电池通过一个与放电电流方向相反的受控电流将电池充电至原始状态。

电池组通常指的是电动汽车设计者用更多电池串联或并联连接组成的整体存储系统,具有供电驱动的功能。

接下来将介绍电池主要特征参数以及不同类型电池的电化学细节。

5.3.1 电池的主要工作参数

1. 电池电压

电池电压是在电池(输送能量时)两极上测得的电压值。电池的标称电压是电池电压的参考值,大约等于电池在制造商定义的工作范围内正常工作时的电压。车用起动蓄电池通常指的是6V或12V额定电压的电池,并且将这些单元串联连接以产生所需的电压。实际上,这个电压随着电池电流的变化而变化:当电流流出时,电压下降,当电池充电时,电压上升。图5-9和图5-10所示为铅酸电池以恒定电流充电/放电时电压随时间的变化曲线。

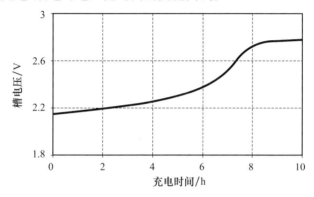

图5-9 在稳定充电的情况下铅酸电池电压随时间的变化

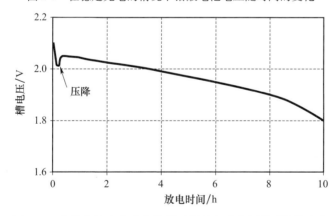

图5-10 在稳定放电电流的情况下铅酸电池电压随时间的变化

由于电解质与铅离子的饱和,图5-10中放电开始时观察到的压降(通常为0.02~0.03V)与阳极放电反应的延迟有关(见第5.3.2小节)。

电池的工况可以用简单的等效电路来表示,只对充放电操作有效,不考虑电流瞬变现象。电池放电的等效电路如图5-11所示。

在这种情况下,电池由固定电压 E_0 串联一个电阻 R_1 表示。由于内阻 R_1 引

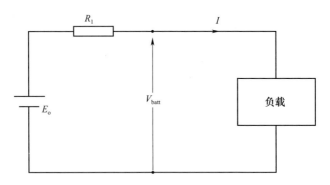

图 5-11 电池放电的等效电路

起的电压下降,电池端子处的电压 V_{batt} 不同于开路电压 E_o。因此,如果 I 是从电池流出的电流,如图 5-11 所示,那么电池的端电压用下式表示:

$$V_{batt} = E_o - R_1 I \tag{5-1}$$

如果 $I=0$,那么端电压等于开路电压:

$$V_{batt} = E_o \tag{5-2}$$

电动车电池的内阻 R_1 应该尽可能小。电池的充电等效电路如图 5-12 所示。

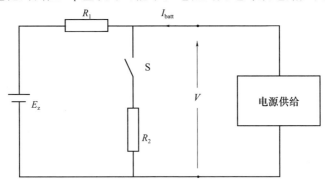

图 5-12 电池充电的等效电路

与放电等效电路的不同之处在于电阻 R_2 和开关 S。电阻 R_2 考虑了开关闭合时开始有效的充电损耗。开关根据电池的结构特点,在 V 值高于特定值时闭合。

2. 电池容量

电池容量是指电池可以提供的电量,单位为安时(A·h),通常用来指电动汽车电池的容量。一般不使用库伦(Coulomb)这个单位。容量的标称值是电池的特性,由预先定义的程序确定。但是,电池的实际容量取决于从中提取的电流值。初始容量的变化是由电池内部的不完整或不需要的反应引起的。这种效应出现在所有类型的电池中,但是对于铅酸电池尤其突出。图 5-13 显示了不同放电率($I_1, I_2, \cdots, I_6$)的典型放电曲线,其中黑线表示可用容量与放电时间的函数关系。

用于供应电动车辆的电池的容量通常用 5h 放电,在这种情况下,容量用符号 C_5 表示。而且,电池容量的值通常用来表示电流值,例如容量 $C = 52\text{A}\cdot\text{h}$ 的电池可以以 $2C$ 或 $0.4C$ 的电流放电,则放电电流分别是 104A 或 20.8A。

3. 电池能量与功率

能量的国际单位是焦耳(J),但对于电池来说,瓦时(W·h)更常用,因为焦耳是一个非常小的单位。$1\text{W}\cdot\text{h} = 3600\text{J}$。存储在电池中的能量($E_{\text{batt}}$)直接取决于电量($C$)和其端压($V_{\text{batt}}$),如以下关系所表示的:

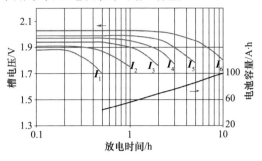

图 5-13 典型铅酸电池放电电压随时间的变化

$$E_{\text{batt}}(\text{W}\cdot\text{h}) = V_{\text{batt}}(\text{V}) \cdot C(\text{A}\cdot\text{h}) \tag{5-3}$$

电池电压和容量都取决于电池的电量和充放电速度。如果电能在大放电或充电电流情况下被快速释放或充电,则存储在电池中的能量预计会明显降低。

比能量是 1kg 电池质量所储存的电能,单位是 W·h/kg。因为储存在电池中的能量取决于许多因素,如温度和放电速率,所以比能量只能近似地评估电池质量。

比功率是 1kg 电池可以获得的电功率,其单位是 W/kg。评估这个变量必须考虑到电池实际功率的大小依赖于连接到其终端的负载。而且,电池只能在短时间内以最大功率运行,否则电池寿命可能会严重受损,电池运行效率会非常低下。

通常比能量高的电池具有较低的比功率。换句话说,许多类型的电池可以储存大量的能量,但是只能以低速率输出。这意味着车辆以较低的速度长距离行驶。

为了比较不同类型的电池,就比功率和比能量而言,使用 Ragone 图是有帮助的。Ragone 图是特定功率对特定能量的图。图 5-14 显示了目前正在开发的几种电池的 Ragone 图。Ragone 图也用来比较电池和其他储能技术,如超级电容器和飞轮[1,3,5]。

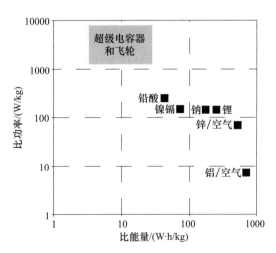

图 5-14 不同电能储存系统的 Ragone 图

4. 充电效率和能量效率

充电效率定义为由电池提供的安时数与使其恢复到放电前状态所需的安时数之比。充电效率一般低于100%，实际值取决于电池类型、温度、充电率和充电状态。尤其是，对于从20%~80%范围内的充电状态，电池的充电效率可以非常接近100%，但是对于20%以下的充电量，取决于电池的类型，效率可能大大下降。

能量效率被定义为由电池提供的电能与在放电之前使其回到放电状态所需的电能之比。能源效率很大程度上取决于电池的使用方式，尤其是当电池充电或放电非常迅速时，能源效率会大大降低。

5. 电池寿命

电池的循环次数是表示电池寿命的参数，并且影响车辆维护成本。电池的循环次数表示电池可以完全充电然后放电而不损害其存储能量性能的次数。

许多类型的电池在未使用时会损失一定数量的初始容量，这种现象被称为自放电。因此，一些电池如果长时间不用的话需要定期充电。自放电深度与每种类型电池内发生的化学反应的动力学有关，而且强烈依赖于温度。

一些类型的蓄电池在电动汽车上的应用已经被研究和测试多年，而其他类型目前正在开发中。下面介绍和分析了最常用的电动汽车电池的主要特点和更有前途的电池。

5.3.2 不同类型电池的主要特性

1. 铅酸电池

1859年铅酸电池的工业应用始于普朗特（Planté）在蓄电池上的第一次实验[14]。从那时起，许多其他类型的蓄电池开始被研究和测试，但是铅酸电池被开发得最为广泛，代表了20世纪应用最广泛的蓄电池类型。

铅酸电池由海绵铅阳极、多孔二氧化铅阴极和基于H_2SO_4水溶液（约2.3mol）的电解质构成。在放电阶段，当抽取电流时，两个电极与电解质反应形成表面硫酸铅，按照以下半反应[15]：

在Pb阳极处（电池负极）：

$$Pb+SO_4^{2-} \rightarrow PbSO_4+2e^- \tag{5-4}$$

其中由于铅氧化产生的电子，通过外部电路从而产生电流。

在PbO_2阴极处（电池正极）：

(i) $$PbO_2+4H^+ \rightarrow Pb^{4+}+2H_2O \tag{5-5}$$

(ii) $$Pb^{4+}+2e^- \rightarrow Pb^{2+} \tag{5-6}$$

(iii) $$Pb^{2+}+SO_4^{2-} \rightarrow PbSO_4 \tag{5-7}$$

其中来自H_2SO_4的H^+与PbO_2的O^{2-}反应形成水，而Pb被来自外部回路的

电子还原成适合与 SO_4^{2-} 反应的形式。

因此涉及铅酸电池产生电压的整个电化学过程是：
$$Pb+PbO_2+2H_2SO_4 \rightarrow 2PbSO_4+2H_2O \tag{5-8}$$

其室温下的开路电压为 2.1V。当然，充电过程涉及逆反应，此时 $PbSO_4$ 分解，PbO_2 沉积在正极上，Pb 沉积在负极上。

不同类型的铅酸电池已经被开发为许多电力应用的能源，如牵引和备用电力系统。富液式铅酸电池具有大量液态的电解质，在 20 世纪初被广泛应用。为了保持蒸馏水和防止电池干燥，开发了阀控式铅酸电池(Valve-Regulated Lead-Acid, VRLA)作为充电式铅酸电池的替代品，这使电池组在电动车辆中更安全。它们具有 35~50W·h/kg 的比能量和高于 150W/kg 的比功率，并且被称为"无需维护"电池，因为它们不怎么需要用户的关注和维护。

市面上可以买到两种类型的 VRLA 电池：第一种是基于吸收玻璃纤维(Absorbed Glass Mat, AGM)，第二种是凝胶技术。AGM 电池具有最好的性能，因为它们的内部电阻最低，而相对密度大约是富液式铅酸电池的 1.2 倍。VRLA 胶体电池的相对密度大约是 1.3，但是设计者必须慎重地考虑通风、空间要求、酸遏制、安全、环境影响、材料的可回收性。

2. 镍锌电池

镍氧化物电极组成了多个储存系统的正极板（其中有镍锌、镍镉、镍金属氢化物、钠-氯化镍）[16]。近年来，Ni-Zn 体系的高比能量和比功率在过去几年中增加了它们在电动车辆上使用的倾向，彼时它们的应用基本上受到循环寿命短的限制。

在这些系统中，放电的半反应发生在镍极：
$$2NiOOH+2H_2O+2e^- \rightarrow 2Ni(OH)_2+2OH^- \tag{5-9}$$

同时以下溶解-沉淀半反应发生在锌极：

(i) $$Zn+4OH^- \rightarrow Zn(OH)_4^{2-}+2e^- \tag{5-10}$$

(ii) $$Zn(OH)_4^{2-} \rightarrow ZnO+2OH^-+H_2O \tag{5-11}$$

电解质是 KOH(浓度通常在 20wt%~35wt%)和 1wt%LiOH 的水溶液（对氧化锌饱和）。这种电解质的功能是提高羟基氧化镍(NiOOH)电极的充电接受能力。总的放电反应为
$$Zn+2NiOOH+H_2O \rightarrow ZnO+2Ni(OH)_2 \tag{5-12}$$

在室温下的开路电压为 1.75V。在充电过程中 ZnO 和 $Ni(OH)_2$ 被分解，在锌极和氧化镍极上再沉积。

这种类型的电池具有约 70W·h/kg 的比能量和约 150W/kg 的比功率，具有从 -39~81℃ 的极高的温度容限，以及平坦的放电特性。然而，这些电池的关键问题是深度放电循环次数不够，主要是由氧化锌的高溶解度引起的。经过多年的

发展，镍锌电池已经具有了商业可行性，并且具有与镍镉和镍氢电池相媲美的性能。

3. 镍镉电池

镍镉电池以水合氧化镍为正极，金属镉为负极，KOH 水溶液为电解液[17]。放电期间在负极板处产生电子的半反应为

$$Cd+2OH^-\rightarrow Cd(OH)_2+2e^- \tag{5-13}$$

同时在镍正极板放电反应涉及均质固相内的镍和氢氧化镍之间的质子转移机理：

$$NiOOH+H^++e^-\rightarrow Ni(OH)_2 \tag{5-14}$$

所以总的放电反应为

$$2NiOOH+Cd+H_2O\rightarrow 2Ni(OH)_2+Cd(OH)_2 \tag{5-15}$$

它在室温下的槽电压为 1.3V。在充电过程中负极的 $Cd(OH)_2$ 变回金属镉，同时在正电极处，$Ni(OH)_2$ 损失质子以重新形成三价镍的氢氧化物。

镍镉电池代表了比能量、比功率和可靠性之间的良好折中，但是由于镉晶粒尺寸的增加，它们受到记忆效应的影响。特别的是，镍镉电池具有 50W·h/kg 的比能量、200W/kg 的比功率，并且可以接受高的充电/放电电流速率，这些特征使得电动车辆制造商对镍镉电池十分感兴趣。镍镉电池的比能量比铅酸电池的高，而且在高温下的自放电率也相当高。然而，考虑到镉的毒性和对环境污染的危险性，镍镉电池的回收是复杂的。这些原因阻碍了这种电池的应用，并使其他类型的电池更有吸引力。

4. 镍氢电池

镍氢电池使用与镍镉电池相同的正极和电解液，而采用储氢合金作为负极取代有毒的镉。储存氢的金属合金可以是基于镍与稀土的混合物，或镍与钛、钒和锆的混合物。在放电期间，阴极半反应与镍镉电池相同，而在阳极，电子产生由以下半反应给出：

$$MH+OH^-\rightarrow M+H_2O+e^- \tag{5-16}$$

在充电过程中水的还原使氢被吸附到金属间合金的晶格中以形成金属氢化物。

总的放电反应可以写为

$$NiOOH+MH\rightarrow Ni(OH)_2+M \tag{5-17}$$

镍氢电池在室温下的开路电压为 1.32V。与其他镍基电池不同，镍氢电池的充电-放电机理不是基于阳极溶解-沉淀，而是在 $Ni(OH)_2$ 和储氢合金之间的均匀固相中的质子转移。

镍氢电池自 20 世纪初就开始出现，其性能尤其是容量方面的表现有了显著提高。如今，镍氢电池被认为是比镍镉电池更好地应用于电动汽车的解决方案，

因为它具有更好的性能而没有镉的毒性问题[18]。其比能量大于 50W·h/kg，比功率为 200W/kg。而且，这些电池完全充电/放电周期超过 600 次，达到 80%的放电深度，并且可以以相当快的速度充电至满容量的 80%。由于电池内气体的复合反应，它可以承受过度充电和过度放电。镍氢电池的缺点是功率低、自放电快、对温度的敏感性差。而且，它们比汽车应用中的铅酸电池贵得多。最新的镍氢电池使用空气或液体系统冷却，以减小其尺寸并能更快地再充电。

5. 钠-氯化镍(Zebra)电池

这里介绍的最后一种镍基电池名为钠-氯化镍或 Zebra 电池，是 20 世纪 80 年代在南非比勒陀利亚(Pretoria)开发的(Zebra 代表非洲的 ZEolite Battery Research)。阳极由液态钠制成，以传导钠离子 $\beta\text{-}Al_2O_3$，阴极由氯化镍构成。这种电池内充满了电解质液体 $NaAlCl_4$，其功能是增强钠离子从固体氯化镍到氧化铝的转运能力[19]。它们在高温下工作(157℃是使钠处于熔融状态所需的温度，但是在 250~350℃范围内获得了更好的性能)并且在以下放电半反应下操作：

在阳极：
$$Na \rightarrow Na^+ + e^- \tag{5-18}$$

在阴极：
$$NiCl_2 + 2Na^+ + 2e^- \rightarrow Ni + 2NaCl \tag{5-19}$$

所以总反应为
$$2Na + NiCl_2 \rightarrow 2NaCl + Ni \tag{5-20}$$

Zebra 电池在工作温度下的开路电压为 2.58V。当电池放电时，在阳极产生的钠离子通过电解质输送到阴极，在那里与 $NiCl_2$ 反应形成 NaCl。在充电过程中，重新生成钠金属和氯化镍。电池的比能量约为 100W·h/kg，比功率为 150W/kg。

一般来说，隔热是由一个双层不锈钢箱子实现的，并保证钢板之间的绝热层有 2~3cm。而且，所有绝热层都没有气体，在真空条件下工作。

为了使 Zebra 电池保持在其运行所需的高温状态，在不使用时需要保持连接到电网。这代表了其应用的局限性，使得它们更适合于公共交通工具，而不是小型私人车辆。

这些电池生产和商业发展的局限性主要在于它们不能用于笔记本电脑和手机。

6. 锂电池

锂电池在加速和续驶里程方面显示出能为电动车辆提供充足性能的巨大潜力[5]。锂金属作为电池负极材料具有吸引力，主要是因为它的轻便和高电压。在这些系统中使用锂基阳极意味着一些安全隐患——由于金属的高反应性。为此，在锂离子电池中，正极和负极均采用锂"主体"化合物，其中嵌入过程发生，即锂离子被可逆地移除或插入，而不会使主体发生显著的结构变化。

负极材料以石墨碳为基础，正极材料采用 $LiMO_2$ 或 $LiMO_4$ 型（M = Co、Ni 或 Mn）的金属氧化物作为锂源化合物。在这些系统中，锂离子的传导是基于锂盐在有机溶剂中的溶解能力[20]。产生的电化学反应如下：

$$xC + LiMO_2 \underset{\text{放电}}{\overset{\text{充电}}{\rightleftharpoons}} Li_xC + Li_{1-x}MO_2 \tag{5-21}$$

这种类型的锂电池已经广泛地应用在电子消费市场中，但是对于汽车应用而言，液体电解质在安全方面具有隐患，因此对于这种类型的电池，锂聚合物电池使用起来更方便。它们基于高分子电解质，可以在电极之间传输锂离子[21]。阳极可以由锂金属箔（在这种情况下该装置被称为锂金属聚合物电池）或由碳负载的锂（锂离子聚合物电池）构成，而阴极由锂和其他氧化物锂离子电池中使用的同类型的金属构成，其中锂可逆嵌入可能发生。对于锂金属聚合物电池，根据下面的电化学反应，整个循环过程涉及阳极上的锂剥离沉积和阳极上的脱嵌插层，表示为 Mn 基阴极：

$$xLi + LiMn_2O_4 \underset{\text{放电}}{\overset{\text{充电}}{\rightleftharpoons}} Li_{1+x}Mn_2O_4 \tag{5-22}$$

液相的缺乏促进了防漏和轻质容器设计，这对于汽车应用来说是另外的优势。特别是可以以低成本实现箔的夹层，具有包装灵活性的巨大优点，并且对车辆的冲击和振动损伤不敏感。

锂电池领域的最新发展集中于通过使用新型阳极和阴极来达到非常高的比能量和比功率。已经考虑了诸如 Al、Si、Sn、Bi 等金属和半导体与锂形成合金的能力，其特征在于理论充电容量比传统碳材料高得多（特别是 Si-Li 合金存在理论比容量为 $4200mA \cdot h/g$，而石墨为 $371mA \cdot h/g$[22,23]）。然而，形成合金时较大的体积变化（通过锂嵌入/脱嵌）容易导致电极粉碎，极大地限制了电池的循环能力[23]。为了克服这种限制，正在研究不同的解决方案，从金属粒子尺寸减小到纳米级[24,25]到复合材料的利用（其中添加到活性金属中的非活性组分作为体积变化的缓冲剂[26,27]）或金属氢化物作为阳极[28]。锂离子电池正极的研究主要集中在高压尖晶石和高容量层状锂金属氧化物[29-32]。

以目前的技术来说，锂聚合物电池代表了电能存储系统领域的最新技术水平，因为与目前其他可用的电池相比，它们的基本电化学参数值十分有吸引力。

锂离子电池的主要优点在于，由于锂离子的快速可逆性，它们可以比铅酸电池和镍氢电池等其他电池更快充放电。此外，锂离子电池的比能量约为 $150W \cdot h/kg$，这意味着电动汽车的续驶里程相对于以前的电池类型有很大的提高（图 5-14 和表 1-8）。

与铅酸电池和镍氢电池一样，锂离子电池在使用过程中必须加以控制，以防止过度充电的情况发生而损坏电池。为此，电池管理系统的研发迫在眉睫，以保证在每个工作条件下的正确行为是这种类型的电池的关键问题。

锂离子电池由于具有重量轻、比功率大的特点,近来受到了汽车行业的广泛关注。然而,镍氢电池的低成本以及其耐用性和可靠性表现,可能会阻碍锂离子电池系统的应用[33]。

7. 锌空气电池

这种电池是金属锌作为阳极、KOH 水溶液作为电解质和多孔碳基空气扩散阴极的不可再充电电池(所谓的一次电池,而可再充电电池被称为二次电池)。放电半反应如下:

在阳极:
$$Zn + 4OH^+ \rightarrow Zn(OH)_4^{2-} + 2e^- \tag{5-23}$$

其中锌的氧化产生流过外部电路的电子,而在阴极处水和来自空气的氧反应形成羟基,它通过电解质迁移到达锌阳极:

$$O_2 + 2H_2O + 4e^- \rightarrow 4OH^- \tag{5-24}$$

总反应方程式如下:

$$2Zn + O_2 + H_2O + 4OH^- \rightleftharpoons 2Zn(OH)_4^{2-} \tag{5-25}$$

其中室温下开路电压为 1.65V。

这种类型的电池的主要问题是负电极有沉积物锌形成而阻碍阳极反应[34],从而使负电极的再充电能力不足[34]。因此,这些电池通常通过机械更换用过的阳极进行充电。鉴于其充电方式,锌空气电池也被认为是锌空气燃料电池,其中锌是可替换的燃料,并且从电池系统外部供应到阴极侧的空气流量控制反应速率。由于具体的操作,锌空气电池需要一个适当的空气管理系统,以确保为所需的电力供应适量的空气进入电池。这些电池在操作过程中需要特别注意,因为快速充电速率和低于最低电压的深度放电可能会永久损坏电池。高比能量(200W·h/kg)可以储存在低比功率(80W/kg)的锌空气电池中(图 5-14,表 1-8),因此锌空气电池可以方便地连接到高功率储能系统(超级电容器,第 5.4.2 小节)。

8. 铝-空气电池

由于这种类型的电池(理论比能量大于 8000W·h/kg,表 1-8)的性能从理论上来看非常好,近年来,用于高比功率铝空气电池的铝阳极的研究日益受到关注[35]。这些系统通常使用碱性电解质,并基于以下放电半反应:

在阳极:
$$Al + 3OH^- \rightarrow Al(OH)_3 + 3e^- \tag{5-26}$$

在阴极:
$$O_2 + 2H_2O + 4e^- \rightarrow 4OH^- \tag{5-27}$$

那么产生能量的总反应为

$$4Al + 3O_2 + 6H_2O \rightarrow 4Al(OH)_3 \tag{5-28}$$

根据以下寄生反应,这种电池的主要实际问题是阳极腐蚀的趋势:

$$Al + 3H_2O \rightarrow Al(OH)_3 + \frac{3}{2}H_2 \tag{5-29}$$

这种现象降低了阳极的库仑效率，在需要大容量的实际应用中必须最小化。这可以通过更耐腐蚀的特定铝合金来克服，但阳极需要易溶解的性质又与之相矛盾，这使得合适材料的开发非常困难[36,37]。改善阳极性能的另一种可能性是通过添加缓蚀剂来改变电解质组成[38]。目前在这个领域遇到的困难使得铝空气电池只能作为机械可充电系统使用，其实际性能（300~500W·h/kg）与理论值（表1-8,图5-14）相差甚远。

5.4 能量存储系统

本节将描述替代电能储存系统（例如飞轮和超级电容器）的主要特征，因为这些设备可能在由电力推进系统供电的车辆的开发中发挥重要作用。

5.4.1 飞轮

使用飞轮的能量存储系统基本上由围绕其对称轴旋转的平面盘构成。当旋转速度减慢时，旋转盘的动能被释放。如图5-15所示，可以通过变速器将作为发电机工作的电机连接到磁盘上。电力电子设备需要将发电机输出与电力驱动装置相匹配来为车辆供电。主要在再生制动期间飞轮再加速，此时车辆的动能可以转换为旋转盘的动能。特别地，来自车辆的主动力传动装置的电能在断电期间供应电机，在这种情况下作为电机工作。或者，飞轮通过离合器连接到车辆的车轮。离合器的干预取决于车辆的速度、设计者为电机选择的功率以及DC/AC变换器的控制技术[3,4]。

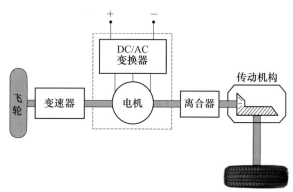

图5-15 使用飞轮作为辅助储能设备车辆的工作原理

飞轮储存的能量 E 由下式确定：

$$E = \frac{1}{2} I_m \omega^2 \tag{5-30}$$

式中，I_m 为惯性矩；ω 为盘的旋转速度，单位为 rad/s。考虑到上述公式，很显然，飞轮的储能能力取决于其大小和转速，还取决于制造飞轮的材料。为此，通过使用超强材料、磁性轴承以及在惰性气体或真空中运行飞轮来减少摩擦损失，已经做出许多努力来提高飞轮的固有低比能量。

然而，安全性也是使用飞轮时应考虑的因素，因为旋转盘的陀螺效应或是装有飞轮的车辆的碰撞都会导致飞轮断裂。在这种情况下，如果没有适当的预防措施，飞轮的能量会立即释放，造成危险的后果。

5.4.2 超级电容器

电容器是由两块由绝缘材料隔开的导电板组成的器件。电容器的示意图如图 5-16 所示，其中一个直流电压被施加到电容器上，结果一个极板带正电荷，另一个极板带负电荷，结果是该装置可以存储电荷，从而产生能量，因为异性电荷互相吸引。

电容器(容量为 C)在 V 伏电压下储存的电荷 Q_c 由下式表示：

$$Q_c = CV \tag{5-31}$$

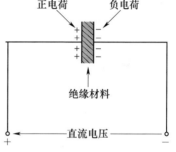

图 5-16 电容器的原理图

通常，电容器作为电子电路中的小尺寸元件，但是它们可以用与飞轮相同的方式提供大的能量存储。大面积的电容器具有较大的储能能力，被称为超级电容器。以焦耳表示的电容器可以存储的能量由下式表示：

$$E_c = \frac{1}{2}CV^2 \tag{5-32}$$

其中，电容器的容量 C(单位为 F)由下式确定：

$$C = \varepsilon \frac{A}{d} \tag{5-33}$$

式中，ε(单位为 F/m)是板之间的材料的介电常数；A 为板面积；d 为板之间的分隔距离。现代超级电容器的极板之间的分隔距离非常小，这使得它们作为能量存储系统非常有趣。电容是在电解离子层的电极表面上形成的。它们可以具有较大的表面面积，例如 $106m^2/kg$，这使得可以将数千法拉的电容器装入很小的容器中[3,39]。

然而，每个电容器的端子电压只有 1~3V，这是这种技术的主要问题，因为它限制了可以存储的能量。由于这个原因，必须有很多的电容器串联连接，以便在合理的电压下储存能量，从方程 5-32 推导出储存的能量随着电压的二次方而增加。然而，作为由以下公式给出的 n 个电容器 C_1、$C_2 \cdots C_n$ 的总电容 C 有

$$\frac{1}{C} = \frac{1}{C_1} + \frac{1}{C_2} + \cdots + \frac{1}{C_n} \tag{5-34}$$

这种类型的连接意味着总电容的减少，以及成本的增加。

因为相同的电流流过串联电路，串联连接的电容器的另一个问题是局部电容器过充电，每个电容器的电荷差异通常是由于每个电容器极板之间的绝缘差异或者同一系列电容器之间的电容差异而导致的自放电现象引起的。其结果可能是某些电容器过度充电，这意味着电压值高于3V，并对器件造成不可逆转的损坏。

解决这个问题的方法是使用均衡电路，这个电路在由至少6个串联电容器组成的系统中是必不可少的。该设备监视每个电容器，测试每对端子之间的电压，并最终将电荷从一个电容器移到另一个电容器，以保证整个系列的电压值相同。

均衡电路增加了电容器储能系统的成本。它们也需要能量来工作。但是，这些电路效率很高，电能消耗非常少[40]。

和飞轮一样，超级电容器具有比较高的比功率和比能量。由于这个原因，这两个装置可以作为再生制动的能量存储系统，也可以单独用在车辆中。这些部件最佳的使用方式是在加速期间发出能量且在制动过程中快速回收能量。而且，超级电容器比飞轮更安全，因为它们不存在机械故障和陀螺效应的问题。然而，通常需要诸如电力电子变换器之类的其他装置来升高和降低电压。

超级电容器在车载能量管理中扮演着重要角色[41-45]。

5.5 混合驱动系统

通用混合动力车辆由至少两个不同的电源供电。混合动力车辆有许多可能的变化，取决于能源的类型以及它们之间的机械和电气连接。电池组在任何类型的混合动力车辆中都起着关键的作用，并且必须考虑到电池的占空比，因此放电的深度和频率取决于为车辆选择的混合配置。电池储能系统仅用于加速、爬坡和慢速移动期间辅助电源能量的混合驱动中，电池在其大部分寿命中保持在相同的充电状态，因此深度放电不会发生经常。这种电池操作方式倾向于使得电池寿命更长，以至于那些用于纯电力驱动或者具有小型存储系统的混合驱动的电池的寿命更长，其中电力主要由车载能量源提供，例如能提供热量的发动机(有电动机-发电机)或燃料电池系统。另一方面，具有低能量存储系统的车辆在再生制动期间需要较高的再充电率，这是具有高比功率的存储系统所满足的特性。

这些问题在以下部分中进行了仔细研究，其中描述了不同类型的混合动力车辆，从那些已经商业化应用的混合动力车辆到氢燃料电池电动车辆(HFCEV)，再到不太常见的解决方案，例如使用太阳能的车辆能源或替代能源系统[3,4]。

5.5.1 油电混合动力汽车

配备有内燃机、电池和电动机/发电机(HTEV)的混合动力车辆是最常见的混合动力形式。

HTEV 的基本配置有串联混合和并联混合,分别如图 5-17 和图 5-18 所示[1]。在串联式混合动力车辆中,牵引车辆的机械力来自电驱动器。该电驱动器由可再充电电池组或由内燃机驱动的发电机供电,或者由两者一起供电。而在并联式混合动力车辆中,牵引车辆的机械力可以来自内燃机,也可以来自电驱动器,还可以同时来自两者。

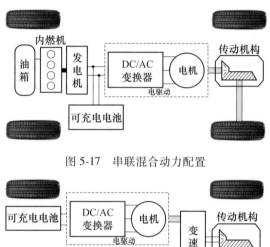

图 5-17 串联混合动力配置

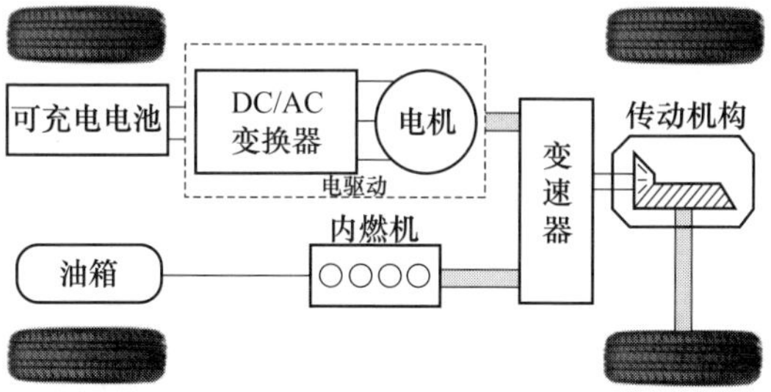

图 5-18 并联混合动力配置

图 5-17 和图 5-18 所示的电连接证明,在串联混合配置中,电池可以由基于内燃机的发电机和电力驱动装置再充电,而并联结构仅能通过电力驱动装置再充电。这两种结构的电力驱动器也可以作为发电机来操作,以在再生制动操作期间将能量回收到电池中,此时车辆的动能可以被转换成电能。

该系列混合动力车辆实际上仅用于特定的应用,主要是柴油动力的铁路发动机、船舶等每个车轮都有独立的电动机。该系列混合动力车辆的主要缺点是,从储能系统到车轮只有一条能量流,这条能量流必须通过配置的所有组。其基本优势在于系统成本相当低。

而并联式混合动力车辆从储能系统到车轮有两条主要的能量流(来自电池或燃料箱),其优点是机器和其他部件可以更小,更便宜,因为到达车轮的能量只有部分需要通过它们。而且,并联混合动力可以以不同的方式运行。例如,内燃机可以关闭。在这种情况下,车辆仅通过电池电力供电,并且这种操作在城市地区可能特别有利于减少排放污染。这种配置的另一种简单的操作方法是当电池断开连接并且只有内燃机给车辆提供能量、这对高速公路行驶工况或低恒定功率行驶工况是一种有效的操作方式。并联式混合动力车辆也可以在来自两个发动机的功率之间适当地平衡操作,这两个发动机通常被调节以在废气排放和燃料经济性方面优化内燃机的性能。这种混合操作策略通常被设计成在稳定状态下操作内燃机,即在高效率的工作点上操作。在这种情况下,如果需要额外的功率,则可以从电机中取出,而内燃机产生的可能的剩余能量此时通过(作为发电机运行)电机给电池充电。当电池充满电或行驶工况所需的总功率较低时,内燃机可以关闭,因为在这种情况下,内燃机的效率非常低。

"混合度"是表征并联混合动力车辆的有用参数。该参数的值被定义为电机的总功率除以电机和内燃机功率的总和,按照以下等式:

$$DOH = \frac{电机的总功率}{电机+内燃机功率总和}$$

混合度的值高,意味着混合动力车辆具有小型内燃机,它在大部分运行时间内以最大效率运行。

除了图5-18所示的并联混合动力配置之外,还有其他多种形式。例如,有一种并联式是内燃机曲轴与小型电机连在同一轴上,另一种并联式混合动力结构是将内燃机和电驱动器连接到不同的车轴上,如图5-19所示,在这种情况下,内燃机驱动前轮,电动系统及所连接的电动机械系统驱动后轮。对于这种配置,电池通过再生制动系统进行充电,但是内燃机可以通过道路连接将能量从内燃机转移到作为发电机的电力驱动装置,从而可以更难以维持速度并对电池充电。

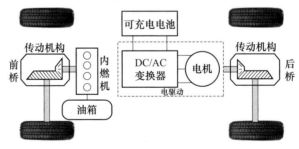

图5-19 内燃机和电驱动分别连接不同桥的并联混合动力配置

上述配置会有多种形式,因为在汽车停放或不使用时电池的再充电能量可能来自电网或其他电源单元[3]。

混合热能车辆比传统车辆更昂贵,因为它们包含多于一个能量来源。然而,传统车辆的一些部件对于混合动力车辆不是必需的,因此可以节省一些。例如,在串联配置中，不需要齿轮箱，因为电驱动器以电子方式调节电动机速度。如果电机直接连接到车轮，则变速器被简化并且差速器是无用的。电机不需要任何特定的设备启动，因此可以省去串联和并联的启动器。目前市场上有很多类型的混合动力汽车正在迅速发展。

5.5.2 太阳能汽车

车载太阳能电池板供电的车辆相当昂贵，因为太阳能电池需要高成本才能有效地工作。如今，光伏电池正在提高效率，同时降低成本，但与日常使用的汽车完全由太阳能电池板供电的情况不同，这主要是因为为公路车辆提供动力的光伏电池需要大的表面积。太阳能电池可以用来为任何类型的电动汽车的电池充电。

图 5-20 报告了配置太阳能汽车的方案。DC/DC 变换器需要使太阳能系统产生的电压适应电池组和电力驱动。变换器是单向的，因为没有能量通路从电池和电机驱动到太阳能电池板[3,4]。

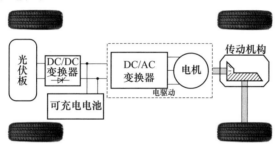

图 5-20　太阳能汽车配置

5.5.3 飞轮和超级电容器汽车

由于飞轮可以存储少量的能量，使用飞轮的车辆通常是有轨电车或配备有一个或多个飞轮的城市公交车。当车辆在公共汽车站停下来接载乘客时，这些装置可以通过电机加速。此外，飞轮还能由再生制动加速，这时车辆的动能转换成飞轮的动能。飞轮也可以与电池组合，以减轻电池重量。图 5-21 显示了装备有电

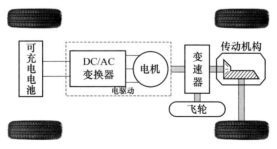

图 5-21　装有飞轮和电池的电动汽车配置

池和飞轮的车辆的简化方案。

电动汽车中除了电池之外还可以使用超级电容器。图 5-22 所示为配备有电池和超级电容器的车辆的简化方案[4]。超级电容器允许在车辆减速时回收车辆的动能，从而在快速加速期间增加功率峰值的可用性。这样可以实现电池的最佳管理。

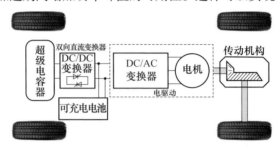

图 5-22　装有超级电容器和电池的电动汽车配置

超级电容器和飞轮作为高功率存储系统，可以用于各种混合动力车辆，与一个或多个电力能源设备（如电池、燃料电池、太阳能电池板和内燃机）相结合。在这个意义上，可以有许多组合是可能的和可想象的[4,13]。

5.5.4　燃料电池电动汽车

燃料电池系统在电力系统中的集成使得由能量存储系统、能量源、电力变换器和各种辅助装置的组合构成的系统相当复杂。

原则上，燃料电池动力传动系可以以所谓的全功率模式运行，即电驱动所需的所有功率可以由 FCS 提供，而小电池将供应车辆启动。这种选择将允许消除重型和大型电池组，但是要求 FCS 满足道路行驶工况施加的所有负载变化。如第 4 章所说，这种解决方案意味着获得至少等于电力驱动的电堆功率，从而对成本产生显著的影响，并且 FCS 难以以可靠的方式跟随汽车典型工况的所有快速动态需求。因此，在燃料电池驱动系统中通常优选混合配置，其中电能存储系统通常与燃料电池系统并联连接，并且使用 DC/DC 变换器来将 FCS 变化电压与电驱动所需的电压相匹配（图 5-23）。

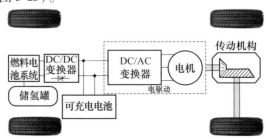

图 5-23　装有可充电电池的燃料电池汽车配置

燃料电池驱动系统中FCS和电池的同时使用可以通过两种基本方式来实现：

① 电池组可以最小化(但不是全功率地消除)，分配负载所需的大部分能量到FCS(软混合配置)。

② FCS可以调整大小以提供基本负载，即接近预期道路任务(硬混合配置)的平均功率值，而更大的电池组则满足必要的动态要求。

软混合动力方案的主要优势在于减少了电池的使用，这些电池可以具有为车辆辅助设备供电所需的最小容量，从而在再生制动阶段回收能量并且对峰值功率做出有限的贡献。另一方面，硬混合选项提供了限制FCS的成本的可能性，FCS主要在稳态条件下工作，然后以更可靠的方式工作。

软混合配置代表了在汽车应用中所有可能的驾驶条件下能源管理的最灵活的解决方案。例如，如果动态要求不是太苛刻的话，FCS可以跟随负载变化达到其最大功率，而当驾驶人要求非常高的加速性能时，电池的辅助变得必不可少。另一方面，硬混合动力的选择给电池分配任务以满足最快的动态要求，但无法在不理想的驾驶条件下管理电池的能量。然而，当驾驶循环工况是先前已知的，并且具有比循环功率峰值低得多的平均功率的特征时，硬混合配置是优选的，因为可以采用更小的FCS。

燃料电池动力系统中常用的电能储存系统由电化学电池和/或超级电容器组成。后者代表了一种很有前途的电池替代品，因为它们具有比任何类型的电池都高的比功率和充放电效率。由于这些原因，可以使用超级电容器来覆盖功率峰值，尤其是在加速期间和再生制动期间需要的功率峰值，以节省车辆的动能。

可以结合不同类型的存储系统的优点来实现其他配置的燃料电池车辆。例如，图5-24显示了可充电池与超级电容器的组合。在这种情况下，需要三路变换器将两个存储系统与燃料电池堆连接起来，并将互连器件的不同电压与电流特性相匹配[46]。

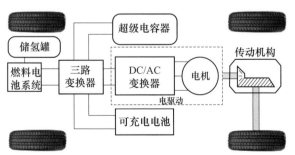

图5-24 装有可充电电池和超级电容器的燃料电池汽车配置

5.6　参考文献

1. Guzzella L, Sciarretta A (2005) Vehicle propulsion systems. Springer, Berlin
2. Maggetto G, Van Mierlo J (2001) Electric vehicles, hybrid vehicles and fuel cell electric vehicles: state of the art and perspectives. Ann Chim Shi Mater 26(4):9–26
3. Larminie J, Lowry J (2003) Electric vehicle technology explained. Wiley, Chichester
4. Westbrook MH (2001) The electric and hybrid electric car. Society of Automotive Engineers, Warrendale
5. Dhameja S (2002) Electric vehicle battery systems. Newnes, Boston
6. Fitzgerald AE, Kinsley C (2003) Electric machinery. McGraw-Hill, New York
7. Muller G (1966) Elektrische Maschinen. Verlag-Technik, Berlin
8. Richter (1953) Elektrische Maschinen, vol I, II, III. Verlag-Birkhauser, Basel
9. Vas P (1992) Electrical machines and drives. Claredon Press, Oxford
10. Langsdorf AS (1955) Theory of alternating-current machinery. McGraw-Hill, New York
11. West JGW (1994) DC, induction, reluctance and PM motors for electric vehicles. Power Eng J 8(2):77–88
12. Moan N, Undeland TM, Robbins WP (2003) Power electronics: converters, applications, and design, 3rd edn. Wiley, New York
13. Linden D, Reddy TB (2001) Handbook of batteries, 3rd edn. McGraw-Hill Handbooks, New York
14. Vinal GW (1951) Storage batteries. Wiley, New York
15. Keusch VP, Baran J, Pohl JP (2001) Messungen zum Laden und Entladen eines Modell-Bleiakkumulators. Unterricht Chemie 66:1–5
16. Shukla AK, Venugopalan S, Hariprakash B (2001) Nickel-based rechargeable batteries. J Power Sources 100:125–148
17. Morioka Y, Narukawa S, Itou T (2001) State-of-the-art of alkaline rechargeable batteries. J Power Sources 100:107–116
18. Taniguchi A, Fujioka N, Ikoma M, Ohta A (2001) Development of nickel/metal-hydride batteries for EVs and HEVs. J Power Sources 100:117–124
19. Sudworth JL (2001) The sodium/nickel chloride (ZEBRA) battery. J Power Sources 100:149–163
20. Nishi Y (2001) Lithium ion secondary batteries; past 10 years and the future. J Power Sources 100:101–106
21. Scrosati B, Croce F, Panero S (2001) Progress in lithium polymer battery R&D. J Power Sources 100:93–100
22. Kuribayashi I, Yokoyama M, Yamashita M (1995) Battery characteristics with various carbonaceous materials. J Power Sources 54:1–5
23. Peng B, Chen J (2009) Functional materials with high-efficiency energy storage and conversion for battery and fuel cell. Coordin Chem Rev 253:2805–2813
24. Ma H, Cheng F, Chen JY, Zhao JZ, Li CS, Tao ZL, Liang J (2007) Nest-like silicon nanospheres for high-capacity lithium storage. Adv Mater 19:4067–4070
25. Chan CK, Peng H, Liu G, McIlwrath K, Zhang XF, Huggins RA, Cui Y (2008) High-performance lithium battery anodes using silicon nanowires. Nat Nanotechnol 3:31–35
26. Ng SH, Wang J, Wexler D, Konstantinov K, Guo ZP, Liu HK (2006) Highly reversible lithium storage in spheroidal carbon-coated silicon nanocomposites as anodes for lithium-ion batteries. Angew Chem Int Ed 46:6896–6899
27. Hassoun J, Panero S, Simon P, Taberna PL, Scrosati B (2007) High rate, long life Ni-Sn nanostructured electrodes for lithium ion batteries. Adv Mater 19:1632–1635
28. Oumellal Y, Rougier A, Nazri GA, Tarascon JM, Aymard L (2008) Metal hydrides for lithium-ion batteries. Nat Mater 7:916–921

29. Fergus JW (2010) Recent developments in cathode materials for lithium ion batteries. J Power Sources 195:939–954
30. Patoux S, Daniel L, Bourbon C, Lignier H, Pagano C, Le Cras F, Jouanneau S, Partinet S (2009) J Power Sources 189:344–352
31. Katiyar RK, Singhal R, Asmar K, Valentin R, Katiyar RS (2009) High voltage spinel cathode materials for high energy density and high rate capability Li ion rechargeable batteries. J Power Sources 194:526–530
32. Gao J, Manthiram A (2009) Eliminating the irreversible capacity loss of high capacity layered Li[Li$_{0.2}$Mn$_{0.54}$Ni$_{0.13}$Co$_{0.13}$]O$_2$ cathode by blending with other lithium insertion hosts. J Power Sources 191:644–647
33. Automotive Engineering on line. NiMh battery has high-volume future. http://www.sae.org/mags/AEI/7552. Accessed 09 February 2010
34. Lee CW, Sathiyanarayanan K, Eom SW, Yun MS (2006) Novel alloys to improve the electrochemical behaviour of zinc anodes for zinc/air battery. J Power Sources 160:1436–1441
35. Yang S, Knickle H (2002) Design and analysis of aluminium/air battery system for electric vehicles. J Power Sources 112:162–173
36. Li Q, Bjerrum NJ (2002) Aluminum as anode for energy storage and conversion: a review. J Power Sources 110:1–10
37. Han B, Liang G (2006) Neutral electrolyte aluminium air battery with open configuration. Rare Met 25:360–363
38. Tang Y, Lu L, Roesky HW, Wang L, Huang B (2004) The effect of zinc on the aluminium anode of the aluminium-air battery. J Power Sources 138:313–318
39. Alonso M, Finn EJ (1980) Fundamental university physics—mechanics and thermodynamics, vol 1, 2nd edn. Addison Wesley Publishing Company Inc., California
40. Conway BE (1999) Electrochemical supercapacitors: scientific fundamentals and technological application. Kluwer Academic/Plenum Publishers, New York
41. Jung DY, Kim YH, Kim SW, Lee SH (2003) Development of ultracapacitor modules for 42-V automotive electrical systems. J Power Sources 114:366–373
42. Yoo H, Sul SK, Park Y, Jeong J (2008) System integration and power-flow management for a series hybrid electric vehicle using supercapacitors and batteries. IEEE T Ind Appl 44:108–114
43. Mishima T, Hiraki E, Yamamoto K, Tanaka T (2006) Bidirectional DC-DC converter for supercapacitor-linked power interface in advanced electric vehicles. IEEJ T Ind Appl 126:529–530
44. Mir L, Etxeberria-Otadui I, De Arenaza IP, Sarasola I, Nieva T (2009) A supercapacitor based light rail vehicle: System design and operations modes. In: Proceedings of the IEEE energy conversion congress and exposition, San Jose CA, pp 1632–1639. ISBN: 978-142442893-9
45. Buchi F, Tsukada A, Rodutz P, Garcia O, Ruge M, Kotz R, Bartschi M, Dietrich P (2002) Fuel cell supercap hybrid electric power train. In: Proceedings of European fuel cell forum conference, Lucerne, pp 218–231
46. Thounthong P, Raël S, Davat B (2006) Control strategy of fuel cell/supercapacitors hybrid power sources for electric vehicle. J Power Sources 158:806–814

第 6 章

案例研究 A：轻型摩托车燃料电池动力系统

6.1 3.5kW 燃料电池动力系统

本案例讨论的实验结果是燃料电池传动系在实验室试验台上所获得的。它由混合配置的 3.5kW 电驱动器、2kW PEM 燃料电池系统(FCS)和电能存储系统(铅酸电池)组成。FCS 的主要技术指标见表 6-1，而其实现方案如图 6-1 [1,2] 所示。

表 6-1 燃料电池系统技术参数

电堆输出电功率	最大 2.5kW，盲端
DC/DC 变化后电功率	最大 2.0kW
电堆输出电压范围	22~34V
加载速率	最大 500W/s
单电池数	34 片
氢气	纯度 99.999H_2 输入气压 500kPa 气体流量 3Nm^3/h
氮气	纯度 99.999N_2 输入气压 500kPa 气体流量 1Nm^3/h
电堆最高温度	343K
冷却液最高温度	333K
空气压缩机	旁通式，24VDC，最大压力，16kPa
氢气吹扫阀	常闭，切断式，24VDC，1/8 寸
冷却水泵	24VDC，20kPa，7L/min
加湿水泵	24VDC，500kPa，0.17L/min

第6章

案例研究A：轻型摩托车燃料电池动力系统

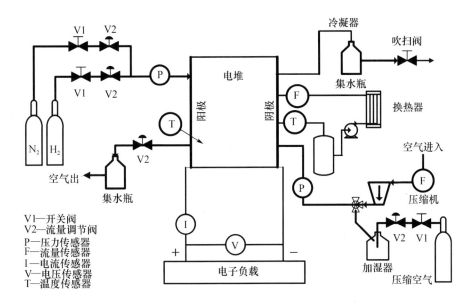

图6-1 燃料电池系统试验装置及传感器安装位置

该系统基于PEM燃料电池堆（最大功率2.5kW），配备电堆操作所需的所有辅助组件，包括空气供应单元、燃料供应单元、冷却系统、加湿系统和控制单元。氢气由连接到实验室气体减压装置的200bar（1bar=10^5Pa）气瓶供应。在25~40kPa范围内运行的侧通道压缩机（Side Channel Compressor，参见第4.3节）用于向阴极侧供气，冷却系统由配备有传感器的去离子水回路实现，以测量温度和流量率。氢气吹扫阀的直径保证阳极入口处的压力的绝对值最小，而为了控制化学计量比（R），压力应该不低于130kPa，通过调节电动机的速度来调节空气流量，然后通过直接连接到空气压缩机的可变面积流量计进行测量。

两个压力传感器位于电堆的上游，以在试验运行期间监测阳极和阴极压力。使用室温下的外部水作为第二流体的螺旋式热交换器用于控制冷却液的温度。FCS加湿策略基于去离子水注入法（参见第4.5节），当出口空气温度高于60℃时开始激活注入。

燃料电池系统配备有多个传感器，能够测量空气和水的流量、冷却回路中的冷却液温度及电堆阴极出口温度、氢气压力、电池组电流和电压以及单体电池电压。NI FieldPoint单元用于采集传感器产生的所有电压信号并控制整个系统。系统还配有一个24V和6A·h的小型铅酸电池，当电池组供电量低于辅助设备的电量要求时用于系统的启动操作。

图6-2a显示了安装在实验室试验台上的集成燃料电池动力传动系统的方案，而图6-2b显示了电池组、储能系统和电驱动之间的电连接。特别是，电堆功率连接到DC/DC变换器，其功能是将输出电压升高到电并联电池组和电驱动器所

需的值。能量流从电堆到直流总线是单向的，而电池组可以由电堆和发动机(在再生制动期间)再充电，并且当发动机所需的能量高于由燃料电池系统提供的能量时放电。电流/电压传感器用于监测系统组件之间的主要功率流量。此外，如果因不可预知的事件需要安装一些安全开关，那么这些开关需要将电池组与系统的其他部分瞬间断开连接以避免任何损坏。

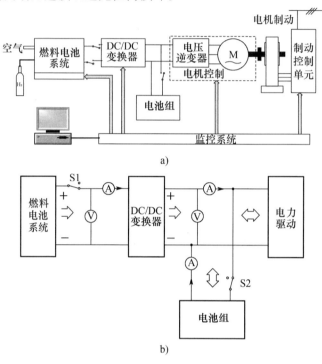

图 6-2　燃料电池动力系测试

a) 燃料电池动力系在试验台上的总体方案　b) 电池组、电池和
负载之间的电气连接与传感器的位置

电力驱动器选自市场上销售的电动轻便摩托车专用电机，即额定功率为 3.5kW、最高转速为 6000r/min 的无刷电力驱动。该电气传动的技术规格见表 6-2，而图 6-3 则显示了其功率和转矩与转速的关系曲线。

表 6-2　驱动电机技术参数

参数	值	参数	值
最大功率	3.5kW	电机电压	35V
额定电流	32A	额定转速	3000r/min
最大电流	100A	最高转速	6000r/min
链路电压	48V		

第6章
案例研究A：轻型摩托车燃料电池动力系统

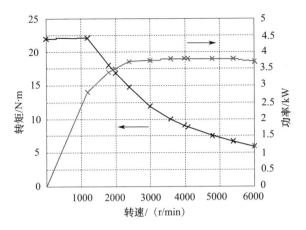

图6-3 电机特性曲线

该电机由逆变器供电，并连接到涡流制动机。电驱动装置以前进/后退方式进行电子调速。这种车辆只有车轮和电机轴之间的减速器，因此电机转速和车轮转速之比是固定的，不存在档位。车辆质量以同类型电动摩托车作为参考车辆（包括司机和乘员的体重共178kg），是固定的。

电动制动器采用了一种涡流制动器，并使用了Labview开发的特定软件来模拟不同的空气动力学阻力、滚动阻力和驾驶循环。

电池组输出电压范围从开路时的34V到满载时的22V，而电动机以DC48V供电。因此需要采用DC/DC变换器(参见第5.2节)，以将电池组输出电压与电机所需的电压相匹配。表6-3显示了DC/DC变换器的技术规格。

表6-3 DC/DC变换器技术参数

参数	值	参数	值
额定功率	2.8kW	额定输入电压	24V
最大输入电压	36V	额定输出电压	48V
最小输入电压	16V	输出电流	1~50A

在电压变换器的下游，直流母线将该装置与电池组并联连接，为电力驱动装置供电。电压和电流传感器安装在电池和DC/DC变换器的上游-下游，如图6-2所示，以监测推进系统不同部件之间的电能流动。DC/DC变换器允许电堆输出功率根据选定的控制策略而变化。此外还采用了一些安全开关，以便瞬时断开电池组和/或电池组的电力负载。I/O实验板用于数据采集和设置影响DC/DC变换器行为的电参数。

一个铅酸电池组被用作电能存储系统，由4个单元构成，每个单元12V和38A·h。使用铅酸电池的主要原因是它的低成本和高效率[2]。电池组的技术规格见表6-4。

表6-4 铅酸电池组技术参数

参数	值	参数	值
电池包额定电压	48V	电池数量	4
单电池电压	12V	电池容量	38A·h

数据采集系统连接到电堆的单个单元,以监视和保存不同运行期间的单元电压数据。而且,d-Space板专门用于获取和控制燃料电池传动系统的所有信号。

控制策略在Matlab-Simulink中编程,用C++编译,然后下载到d-Space板的DSP处理器中。在动态测试过程中,燃料电池系统的控制管理系统包括氢气吹扫、空气流量调节化学计量比,以及进行外部加湿和电堆温度。

6.2 系统效率计算

本节阐述了燃料电池系统和整体动力系统各自的效率计算结果,这些计算结果是根据从前面章节所介绍的试验中获得的参数开始计算的。这些计算也适用于下一章中分析的其他案例研究。

电堆效率通过以下等式计算:

$$\eta_{stack} = \frac{V}{V_{id}} \tag{6-1}$$

式中,V为测量的输出电堆电压;V_{id}是由吉布斯自由能给出的可逆开路电压(1.23V,参见第3.1节),而理论或热力学电堆效率由式(6-3)~式(6-9)给出。

如4.2节所述,在电堆操作期间需要部分氢气吹扫,因此可以将燃料利用效率(η_{util})定义为堆中反应的燃料的质量与进入堆中的燃料的质量之间的比。可以通过固定阳极吹扫阀的开启时间和开启频率来进行试验测定。由系统工作所需的所有辅助部件(空气压缩机、水泵、电缆电阻、其他电气部件和次要部件)引起的效率损失可以通过试验系数(η_{abs})来考虑,该试验系数表示为DC/DC变换器入口和电堆电源之间的效率。然后通过以下公式计算燃料电池系统的总效率:

$$\eta_{FCS} = \eta_{th}\eta_{util}\eta_{stack}\eta_{abs} \tag{6-2}$$

式(6-2)表达了燃料电池相关理论功率之间的关系。动力系统效率还需要考虑DC/DC变换器(η_{DC})和电驱动(η_{ED})的效率,这两者也都是以设备的出口和入口功率之比来计算的。蓄电池的电化学效率被定义为放电期间的瞬时电流的积分与对应充电期间的积分之比(假设计算前后电池状态一致):

$$\eta_{\text{batt}} = \frac{\int_0^{t_d} I_d \, dt}{\int_0^{t_c} I_c \, dt} \tag{6-3}$$

式中，I_d 和 I_c 分别为放电和充电期间的电流；t_d 和 t_c 分别为这些时间段的长度。对特定类型和电池样本的效率的确定需要参照特定的行驶周期，对电池充电状态（SOC）的试验评估研究超出了本案例的范围。另一方面，对于在这种情况下使用的铅酸电池，已经通过试验证实，如果充电和放电操作非常快，特别是充电和放电的周期比较短（约 30min），那么它获得的能源效率高于 92%。因为在这个案例研究中，所涉及的试验和下面内容章节中，电池组的单次充电和放电时间都不超过 2min，并且仅在 R47 循环的快速加速阶段，所涉及的电流高于 10A，在所有测试中 100% 电池能量效率被认为是有效的。根据这个假设，可以将电池的充电状态定义为：

$$SOC(t) = SOC^0 + \int_{t_0}^{t} I_{\text{batt}}(t) \, dt \tag{6-4}$$

式中，SOC^0 为时间 t_0 处的已知电池充电状态。这个定义在本文中被用作电池电流和电压的试验测量的开始，用于在循环工况中瞬时计算电池的 SOC。

最后，循环工况中动力系统（η_{PT}）的总效率由以下公式确定：

$$\eta_{\text{PT}} = \frac{E_{\text{load}}}{E_{\text{H}_2} + E_{\text{batt}}} \tag{6-5}$$

其中

$$E_{\text{batt}} = \int_{t_1}^{t_2} V_{\text{batt}} I_{\text{batt}} \, dt \tag{6-6}$$

$$E_{\text{load}} = \int_{t_1}^{t_2} T_m \omega_m \, dt \tag{6-7}$$

$$E_{\text{H}_2} = \frac{1}{\eta_{\text{util}}} \int_{t_1}^{t_2} M_{\text{H}_2} n_{\text{cell}} I \frac{\Delta_{\text{H}_f}}{2F} \, dt \tag{6-8}$$

式中，V_{batt} 为电池电压；I_{batt} 为电池电流；T_m 为制动转矩；ω_m 为电机转速；M_{H_2} 为氢分子量；n_{cell} 为电池数量；I 为电池组电流；E_{load} 为整个测试过程中电机提供的能量；E_{H_2} 为来自氢气的能量；E_{batt} 为电池组在循环过程中交换的净能量。

6.3 燃料电池系统分析：稳态下的能量损失

图 6-4 显示了电压和功率随电池组电流变化的曲线。当电堆功率达到峰值 2.5kW 时，电堆输出电压从低负载时的 32V 降至最高负载（115A）时的约 22V。

在 10~90A 的工作范围内，电压从 27V 降至 24V，极化曲线呈现电压和电流之间的线性关系。

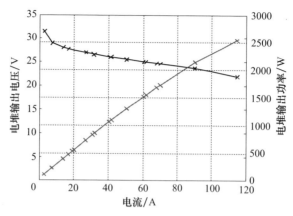

图 6-4 电堆特性曲线

获得这些特性的试验条件如下：电堆温度 60℃，氢气压力范围为 20~50kPa，气压范围为 10~16kPa，化学计量比（R）范围为 2~6（关于 R 的定义见第 3.3 节）。关于氢气吹扫策略，本章所报告的所有试验采用的吹扫阀的开启频率与电堆功率（也与反应产生的水量成比例）成正比，氢气利用率 η_{util} 也对应于常数值（0.90）。

图 6-5 显示了 R 值和电堆功率之间的关系，它用于本章所有的测试报告。这个数字表明，选定的空气管理策略决定 R 值从开路时的 $R=9$ 降至 500~2000kW 堆功率时的 $R=2$。这些 R 值专门用于减少空气压缩机的能量损失（参见第 4.3 节）。

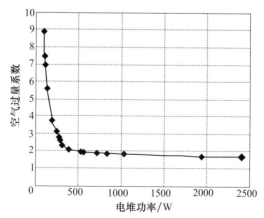

图 6-5 试验中所使用的过量空气系数随电堆功率变化

关于加湿策略，鉴于电池单体电压的均匀性（见第 6.4 节），根据调节注水和燃料吹扫的标准(见第4.2节)选择注水量和频率。除了这个一般标准外,当出口空气温度高于333K时,喷射泵自动启动,水流速为0.17L/min,注射时间为每10s一次[1],以确保在高温条件下膜水合充分。

图6-4中的电压数据也表示为图6-6中的电堆效率曲线,即其中的η_{stack}。在同一幅图中,还绘制了FCS效率(η_{FCS})的实际和理论曲线,它们指的是辅助系统组件的实际消耗量或优化后同一系统的理想损耗(图6-6中的最大FCS效率)。由于系统内部能量损耗的不同来源,当FCS功率为1.8kW时,电堆效率从0.1kW处的0.7变化到0.56,而实际的FCS效率不会超过50%。

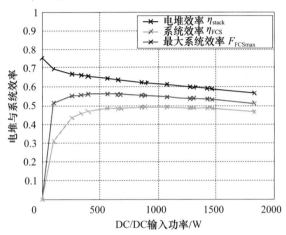

图6-6 电堆与系统的效率随DC/DC变换器功率的变化

为了更好地理解上述FCS效率值,需要参考图6-7所示系统内部的不同类型功耗,其中每条曲线代表FCS每个辅助元件所消耗的电功率,并作为DC/DC变

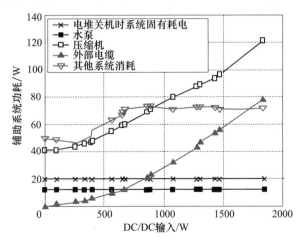

图6-7 燃料电池系统组件相关的功率损失与DC/DC变换器入口功率的关系

换器输入功率的函数。主要耗电部件是空气压缩机(大约 120W,当 FCS 产生 1.8kW 的功率时),而相对较小的损耗包括冷却水泵和增湿(每个大约 10W,并且相对于负载恒定)。其他能量消耗是由于电缆将 FCS 连接到 DC/DC 变换器(在最高负载下约 80W),以及当电堆关闭时未确定的系统损耗,测量约为 20W,当电堆打开时测量约为 70W。这些主要取决于 FCS 中的电子零部件,例如传感器、电动阀门、电线、感应继电器和电子控制板。

这些辅助部件的消耗量可能会因实际车辆 FCS 的具体设计而部分减少,但由于空气和水管理系统造成的能量损失将很难降低。在这方面,最大的 FCS 效率(中等负荷 55%,见图 6-6)考虑了空气压缩机、氢气吹扫和水泵造成的损失。

6.4 燃料电池系统的动态性能

燃料电池系统的动态性能首先从启动阶段的能量损失分析开始,根据加载速度进行评估[2]。预热测试从两个不同的初始温度 15℃ 和 30℃ 开始。对于这些温度中的每一个,在 1200W 的堆功率下使用 20W/s 和 200W/s 的两个加载速度。在每个加速阶段结束时进行稳态操作,直到堆温度达到 45℃。

其他动态测试会影响电堆功率,并评估氢气吹扫、外部加湿和空气管理策略对电堆的响应,这些需要考虑的要素也可以用于个性化动态测试中。

图 6-8 和图 6-9 显示了从 15℃ 温度开始测试的电堆和 FCS 效率与时间的关系。在这两个测试中,在约 10min 内达到最终电堆温度 45℃ 的选定值,而电堆效率在加速斜坡(1200W)结束时达到的值(0.53)略低于最大值(0.59)。当电堆温度达到 45℃ 时,电堆效率从 0.53 增加到 0.59,当功率达到设定的最大值

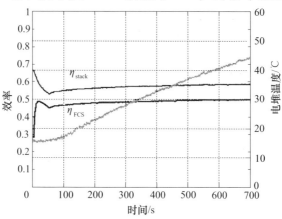

图 6-8 以 20W/s 的加载速率从 15℃ 到 45℃ 暖机,功率达到 1200W

(1200W)时,两种测试中的 FCS 效率从 0.45 增加到 0.50。从图 6-8 和图 6-9 可知,可以评估由于 600s 的预热期造成的能量损失,它们导致 FCS 稳态最大效率的 5% 左右。此外,能量损失不受 20~200W/s 的功率加速度变化的显著影响,启动操作也在 30℃和 200W/s 的起始温度下得到验证(图 6-10)。结果表明,在这些条件下与预热阶段相关的能量损失下降到约 2%。

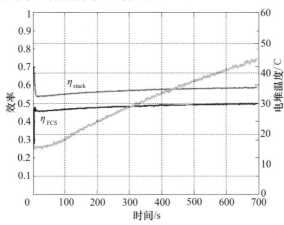

图 6-9 以 200W/s 的加载速率从 15℃到 45℃暖机,功率达到 1200W

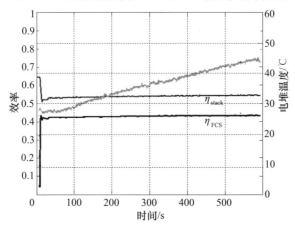

图 6-10 以 200W/s 的加载速率从 30℃到 45℃暖机,功率达到 1200W

参照道路要求动态条件下运行的动力系统来考虑电堆管理的重要一点,是对电堆温度的调节以及水和反应物的其他参数进行合理控制,以避免反应物传质受限或将膜脱水或淹没。此外,考虑到燃料电池系统效率和可靠性的优化,必须平衡燃料电池堆和辅助系统之间的相互作用(参见第 4.6 节)。

一个统计指标可以用来评估电池单体之间的均匀性,这个统计指标被选作电堆可靠运行的代表[3]。该指标是方差系数 C_v,可以通过以下公式计算:

$$C_v = \sqrt{\frac{\sum_1^n \left(\frac{V_i - \overline{V}}{\overline{V}}\right)^2}{n}} \times 100\% \tag{6-9}$$

式中，V_i 为单个电池的电压；$\overline{V}$ 为平均电池电压；n 为电池数量。在以下中描述的测试中[3]，对于电堆的正常工作，C_v 值为2%被认为是可接受的。

结果如图 6-11～图 6-17 所示[3]，这是使用一系列功率级上下执行的试验，其中每一个都以大约 150W/s 的加载速率表征。图 6-11 显示了电堆功率、化学计量比 R 和温度随时间变化的函数关系，而与单个电池相关的方差系数 C_v 如图 6-12 所示。

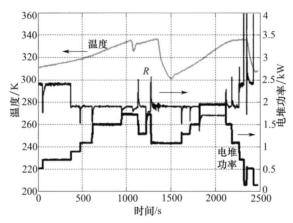

图 6-11 不同功率输出时燃料电池系统的温度及化学计量比 R

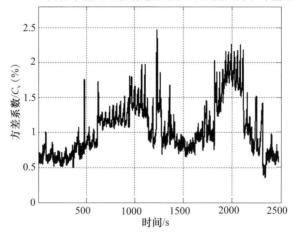

图 6-12 单电池电压方差系数

两个时间采集窗口（在 0～1040s 和 1820～2120s 范围内）的具体分析如图 6-13 和图 6-14 所示。在第一个窗口中，电堆输出功率增加到 1.8kW，在达到 335K 之前不采用温度控制。这意味着自电堆以 1.5K/min 的速度开始温升，对于高于 1kW 的输出功率变为 2.5K/min。按照图 6-5 所示的关系，化学计量比在加速阶段迅速从 2.4 降低到 1.7。在所考虑的时间范围内，方差系数 C_v 的结果远低于 2%，表明电堆工作的状态是可接受的（图 6-12）。图 6-13 所示为在总的采样时间内，阳极入口处测得的氢气相对压力与单个电池电压之间的关系，突出表示了氢气吹扫的功能。

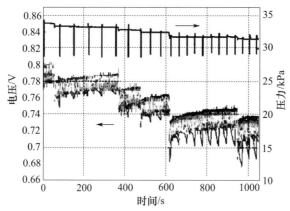

图 6-13　特定时间窗（0~1040s）内单电池电压与阳极入口压力

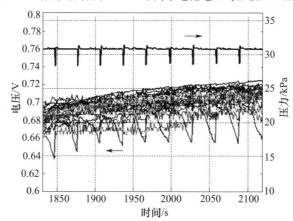

图 6-14　特定时间窗（1820~2120s）内单电池电压与阳极入口压力

此外，可以观察到由于吹扫作用引起氢气压力下降之后，受到溢流现象影响较大的那些电池的电压恢复。这种行为在最高负荷和最高温度下更为明显，如试验第二阶段所证实的那样（图 6-11 和图 6-12）。事实上，从 335K（1356s）冷却到 300K（1510s）后，热交换器的外部水回路开始切换，在 300s 窗口（图 6-11 中的 1820~2120 秒）达到 2kW、R 为 1.7 的稳态条件。在此测试期间不采用温度控制，以约 3K/min 的速度从 315K 温升至 333K。单体电池电压和入口氢气压力随时间变化的结果如图 6-14 所示，显示了吹扫效应决定了电池电压恢复对最低负载条件的更强的积极影响。事实上，C_v 的几个峰值略高于 2%，表明了某些单个电池中出现但仍可容忍的淹水现象（图 6-12）。

图 6-15 中报告了单次吹扫操作过程中单体电池电压采集的详细情况，如在大约 1870s 处对应于 2kW 电池堆功率的吹扫峰（图 6-14）。

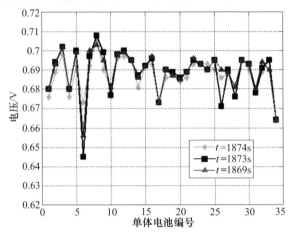

图 6-15　一个吹扫周期内单体电池电压的变化

这三条曲线对应于三个采集时刻，其中两个在氢气吹扫之前，第三个紧随其后。最后一张图表明，一些电池，特别是靠近端板的电池，对淹水更为敏感，因为吹扫干预可以进行电压恢复。

加湿策略的影响可以通过分析图 6-11 试验中的第三个采集窗口（2180~2400s）来推断，如图 6-16 所示，其中报告阳极入口处测量的单体电池电压和氢气压力随时间的变化。

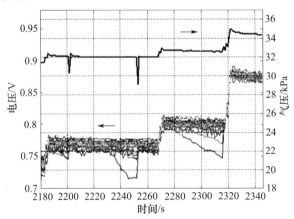

图 6-16　特定时间窗（2180~2400s）内单体电池电压与阳极入口压力

图 6-11 表明，在这段时间窗口内，在 338K 时，当电堆负载从 1.5kW 降到 0.15kW 时，达到三种不同的稳态。详细地说，堆电流在 40A(1.1kW)下保持约 60s，在 23A(0.7kW)下保持 40s，最后在 5A(0.15kW)下保持 30s。在整个测试阶段，吹扫和加湿管理似乎都适合最佳的电堆操作，因为通过吹扫介入(在 2250s，图 6-12)相对应的 1.5% 的最大 C_v 峰值和由外部增湿在 2315s 时出现的 1.4% 而得到证明，其在更低电堆功率(0.7kW)，且没有使用吹扫并且少量的水产生增加膜脱水时变得更明显。图 6-17 详细描述了由外部加湿引起的单体电池的电压恢复情况，报告三个时刻：电压在第二个电池电压降低之前(图 6-16 中的 2280s)、在最大值(2312s)以及电压稳定后的最终值(2315s)。尽管某些电池(6 号和 28 号)对水管理具有特殊的敏感性，但 C_v 值结果也可接受，如图 6-11 所示的试验最后阶段。

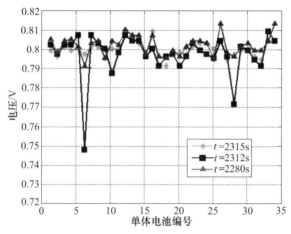

图 6-17 加湿间隔内单体电池电压变化

为了阐明电堆管理中外部加湿策略的有效性，进一步的试验如图 6-18 和图 6-19 所示。该测试在对应于 1.2kW 和 $R=1.9$ 的燃料电池系统的最大效率的稳态条件下进行。在图 6-18 中显示了电流、电压和温度随时间变化的曲线，而 C_v 和氢气压力如图 6-19 所示。

在此测试过程中，电堆温度从 303K 上升到 338K，变化率从 2.5K/min 到 1.5K/min。至少对于高达 325K(800s)的温度，通过定期的上述吹扫策略来维持电堆平稳运行(参见第 6.3 节)，而对于较高温度，观察到方差系数缓慢且逐渐增加，从 2% 到 4%。超过 800s 后，膜电阻逐渐增加，证明了在 325K、1.2kW 的稳态条件下，质子交换膜开始脱水，必须进行外部加湿。在这个温度之后，采用了之前所述的加湿技术，但是这没有导致 C_v 降低(图 6-19)，而吹扫效果证实了更明显的持久的膜脱水现象。

正如图 6-11~图 6-19 所示的结果，PEM 燃料电池系统中的水管理必须根据

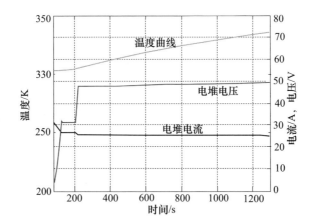

图 6-18 稳态测试时的电堆电压、电流和温度

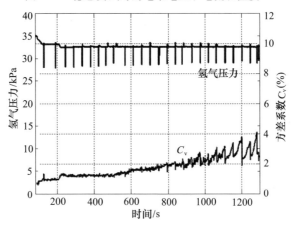

图 6-19 单电池方差系数与氢气相对压力

电池组功率和温度进行精确优化,包括对于预定义值的化学计量比的精确优化。图 6-20 和表 6-5 的结果可以用来分析这个重要的问题,这些结果参考了长约 1h 的 20 个不同的稳态实验。在图 6-20 中,与可靠的燃料电池系统运行($C_v \leqslant 2\%$)相对应的那些试验点表达了堆功率和温度之间的关系。如前所述,吹扫策略基于以下标准:与堆功率成比例地增加吹扫频率,保持燃料利用系数不变(约 0.90),而外部加湿仅在温度高于 333K 时使用。上部虚线以上的区域对应于以淹水现象(区域 A)为特征的操作条件,而下部线条向下的区域包括以细胞膜(区域 B)脱水倾向为特征的工作点。

图 6-20 给出了在动态操作过程中采用正确有效控制策略的有用指示,特别是有关加湿、吹扫和冷却程序。例如,如果在特定的瞬态过程中,电堆工作点落在区域 A 内,则控制系统必须通过增加吹扫频率和停止从冷却回路移除热量来进行反应,同时考虑到缓慢累积加热的动态因素。另一方面,如果工作点落入区域

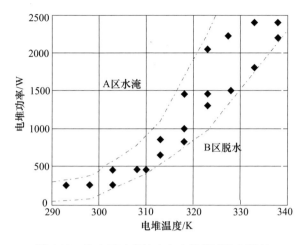

图 6-20 稳态下功率输出与电堆温度的相关性

B 内部,则需要降低电堆温度并增加注入的外部水量。

图 6-20 所有试验点的 C_v 值见表 6-5。这些数据按照采集运行的整个长度的平均值计算,随着堆功率从 0.32% 到约 2%,而表 6-2 中未报告的瞬时值不高于 4%。表 6-5 还列出了电堆和 FCS 的效率。所得数值表明,在图 6-28 所研究的温度范围内,FCS 效率为 0.40~0.48。除了低负荷条件下,辅助部件消耗了大部分产生的电能[3]。

表 6-5 图 6-18 试验所得电堆及系统效率、单电池电压方差

试验点	电堆温度	电堆功率	电堆效率	系统效率	方差 C_v(%)
1	293	245	0.655	0.171	0.32
2	298	252	0.661	0.173	0.36
3	303	255	0.667	0.175	0.35
4	303	460	0.633	0.398	0.41
5	308	465	0.635	0.400	0.42
6	310	465	0.649	0.408	0.44
7	313	650	0.638	0.452	0.43
8	313	855	0.614	0.472	0.51
9	318	820	0.619	0.472	0.55
10	318	1010	0.608	0.472	0.59
11	318	1460	0.579	0.461	0.94
12	323	1290	0.617	0.480	0.96
13	323	1460	0.588	0.466	1.04
14	323	2050	0.554	0.446	1.72
15	328	1502	0.588	0.470	1.44
16	328	2240	0.556	0.448	1.88
17	333	1815	0.578	0.464	1.96
18	333	2395	0.553	0.449	1.92
19	338	2220	0.563	0.456	1.98
20	338	2405	0.541	0.439	1.97

6.5 循环工况下的动力系统性能

在整个动力系上进行试验测试的目的是评估效率和确保车辆正常运行所需的基本能量管理策略的有效性。试验研究是在两种不同城市驾驶循环工况下进行的，即由欧洲车辆排放控制法规制定的 R47 和 R40。在图 6-21a 和 b 中，两个循环工况是以电机速度随时间改变的形式实现的。

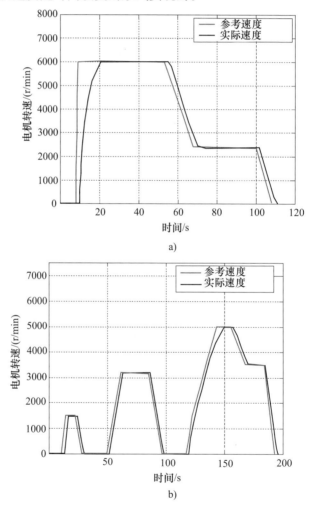

图 6-21 欧洲行驶工况 R47 及 R40

特别是欧洲法规规定了内燃机驱动的轻便摩托车的尾气排放测量，在没有关于电动轻便摩托车的特殊规定的情况下使用 R47 循环工况（图 6-21a）。R47 循环需要在初始阶段达到最大转速（6000r/min）下的最大功率，然后在最大转速下以50s的恒定速度周期、高达2400r/min快速减速，然后再进行第二个恒定速度周期，最终减速到零。R40循环（图6-21b）包括三个阶段，前两个阶段以加速度、恒定转速（1500r/min和3200r/min）和减速阶段为特征，而在返回到零速度之前的最后一阶段以恒定转速（5000r/min和3500r/min）呈现两个阶段。

欧洲法规要求使用R40循环工况评估摩托车的废气排放，并且在第四阶段以更高的转速运行，也适用于乘用车。本章使用它来评估典型城市路线上的燃料电池动力系统的性能。两个周期的加速阶段对应于R40的100W/s和R47的500W/s的电堆功率加载速率。

6.5.1 循环工况下燃料电池动态特性

图6-22a和b所示为一个R40和四个连续的R47工况周期的电流、电压和温

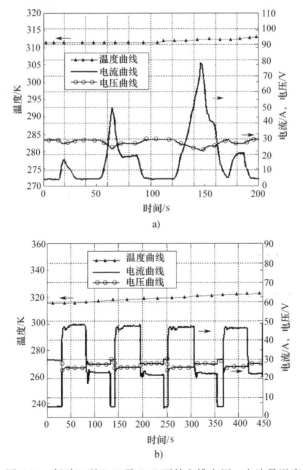

图6-22 行驶工况R47及R40下的电堆电压、电流及温度

度的采集与时间的关系[1]。在这些测试中也使用了前面章节中描述的吹扫、增湿和化学计量比控制策略。在没有考虑启动问题的情况下描述的试验,已经在第 6.4 节中进行了分析。

因为动力系统采用柔性混合动力配置(仅限 R47 循环的功率限制),所以电机要求会产生电堆输出的功率,并且只能调节电堆温度。然而,因为所有的水管理干预措施产生作用的时间都比典型的行驶周期时间长(相对于 100s 的数量级),并且与缓慢的堆温度动态特性相关,所以不能把最佳温度控制曲线建立在瞬时功率需求的基础上,但是操作温度范围的选择还是必要的。根据图 6-20 所示的结果(R40 约为 310K,R47 约 320K),在两个周期(R40 为 400W,R47 为 760W)的平均电堆功率的基础上进行选择。因此,任何可靠高效的能量转换只能取决于动态阶段的工作特性。

如图 6-22a 所示,在 R40 循环期间,电堆电流-时间曲线再现了图 6-21b 中的循环峰值,加速度始终≤100W/s,电压随之变化,但温度不会明显增加(约 0.25K/min)。相反,在 R47 循环期间(图 6-22b),FCS 达到的最大功率值被限制在 1kW 左右(图 6-22b 中约为 48A),而温度从 315K 到 323K 以 0.5K/min 增加(第四次循环后达到的值),因为图 6-22a 所示的试验涉及更高的功率和更长的测试持续时间。在图 6-23a、b 中,方差系数分别作为 R40 和 R47 行驶循环的时间函数。图 6-20 最佳区域外的快速和瞬态偏移出现在两个循环的燃料电池系统最小功率以及 R40 的最高功率峰值处(图 6-22a 中的 170s)。然而,对于 R40 周期而言,这些偏移不涉及电池电压均匀性的显著损失,如方差系数总是低于 2% 所

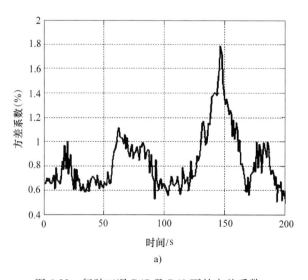

图 6-23 行驶工况 R47 及 R40 下的方差系数

第 6 章
案例研究 A： 轻型摩托车燃料电池动力系统

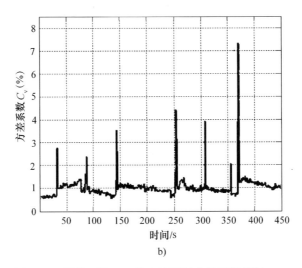

图 6-23 行驶工况 R47 及 R40 下的方差系数（续）

证明的（图 6-23a），表明从图 6-23⊖ 的最佳区域移动的短持续时间在最小功率和瞬态阶段都不会影响电池的均匀性。另一方面，在 R47 期间，最佳工作区域以外的偏移相对于 R40 具有可比较的持续时间，但是周期中涉及的较高加速度决定了与瞬变相对应的 C_v 的一些峰值超过 4%（图 6-23b）。

图 6-24 显示了 370s 前后功率峰值时的单体电池电压的细节，其中描述了三个瞬间，即恰好在加速之前、对应于最大加速度以及电压稳定之后。可以观察到几个电池的 C_v 值高于 4%，并且所有电池在加速期间相对于稳定值时显示出较低的电压。

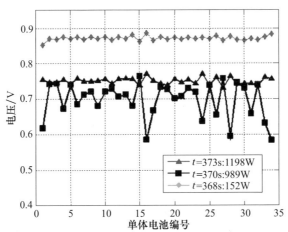

图 6-24 行驶工况 R47 最大加速度下的单体电池电压

⊖ 原书为图 6-28，译者认为这里应为图 6-23。

这种行为似乎与电堆和空气压缩机的不同动态响应有关。图 6-25a 和 b 所示为 R40 和 R47 循环中最大负载变化阶段的空气流量和堆功率。虽然 R40 循环的空气流量和功率在加速过程中以可比较的斜坡增加(图 6-25a)，但对于 R47，空气流量不能跟随功率曲线变化(图 6-25b)，因为空压机的动态极限。图 6-26 所示为在 R47 循环工况下测试的 R 值。该图显示 R 值小于 1 时达到最大加速度点，这与必须使用过量空气的论点也是一致的。

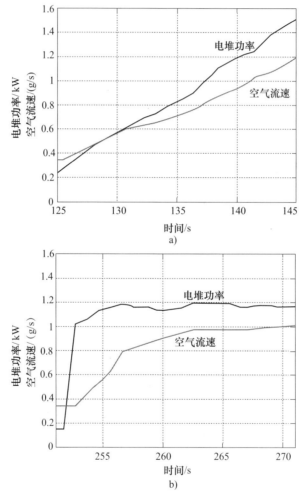

图 6-25　R40 及 R47 循环工况下电堆功率及空气流速曲线

然而，这些暂态偏移不会显著影响电堆的可靠运行，它们不仅能够承受从功率-温度相关性快速转换的结果，而且还能够承受 R 值的短时非最佳值。

6.5.2　循环工况下动力系统性能分析

在分析整个动力传动系统在行驶循环工况中的特性时，需要考虑到软硬混合

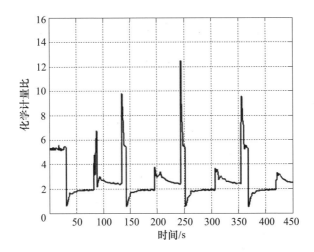

图6-26 图6-22所示测试中化学计量比的变化

配置(见5.5节)。对于每个过程,可通过对DC/DC变换器输出电压和电流进行调节来实现电堆功率输出改变。特别是,如果一直采用始终高于任何可能电池电压的恒定的参考电压值,那么就会连续引导能量从电堆流向负载或电池。关于DC/DC变换器的输出电流,根据所采用的混合配置进行控制。

有关R47循环工况下采用硬混合配置的试验测试的结果如图6-27所示。图6-27a显示了FCS、电驱动器、电池组与循环工况长度之间的功率分配。通过限制DC/DC变换器的输出电流,燃料电池系统的输出功率固定在两个恒定值。这两个功率值选择为900W和450W,分别对应于恒定发动机转速下的循环的两个阶段。电机功率(图6-27a)在第一个加速阶段达到最高值(3500W),然后在电机恒定转速下降至1200W,最后降至负功率值(电机作为发电机运行)。在该减速结束时,电机功率以恒定速度(220W)达到第二相,然后是最后一个减速阶段,直至零速。

电池的功率曲线表明,储能系统起到补偿电机功率要求与燃料电池系统供电之间差异的作用(图6-27a)。特别地,从电池组流出的电能允许电机功率峰值得到满足,而在再生制动期间,当电机作为发电机运行时,电池功率下降到负值(指示能量部分恢复)。在行驶过程中,动力电池组会改变其充电状态(图6-27c)。在第一次加速期间可观察到最快的放电(电机作为电动机工作),而在第一次减速阶段,会发生最快的充电(电机作为发电机工作)。

在恒定速度的第一阶段,可观察到较慢的电池容量的减少,而循环的最后两个阶段(第二恒定速度阶段和最后一个减速阶段)定义了进一步的电池再充电。图6-27b具体报告了与进入电池组的氢气量以及DC/DC变换器输入/输出端测量的功率有关的功率。最后两条曲线证明了由DC/DC变换器引起的能量损失,而与氢能曲线的比较则显示了与燃料电池系统相关的能量损失。

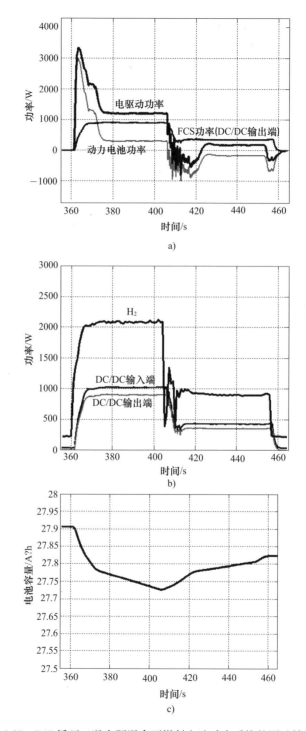

图 6-27 R47 循环工况中硬混合下燃料电池动力系统的测试结果

第6章
案例研究A：轻型摩托车燃料电池动力系统

图 6-28 显示了在 R40 循环软混合配置下进行测试获得的主要结果。在这些测试中，通过控制 DC/DC 变换器的输出功率，电池对来自电力驱动的能量需求的贡献被最小化。图 6-28a 描述了电驱动、电池和 DC/DC 变换器功率与时间的关系。DC/DC 变换器的动态特性如图 6-28b 所示，其中 DC/DC 变换器的输入/输出功率在循环过程中与氢功率一起被监控，以这种方式来表示至电驱动之前的能量损失。

图 6-28c 通过电池充电状态-时间曲线描述了该测试过程中电池的性能。燃料电池系统的动态特性允许来自电力驱动的能量需求由电堆瞬时满足，而电池的贡献很小。因此，在此测试中，动力电池在再生制动阶段主要起恢复电能的作用，如电池和电驱动功率曲线所达到的负值就可以证明。从图 6-28c 可以看到，当电机在循环的第二和第四减速阶段作为发电机运行时，有两个再充电步骤。

在再生制动阶段回收的电能可以在两个循环中进行评估，即进入电驱动的能量的百分比，R47（图 6-27）和 R40（图 6-28）的结果分别为 8% 和 16%。

硬混合配置、R47 循环中电堆和 FCS 的瞬时效率如图 6-29 所示。软混合配置、R40 循环中电堆和 FCS 的瞬时效率如图 6-30 所示。根据在稳态运行中获得的结果，在低负载阶段电堆效率达到大约 0.7，而在电驱动所需的功率变化期间，在驾驶循环中要求最苛刻的阶段效率下降到大约 0.6 的最低值，在中等负载条件下约为 0.65。关于软混合方法中，FCS 的效率在 0.13 和 0.48 之间变化（图 6-30），并遵循循环的负载曲线，从而再现相应稳态运行中每个功率所获得的相同效率值（参见第 6.3 节）。在软混合动力系统中，电堆在最小负载下运行几分钟，因此系统能量损失决定了瞬时系统效率的强烈下降。这个事实对整个 R40 周期的平均效率有负面影响（表 6-6）。在硬混合配置中，系统的瞬时效率几乎等于持续周期大部分时间的最高稳态值（图 6-29），从而提供更好的平均效率。

通过分析在同一循环（R40 循环）阶段动力传动系统内涉及的能量流量值，可以进一步完成软混合方法与硬混合方法之间的比较。图 6-31a 所示为在硬混合动力配置下，通过电驱动、电池组和 FCS 与电动总线瞬间交换的电能-时间曲线，假设驱动循环开始时的能量为零。在此测试中，根据 R40 周期的平均功率（约 300W）选择固定在 DC/DC 变换器输出端的功率值。

在 150s 以内，由 FCS 提供的能量流总是高于电力驱动要求，这意味着电池容量始终高于其初始值。而在 150s 之后，储能系统通过 FCS 补偿电驱动要求与能源之间的差异。

在图 6-31a 中，电池能量的负导数表明，当电机作为发电机运行时，能量进入储能系统，主要来自制动阶段的电驱动。

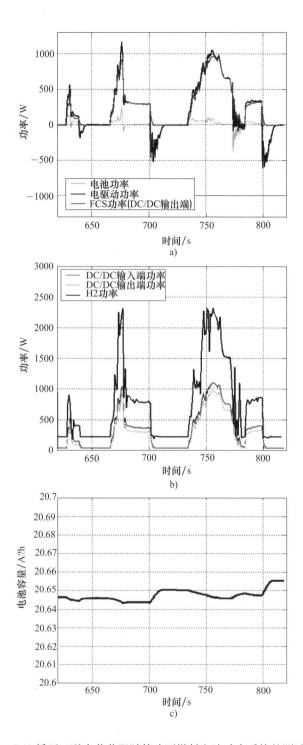

图 6-28 R40 循环工况中载荷跟随策略下燃料电池动力系统的测试结果

第6章
案例研究A：轻型摩托车燃料电池动力系统

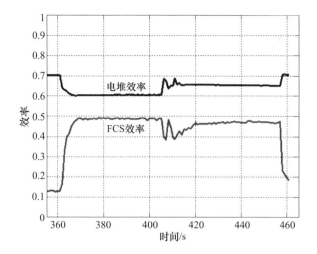

图6-29 R47循环工况中硬混合时电堆及系统（FCS）效率

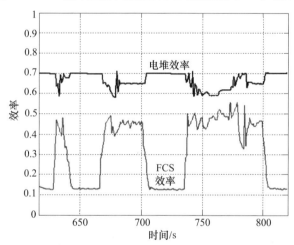

图6-30 R40循环工况中硬混合时电堆及FCS（系统）效率

表6-6 在R40循环工况中动力系统及子系统的效率

	燃料电池系统	DC/DC变换器	电驱动	传动系统
软混合	0.48	0.80	0.75	0.29
硬混合	0.51	0.87	0.75	0.33

  图6-31b所示为测试期间单体电池电压的直方图，证明在稳态条件下燃料电池可以期望非常均匀的电池工作（大多数电池显示电压在0.77~0.79V）。图6-32显示了软混合动力配置中车辆动力传动系统的试验结果。控制DC/DC变换器输出端的功率，以便为R40循环期间瞬间需要的所有功率提供电力驱动。图6-32a比较了动力电池组和FCS输出电能曲线。FCS曲线几乎完全遵循电驱动能量要

163

求,并且在整个循环周期内动力电池的贡献是有限的。在所有 R40 周期内,通过监测单体电池电压来分析堆的动态性能。图 6-32b 显示了对应于 R40 循环的三个加速阶段的相应时刻的采集。只有在加速阶段结束时(大约 2kW),才会观察到明显的但并不危险的不规则电压,而在整个周期的其他阶段,电池组会提供非常好的动态性能。这种管理策略似乎特别适用于车辆应用,因为其中车载电能储存系统的重量和尺寸要求更加严格,而行驶里程主要还是由燃料决定。

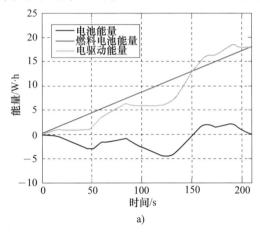

a)

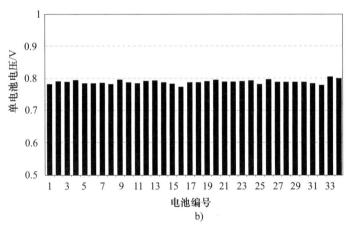

b)

图 6-31 R40 循环工况下燃料电池摩托车硬混合过程

通过试验测量得到的功率驱动器主要部件的效率值见表 6-6,可以用于 R40 循环工况的软硬混合配置。动力传动系统总效率的评估考虑了两个测试的初始和最终 SOC 水平所需的能量。

硬混合过程($\eta_{FCS} = 0.51$)的燃料电池系统效率略高于软混合过程($\eta_{FCS} = 0.48$)。根据以上讨论,在硬混合系统测试期间,电堆被控制在固定的工作点运行,对应于最高的 FCS 效率;而在软混合试验期间,电堆随意随负载变化,在一

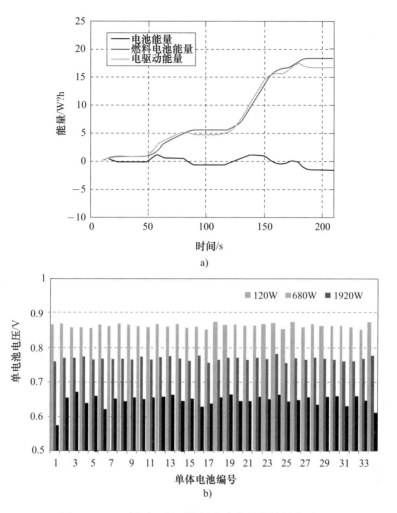

图 6-32 R40 循环工况下燃料电池摩托车软混合过程

段时间的周期内工作效率较低。由于在负载跟随的瞬态变化和低负载阶段期间的能量耗散，硬混合器中的 DC/DC 变换器效率略高于软混合（$\eta_{DC}=0.80$）所获得的值（$\eta_{DC}=0.87$）。表 6-6 的数据表明，通过 η_{FCS} 和 η_{DC} 的值，动力传动系效率主要受燃料电池系统运行状态的影响。

有必要指出，上述结果是假定锂电池效率为 100%，因为：在两个循环中使用电池以满足汽车的功率需求是非常有限的，特别是在软混合形式中几乎可以忽略不计。与同样标准驾驶工况中每单位行驶距离的能耗相比，由 50mL 发动机驱动的商用车的对比可知，燃料电池动力系统可以大量减少能量消耗，特别是其整体效率比传统驱动系统高出约 2.5 倍。

6.6 参考文献

1. Corbo P, Corcione FE, Migliardini F, Veneri O (2005) Experimental study of a fuel cell power train for road transport application. J Power Sources 145:610–619
2. Corbo P, Corcione FE, Migliardini F, Veneri O (2006) Experimental assessment of energy-management strategies in fuel-cell propulsion systems. J Power Sources 157:799–808
3. Corbo P, Migliardini F, Veneri O (2007) Performance investigation of 2.4 kW PEM fuel cell stack in vehicles. Int J Hydrogen Energ 32:4340–4349

第 7 章

案例研究 B：乘用车燃料电池动力系统

7.1　30kW 级燃料电池汽车动力系统

图 7-1 显示了实验室的三个主要部分，专门用于表征 20kW 燃料电池电堆的性能，该电堆为本章所分析的公路车辆提供电力驱动。

这些部分包括：氢气供应、加湿空气供应和电堆冷却系统。表 7-1 列出了辅助部件的规格和详细技术特性，以及电堆操作所需的所有机械和电子设备。

图 7-1a 所示为燃料供给系统。高纯度氢气及清洗氢气管线所需的氮气由高压气瓶（20MPa）供应，而减压段（最高 0.7MPa）安装在氢气入口处。

对于所有的试验测试，电堆以盲端配置操作，即阳极室保持关闭并加压。吹扫电动阀放置在氢气管线出口处，通过聚合物膜从阴极扩散到阳极侧（见第 4.2 节）的过量水由此排出。

考虑到氢气吹扫的量，氢气流量通过电流来计算。根据电堆制造商的说明，将燃料利用系数（g_{util}）定义为燃料电池组中反应的燃料质量与进入电池组的燃料质量之间的比，其初始值大约固定在 0.90，并可以通过预先定义阳极放气阀的开

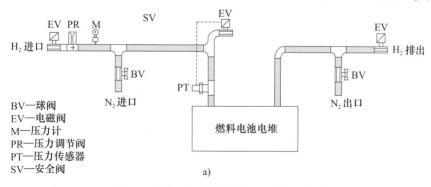

BV—球阀
EV—电磁阀
M—压力计
PR—压力调节阀
PT—压力传感器
SV—安全阀

图 7-1　燃料电池系统测试三个部分的装置

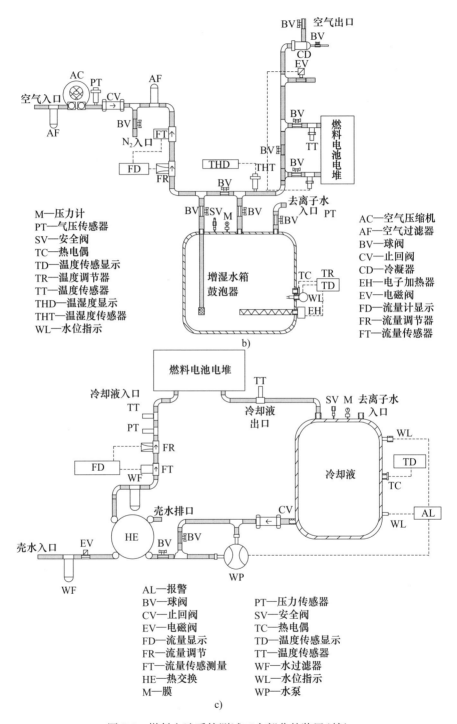

图 7-1 燃料电池系统测试三个部分的装置(续)

第7章 案例研究B：乘用车燃料电池动力系统

表 7-1 PEM 燃料电池系统技术参数

燃料电池电堆	单电池数量	80
	最大功率	20kW
	电堆电压	50~80V
	电堆最大电流	360A
辅助系统	空气供应子系统	最大空气流量 95Nm^3/h，最大压力 320mbar，功耗 1.1kW
	水泵	离心式水泵 C090，24VDC 电机驱动，最大压力 40kPa，最大流量 100L/min
	换热器	螺旋式换热器，8 管 (9.53mm)，外壳 273.05mm×263.6mm
数采与控制系统	d-space 板卡	采样率 0.01s
传感器	空气流量计	变截面式，0~60Nm^3/h，精度 1.6%FS
	水流量计	变截面式，0~5Nm^3/h，精度 1.6%FS
	温度传感器	电阻式温度计，0~100℃，精度 0.5%FS
	压力变送器	范围 0~500kPa，精度 0.5%FS
	湿度变送器	Testo Hygrotest 600/650 温湿度传感器，±1%RH
	电流变送器	霍尔闭环式，精度 0.65%@300A
	电压	霍尔闭环式，精度 0.70%@100A
电子负载	类型	IGBT 逆变器，与电阻相连
	额定功率	20kW
	输入电流	0~300A
	输入电压	DC 0~100V
	电堆电流控制	DC 0~10V
	负载电阻	4kW 模块

启时间和频率，测量排出的气体体积，试验确定该数值。

空气管理系统如图 7-1b 所示。旁通通道压缩机用于低压实验（低于 130kPa），而中央空气压缩设备用于研究空气压力对电堆性能（130~250kPa）的影响。为了保证电堆的正常工作，需要考虑的一个重要问题是电堆的湿度，因为电解质膜需要连续水合（见第 3.2 节和第 4.5 节）。通过使空气流过充满去离子水的鼓泡器来实现增湿，所述去离子水在供给阴极侧之前需要通过电阻加热。空气相对湿度由阴极入口处的湿度和温度传感器控制。电池温度通过放置在阴极侧出口处的热电偶测量。在低压试验期间，空气流量由变截面流量计测量，并通过作用于压缩机的电机控制器进行调节，从而确保必要的化学计量比。两个压力传感器放置在空气管路的上游，以监测试验运行期间阳极和阴极的压力（图 7-1a、b）。

在所有的试验测试中，入口氢气压力设定比入空气压力高 30kPa。在通风之前，水冷凝器位于空气管路出口处以验证系统中的水平衡。采用图 7-1c 所示的冷却系统来控制 290~346K 范围内的温度，冷却系统由一个配备有泵和压力、温度和流量传感器的去离子水回路组成。

为了确保通过电堆的冷却液有足够均匀的温度，入口和出口冷却液温度之间可以接受不高于 5K 的温度差。该温差是将冷却液流速设定为最大堆功率（4m^3/h），并使用螺旋式热交换器供给外部水来实现控制冷却液温度条件下所需的值。

两个 50L 的容器分别用作加湿和冷却回路的水容器。开-关、三通和调节阀可以调节压力和气体流速。通过将电堆连接到可变电阻负载来进行电堆特性分析，该负载能够以电子方式控制放电电流，从而可以用不同的恒定电流值评估不同的工作条件（表 7-1）。

采用专门的数集系统能够监测和记录不同运行期间各个电池的电压。此外，d-space 板用于采集和控制与 FCS 系统组件（阀门、传感器和传感器）相关的所有信号。

基于 IGBT 技术的 20kW 的 DC/DC 变换器在燃料电池系统（FCS）和电力负载之间连接，以使可变堆电压适应电负载电压。对于燃料电池动态特性描述，首先将 DC/DC 变换器出口连接到电阻负载，然后连接到动力传动系。电阻负载最多可消耗 20kW 的电能，从而通过电子方式控制放电电流。DC/DC 变换器配备有电流和电压传感器，用于即时评估 FCS 与电力负载或动力系统之间的电力流量。它由 d-space 电路板控制，d-space 电路板的编程以测试期间遵循所需的电池组电流做参考。

动力传动系统特性测试台通过使用由三相异步电机和变换器组成的 120kW 动态电动制动器来实现，该变换器提供相对于电网的双向能量流。动力传动系统测试台可以通过软件轻松地重新配置，使用不同的数据集来测试不同类型车辆的行驶循环、滚动阻力和空气动力学阻力。

用于道路车辆的 30kW 电力驱动器由异步电机和 IGBT 逆变器组成，两者都使用相同的水冷系统。通过仅提供前进/倒退档位的齿轮箱来为最高速为 6000r/min 的电机减速。使用由 24 个电池串联组成的铅酸电池组作为存储系统，每个电池具有 12V 的标称电压和 50A·h 的容量。电池组还配备了电气开关，用于连接或断开动力传动系统。

电力驱动、DC/DC 变换器和铅酸电池组配备有传感器，能够在测试期间监测电力传动系统的所有主要参数。所有的模拟和数字信号都连接到一个 d-space 原型系统，通过 MathWorks MATLAB 开发工具进行编程。

整个动力传动系统的试验（参见第 7.5 节）使用欧洲 R40 的行驶工况，如图

7-2 所示，并已在 6.5（图 6-21b）节中进行了描述。它由三个阶段组成，前两个阶段以加速、恒定速度和减速阶段为特征，而最后一阶段以恒定速度呈现两个阶段，然后返回到零速度。本章使用这个驾驶循环来评估燃料电池动力传动系统在城市地区典型道路任务中的性能。

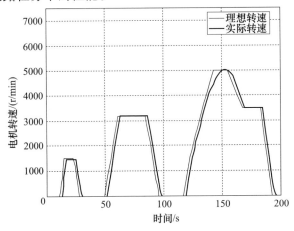

图 7-2 欧洲 R40 工况中电机转速随时间的变化

7.2 燃料电池系统特征描述：运行参数影响

前文描述的 FCS 的试验特性是使用制造商推荐的操作条件来实现电堆最优性能的。

试验在温度为 346K 及压力为 250Pa 的条件下进行。为了保证正确的电堆操作，并尽量减少空气压缩机的功耗及加湿所需的水流速率，需要给每个负荷值设定相应的空气流量。这种氧化剂流量的调节决定于氧化剂过量系数 R 值，低负荷时为 6，而全负载时为 2。由于阴极侧的质量传输限制（见第 4.3 节），需要比 R 值要求更多的空气量。在阴极入口温度近似等于出口处时，通过使进气气流达到饱和来实现电池堆的加湿。

在图 7-3 中，用电压和电功率对电流的函数来表征 20kW 燃料电池的特性。极化曲线描述了电压与电流的关系，描述了在不同负载下的电堆的表现（参见第 3.3 节）。在最大负载测试（360A）时，电堆输出电压从 78V 降低到 55V，而功率随电流增加，最高功率值（20kW）在电流值为 360A 处达到。可以注意到，在很大范围的负载条件下（60~300A），电压本质上是与电流线性相关，这表明电压下降主要是由于欧姆损耗。随着电流的升高，质量传输限制了电堆的性能，而低负荷工况下观测到的电压下降是由于电催化剂的活化极化引起的（见第 3.3 节）。

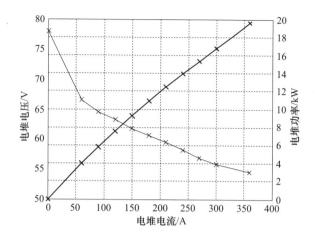

图 7-3　20kW PEM 电池的特性曲线

图 7-4 和图 7-5 分别表示了在开路和满载工况下的单个电池的电压（$T=346K, p=250kPa$）。可以注意到，当电堆在最大功率下工作时，尽管操作条件十分严酷，却也可以利用不会对电堆造成危险的操作得到相当均匀的电压分布。

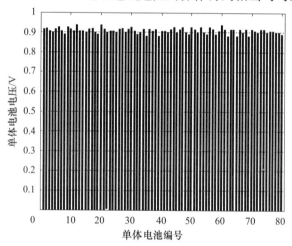

图 7-4　开路时 20kW PEM 电堆的单个电池电压（$T=346K, p_{air}=250kPa$）

电力生成中涉及的不同变量在图 7-6 中作为电池电流的函数给出。在图中，P_{stack} 是由电池堆产生的功率，P_{comp} 是由空气供给装置吸收的能量，P_{pump} 是冷却水泵的功耗，P_{hum} 是在空气入口处加湿器所必需的功率，P_{cool} 是指冷却液所吸收的热量，P_{airout} 与阴极出口气体的焓相关的功率，而 P_{H_2} 与输入电池堆的燃料的能量相关，计算时采用氢的高热值，并考虑到燃料利用率系数（见第 7.2 节）。所有以上的功率，除了空气供给消耗功率都可以从试验测量计算得出，因为集中式空气压缩机可用于在较高压力下进行的所有测试，因此，压缩消耗量从文献 [1，2] 估计得到。可以注意到，以燃料的形式输入电堆的功率（P_{H_2}）转化为电堆的电力

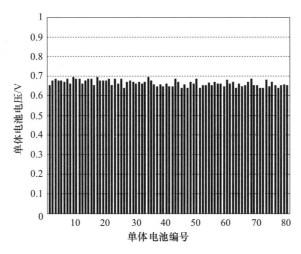

图 7-5 全负荷下 20kW 燃料电池电堆

(P_{stack})、冷却液吸收热(P_{cool})以及从阴极侧流出的一部分热量(P_{airout})。然而，主要的能量损失在于加湿器和空气压缩机（在 360A 时达到 8.5kW，对应于最大负载），而冷却水泵所消耗的恒定 110W 功率可忽略不计。

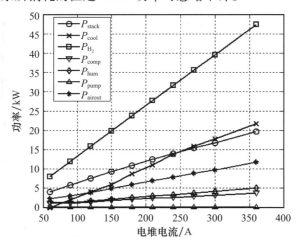

图 7-6 温度 346K、空气压力为 250kPa 时，系统不同燃料或组件消耗的功率

图 7-7~图 7-10 显示了主要的操作参数对辅助装置的耗电量和对电池堆性能的影响，其结果可用于在汽车应用中选择合适的工作条件。反应气体压力对燃料电池性能的影响如图 7-7 所示，其中给出了电堆电压与电流在三个不同的空气压力时的关系曲线。这三个气压值是通过集中式压缩机在 346K 的温度下得到的，需要保证使每个负载对应的空气流速最小，并设置加湿温度等于每个电流值对应的电堆温度。空气压力从 250kPa 降低到 130kPa，电堆性能没有明显降低。事实上，在电流值为 300A 时得到最大差值：电堆电压从 250kPa 的 56V 降低到

130kPa 的 52V（见第 3.3 节）。

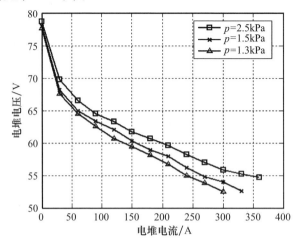

图 7-7　在 $T=346K$ 下，空气压力对 20kW 电池性能的影响

评估与操作温度和化学计量比相关的其他影响的试验是在大约 130kPa 的压力范围内进行的，使用侧通道空压机，其特性见表 7-1。电堆温度对在电池一端测量的电压的影响如图 7-8 所示。在这种情况下，通过改变换热器壳体的水流速率来控制温度，而气流速率和加湿条件与图 7-7 相同。可以看到，温度从 346K 下降到 305K，导致在负载为 70%（200A）时电压下降<10%，而在 313K 时测试到的电堆性能几乎在所有的负荷条件（见第 3.3 节）下都是令人满意的。然后，验证了在三种不同载荷工况下以及 313K 的加湿温度下的化学计量比的影响。从图 7-9 可以看到，R 值大于 2，通常是更为有利的，特别是在增加负载时。此外，在 $R>2.5$ 时，对所有负载均没有显著的影响。

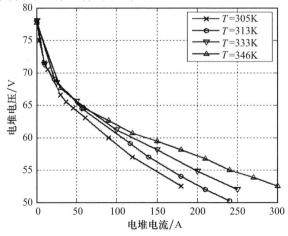

图 7-8　电堆温度对极化特性曲线的影响

第 7 章
案例研究 B：乘用车燃料电池动力系统

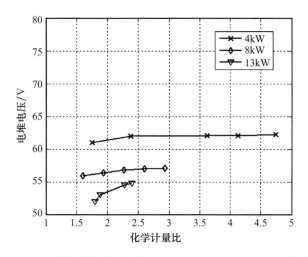

图 7-9　不同负载条件下化学计量比对 20kW 电池电压的影响

图 7-10 显示了侧通道空压机的特性，其功耗为空气流速（在装置出口处，三种不同设定的压降条件下测得）的函数。通过调节压缩机电机转速控制电机基准电压，可使空气流速变化。可以看到，在气压为 135kPa 时的压降值保证了能够达到电堆最大负荷（约 45Nm^3/h）时所需的空气流速，功耗约 1.4kW。该消耗量在部分负荷条件下减少，这是 FCS 在车辆上运行经常会发生的情况。通过设置最低加湿温度来保证质子交换膜功能的正常工作，可以减少另一种功耗。在室温（287K）下对电池组进行加湿，并使电池组温度达到 313K，其中反应物压力来自图 7-10 所示的压缩机特性。电堆电压和电流随时间的变化如图 7-11a 所示，电堆和加湿系统的温度随时间变化如图 7-11b 所示。在 3500s 后，电堆温度达到 313K，60A 时电压为 62V，仅比相同温度下电池组加湿时测得的值低 5%

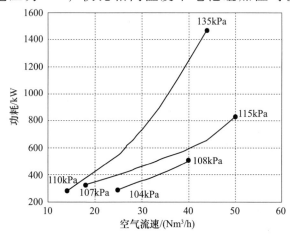

图 7-10　不同压降条件下空压机功耗与空气流速的关系

(图7-8)。在这种情况下,通过在测试结束时监测单个电池电压来验证对膜的操作是否正确,如图7-12所示。在较高的负载下也可以观察到类似的规律,特别是对于高达12kW的电堆功率。

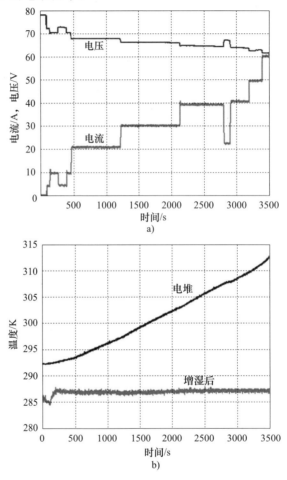

图7-11 20kW PEM电堆在室温(287K)下启动至4kW的性能

在图7-11的试验条件下,可以获得FCS的整体特性,特别是能够计算电堆和系统的效率(见第6.4节),并表示为图7-13所示的堆功率的函数。在大范围内的负载条件下,FCS的效率约为47%,在电堆功率8kW之后略有下降。

对于车辆应用,室温下的加湿系统的设计应考虑到结构简化和可靠性的标准。然而,基于鼓泡加湿器的系统并不是最方便的解决方案。而基于电子喷射直接进入阴极入口分支管路的系统,可能是汽车应用中最有效的技术,其作用取决于单个电池电压的均匀性。该解决方案将涉及喷射泵的使用,但是,这不会显著影响图7-12所示的FCS电效率。另一个对FCS辅助部件造成的能量损失但不起

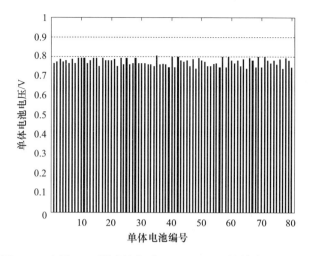

图 7-12　在图 7-11 测试结束时 20kW PEM 电堆单个电池电压

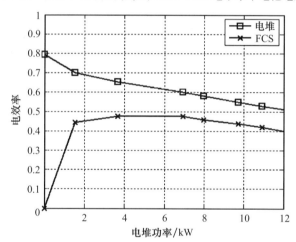

图 7-13　在 $T=313K$ 时，电堆和 FCS 电效率与电堆电流的关系

主要贡献的因素是风扇/散热器的电力消耗，这对控制车辆的冷却液温度有很大影响[3]。

7.3　燃料电池系统动态性能

要研究燃料电池混合动力配置的可能性，就必须研究动态条件下电堆与其辅助部件之间的相互作用，因为混合动力配置需要燃料电池系统的负载的快速变化（高达 6kW/s）。氢气排气、外部加湿、电堆温度和化学计量比，这些参数的选择必须旨在实现一个在动态条件下能够可靠运行的工作阶段。此外，燃料电池系统的瞬态性能必须从预热阶段就开始进行分析，预热阶段也有功率变化率输出的特点。

可以将燃料电池系统通过 DC/DC 变换器连接到可变电阻负载，通过控制可变电阻负载来模拟电驱动的瞬时电流需求，在此基础上进行试验分析。下面介绍的测试是根据电池组电流要求改变功率变化率进行的，电流需求的变化范围在为 5~50A/s。对于每个工作条件，以瞬态响应期间每个单体电池电压的均匀性作为电堆运行的可靠性指标。

这个研究结果可以用来设计欧洲 R40 驾驶工况中的动力系统控制策略。

7.3.1 负载变化条件下燃料电池系统的性能

在以下的测试中，燃料利用系数恒为 0.90，化学计量比变化范围为 1.8~6，电堆功率为 700W~12kW。在电堆增湿方面，入口空气在室温（290~300K）下达到饱和，以最大限度地减少膜水合作用所需的能量，并降低增湿器消耗的电量和排气阀开关的频率[4]。电堆温度控制在 315K 左右，以彻底避免膜的脱水。

利用仅有三个净峰值的简化的 R40 运行测试周期来进行燃料电池系统（连接到电阻负载）的第一个测试，以获得 5A/s 的电流变化率和约 10kW 的最大功率需求下的加速阶段。为了实现空气压缩机最小的功率消耗并使之与电池电压的满意值相兼容，在稳态条件下初步设置空气流量值，它适用于测试循环中包含负载整个的变化范围。特别地，压缩机的控制策略为：在电流为 100~240A 的范围内 R 等于 1.8，电流从开路到 100A 的范围内 R 从 6 开始下降到 2。

在图 7-14 中，将测试得到的电堆电流和电压作为循环工况时间的函数。对于 80A、180A 和 240A 的三个电流峰值，电堆电压分别达到 63V、52V 和 48V 的最小值。当 R 值以最小值 $R=1.8$ 再次达到稳定状态时，空气流量在电流为 240A

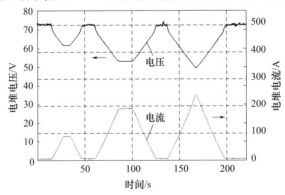

图 7-14 电流变化速率为 5A/s 的 R40 循环工况测试中电堆电压和电流随时间的关系

时达到 35m³/h。图 7-14 中的电堆电压曲线与在相同电池组上获得的极化曲线数据一致，这表明 5A/s 的动态速率不会影响电堆的常规运行。图 7-15 所示的单体电池在电流为 240A 时的电压分布情况也可以证实这一点。值得一提的是，可以注意到大多数电池的电压接近 0.6V，在第一个电池（大约 0.4V）和最后一组 20 个电池之间（对于少量的被测电池的电压值为 0.45~0.55V）只有一个电压下降。正如所料，在该电流值下，这些电池的状态比在其他电流值的情况下要好。在测试过程中没有电池电压降至 0.4V 以下，这意味着燃料电池系统的动态性能在所采用的试验循环中的表现是令人满意的。

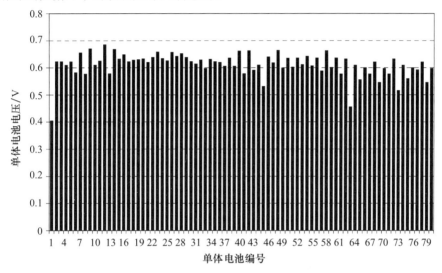

图 7-15　图 7-14 所示的试验中单体电池的电压（$t=170s, I=240A$）

然后对 R40 循环工况的数据进行修正以获得 10A/s 的电流变化速率，并根据最小化压缩机功耗的目标在此循环上执行另一个试验。图 7-16 为测试的结果，

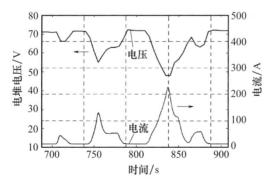

图 7-16　电流变化速率为 10A/s 的 R40 循环测试中
电堆电压和电流随时间的关系

将电堆电压和电流作为循环长度(时间)的函数,而 R 值和空气流量曲线如图 7-17 所示。与稳态值相比,在电流峰值处(130A 和 230A)仅测量到轻微的电压下降。压缩机的控制策略使得 R 值在加速阶段结束时在一个极短的瞬态时间内略低于 1.8,此时空气流量高达 35m³/h,电流约为 230A。图 7-18 所示为单体电池电压随循环周期的变化情况。实际上,该图证明所有电池电压普遍有略微的降低,其中一个电池在第二个峰值电流(130A)就已经低于 0.5V 了,并且在电流达到峰值时(230A)低于 0.4V。燃料电池系统在 10A/s 的行为表明了其动态性能需要对管理策略进行一些修改以适应更高的电流上升速率。

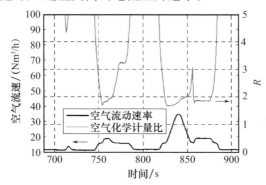

图 7-17 图 7-16 所示的试验中空气流速和 R 随时间的变化关系

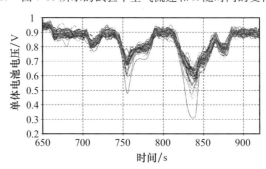

图 7-18 图 7-16 试验中单体电池电压随时间的变化关系

可以通过图 7-19~图 7-22 所示的试验来验证系统在循环工况下的动态特性。该试验采用了和图 7-17 中的试验相同的空压机控制策略,采用电流的一个简单的动态循环进行了测试。该循环的特征是电流的上升速率为 50A/s,然后在 220A 处有一个短暂的稳定阶段,最后是电流下降的阶段,电流以相同的速率下降。循环中得到的电流数据值和总的电堆电压一起在图 7-19 中给出。电堆电压在电流上升阶段结束时从 71V 降至约 45V,然后在稳定阶段(5s)内保持恒定,并在电流下降阶段再次升高。图 7-20 给出了化学计量比和空气流量的变化情况。结果表明,空压机的运行受到所采用的高动态电流速率的影响,特别是该测试所采用的更快的动态响应速度对化学计量比产生了明显的影响——R 值在电流上升结束阶段降至 1.5 以下，这可以在图 7-21 和图 7-22 中得到进一步证明。图 7-21 所示为单体电池电压随循环周期的变化情况，图 7-22 所示为电流峰值处各个单体电池电压的瞬时值柱状图。电堆的故障可以由几个电池的电压状况清楚地证明，特别是第一个电池电压下降到 0.3V 以下，并且最后一组 20 个电池中有三个电池没有达到 0.4V。这种状况的原因是空压机难以提供合适的化学计量比（图 7-20），这意味着要改变空压机的控制策略，以在最快的动态阶段期间增加 R 值。

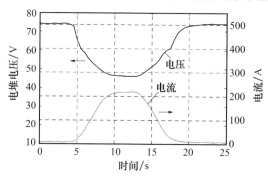

图 7-19　电流变化率为 50A/s 的动态测试中电堆电压和电流随时间的变化

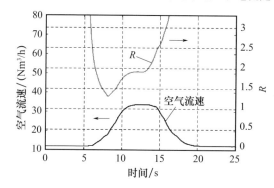

图 7-20　图 7-19 所示的试验中空气流速和化学计量比随时间的变化

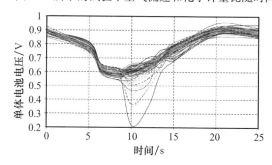

图 7-21　图 7-19 试验中单体电池电压随时间的变化

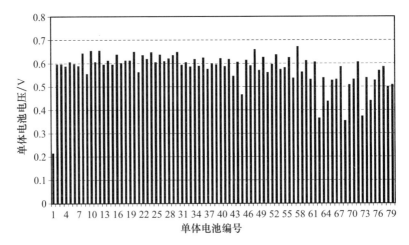

图 7-22 图 7-19 所示的试验中单体电池在电流变化率最大时的电压

图 7-23~图 7-26 所示为电流变化率为 50A/s 的 R40 循环的测试结果,但是将最大功率修改为所采用的试验条件下能获得的最佳功率(12kW 相对于周期所需的 25kW)。在这个测试中修改了空气管理策略,在电流为 0~200A 的范围内增加了空气流速(见第 7.4 节)。

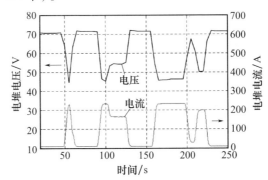

图 7-23 电流变化率为 50A/s 的 R40 循环测试中电堆电压和电流随时间的关系

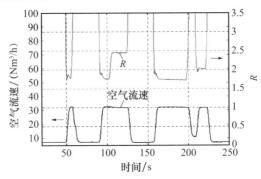

图 7-24 图 7-23 所示的试验中空气流速和 R 随时间的变化

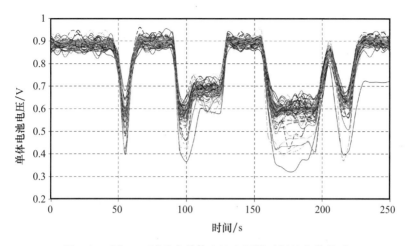

图 7-25 图 7-23 试验中单体电池电压随时间的变化关系

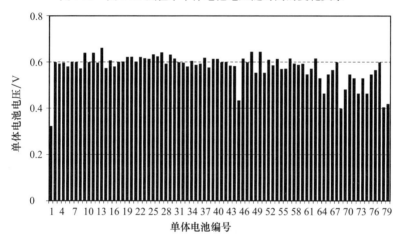

图 7-26 图 7-23 所示试验中单体电池在电流变化速率最大时的电压

图 7-23 所示为电堆电流和电压随循环时间的变化情况,而图 7-24 所示为修改了空气管理策略后的化学计量比 R 和空气流量。整个循环工况期间的电压分布结果是可接受的,电压值一直保持在 47V 以上,即使在电流速度变化最快的阶段,R 的值也没有低于 1.8。对单个电池的试验结果进行分析(图 7-25 和图 7-26)可以证实新的空气管理策略对电堆动态特性的好处,特别是大多数单体电池在整个负载范围内都能正常运行,而只有一些单体电池在加速阶段结束时电压有显著的降低,但在稳定阶段期间又恢复了部分电压。除了第一个电池电压下降到 0.3V 左右以外,没有电池电压下降到 0.4V 以下了,这证实了在 10A/s 的试验中观测到的趋势[5]。

图 7-27~图 7-31 展示了燃料电池系统随快速负载变化显现的特性,负载变化包括 8 个从 0.7~8.5kW 的快速负载变化序列。图 7-27 所示为电堆功率与测试时

间之间的关系，功率的变化速率约为6kW/s。电堆的初始温度设为47℃左右，以克服与预热相关的电化学反应和扩散动力学带来的限制。入口空气在相同的温度下进行增湿，通过控制冷却系统将电堆温度保持在50~55℃之间。通过在测试期间获得的氢气压力和化学计量比来证明(分别为图7-28和图7-29)氢气排气和空气进气策略。氢气压力根据前文中描述的排放策略的频率每45s降低一次。它从最小功率(0.7kW)的40kPa变为最大恒功率(8.5kW)时的34kPa，并且每次排放阀打开时降至28kPa。

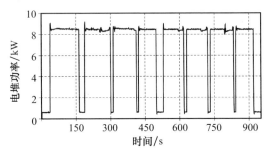

图7-27 从0.7~8.5kW的快速负载变化序列中负载随时间的关系

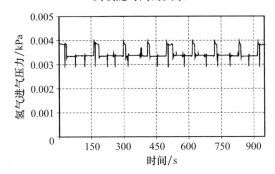

图7-28 图7-27所示试验中氢气进气压力随时间的变化情况

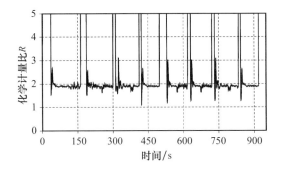

图7-29 图7-27所示试验中化学计量比随时间的变化情况

第 7 章
案例研究 B：乘用车燃料电池动力系统

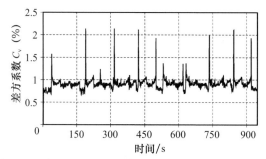

图 7-30　图 7-27 所示试验中差方系数随时间的变化情况

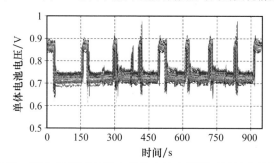

图 7-31　图 7-27 所示试验中单体电池电压随时间的变化情况

图 7-29 所示的化学计量比表明，在所有快速变化阶段 R 值都低于 1.5，说明压缩机在瞬态阶段难以提供充足的空气，而在稳态阶段 R 值约为 1.9。

图 7-30 和图 7-31 分别为整个采集周期内 $C_v^{\ominus}$ 和单体电池的电压值，从中可以得到氢气排放和化学计量比控制的控制函数。差方系数 C_v 在大部分的时间内都低于 1%，而在加速阶段（$R<1.5$）个别时刻能达到 2.2%，这证明电堆工作环境在一个可接受的范围内。此外，那些受到溢流现象影响较大的电池（图 7-31）会有少量的电压上升，特别是当排气阀打开导致氢气压力降低时。

7.3.2　预热阶段燃料电池系统的行为

本节对燃料电池系统预热阶段的试验结果进行了分析。测试的初始温度为 18℃，选取两个不同的加速度值（150W/s 和 1500W/s）。增湿方面，入口空气在测试开始时在电堆采用的相同温度下达到饱和状态，以避免膜脱水。

通过使用 6.3 节中提到的方差系数 C_v 作为统计指标来监测各单体电池的统一性。在本段的分析中，2.5% 的 C_v 值对电堆的正常运行来说是可以接受的。

为了研究预热阶段电堆的瞬态响应，下面的试验将燃料电池系统连接到电子控制的电阻负载上进行。从 18℃ 开始，电堆的功率逐渐升高，直到 8kW，功率升高速率为 150W/s 和 1500W/s。每次加速阶段过后，系统保持在稳定状态，直

㊀ 译者注：C_v 为单体电池电压差方

到电堆温度达到45℃左右。

图7-32所示为在功率提高速度为150W/s的试验中，电堆电流、电压和温度随时间的变化关系，而图7-33所示为电堆功率和化学计量比对时间轴进行放大得到的结果。可以观察到电堆温度在约10min内达到最终值，而电堆电压在加速阶段(55s)结束时达到最小值53V，然后在45℃时增加到约60V。电堆电流在加速阶段结束时达到140A的峰值，然后缓慢降至130A，因为系统被控制维持在7.8kW的恒定功率。由化学计量比曲线(图7-33)得到了化学计量比的一个变化规律：从低负荷时的最高值($R=6.7$)到功率为7.8kW的最终值，$R=1.9$。图7-32和图7-33的数据表明，该测试所选择的运行条件可以满足燃料电池系统的一个可接受的动态特性，因为总电压与稳态条件下获得的结果相当。这可以通过分析整个试验期间获得的单体电池电压来证实，试验数据见图7-34和图7-35。其中，图7-34为C_v随时间的变化情况，而图7-35为每个单体电池在C_v最大值处的电压。值得注意的是，在测试过程中，C_v总是低于1.2%并几乎保持不变(图7-34)，这表明每个单体电池的电压分配均匀，从图7-35可以看出，只有第一块电池在加速阶段结束时(C_v最大时)达到最小的电压(0.63V)，而大部分电池电压都保持在0.65~0.67V之间。

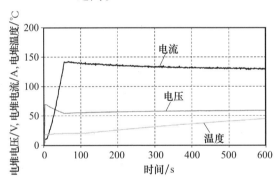

图7-32 150W/s预热测试中电堆电压、电流和温度随之间的变化关系

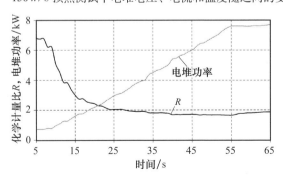

图7-33 150W/s预热测试中，加速阶段的化学计量比和电堆功率随时间的变化关系

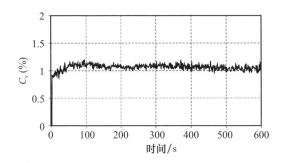

图 7-34　150W/s 预热测试中 C_v 随时间变化的关系

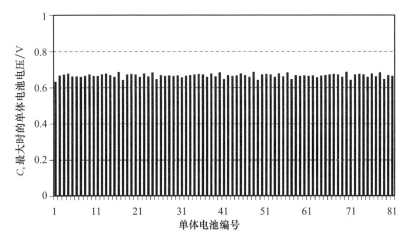

图 7-35　150W/s 预热测试中 C_v 最大时(90s)单体电池电压

预热阶段的研究还采用了 10 倍于 150W/s(1500W/s)的功率变化率来进行。图 7-36~图 7-39 为试验结果。试验结果证明了燃料电池仅在加速阶段结束时有不规则运行的趋势,特别是总电堆电压在短暂的瞬态时间内降至大约 50V(图 7-36 中,大约 5s),R 值在 7kW 时下降至 1.5 以下(图 7-37 中 32s 处),同时 C_v 曲线达

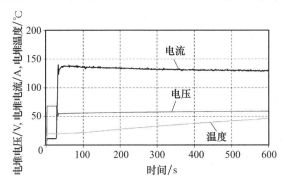

图 7-36　1500W/s 预热测试中电堆电压、电流和温度随时间的变化曲线

到了约 2.5% 的峰值(图 7-38)。图 7-39 更详细地描述了电堆的动态特性,它给出了加速阶段结束时(最大 C_v)每个单体电池的电压。可以观察到,与图 7-35 的结果相比,电池电压分布情况明显变差,但没有电池电压下降到 0.4V 以下。0.4V 是电堆可靠运行的极限值,电压只能在短时间内接近该值。图 7-36~图 7-39 的结果代表了预热条件下电堆动态性能接受的公差极限,并提供了启动期间燃料电池与动力电池之间功率比这一有用的定量指标[6]。

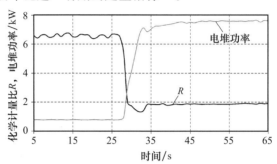

图 7-37　1500W/s 预热测试中,加速阶段的化学计量比和电堆功率随时间的变化

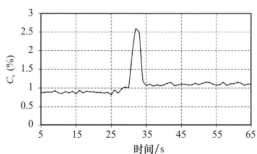

图 7-38　1500W/s 预热测试中 C_v 随时间的变化

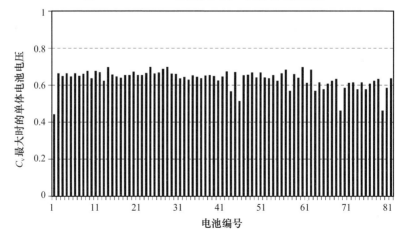

图 7-39　1500W/s 预热测试中 C_v 最大时(32s)的单体电池电压

第 7 章
案例研究 B：乘用车燃料电池动力系统

7.4 不同空气管理策略的影响

上部分的结果表明了空气供应系统的关键作用，特别是化学计量比（空气流量）对燃料电池系统的效率和动态性能的影响。为了给出这个问题的进一步信息，本节仔细分析了不同的空气管理策略，特别是它们对电池电压均匀性和空压机寄生损失的影响。

分析如下，使用四种不同的管理策略来研究由电堆和空压机组成的子系统的表现特性，进而获得对应不同电堆电流的化学计量比的分布曲线。

用 6.4 节的等式计算电堆效率：

$$\eta_{stack} = \frac{V}{V_{id}} \tag{7-1}$$

使用如下系数（η_{SC}）来评估空压机功率消耗对由电堆提供的净功率的影响：

$$\gamma_{SC} = \frac{P_{stack} - P_{comp}}{P_{stack}} \tag{7-2}$$

那么由电堆和空压机（SC）组成的子系统的效率为

$$\eta_{SC} = \eta_{stack} \gamma_{SC} \tag{7-3}$$

通过使用系数 C_v 来评估动态测试期间的单电池均匀性。

表 7-2 说明了计算试验参数的相对不确定性。针对不同的功率变化率，对结果进行分析，重点关注空压机管理策略对电堆性能的影响。FCS 的动态测试是在不同的工作周期内进行的，电堆电流变化率从 2A/s 变为 50A/s。选择这些数值是为了，例如在欧洲 R40 驾驶工况上运行的城市汽车或配备标称 30kW 电力驱动的城市小客车的功率。该周期的动态阶段持续大约 20s，加速度约为 1m/s²，对于所选车辆而言，峰值功率需求约为 50kW。评估电驱动器和 DC/DC 变换器的平均效率约为 0.8、FCS 平均总电压约为 55V 时，上述的发动机峰值功率意味着约 50A/s 的电堆电流加载率。

表 7-2 计算得到的试验参数的相对不确定性

参数	相对不确定性（%）	参数	相对不确定性（%）
R	3.8	η_{stack}	0.7
P_{comp}	1.4	γ_{SC}	4.0
P_{stack}	1.4	η_{SC}	4.7

在试验过程中，连续监测电堆操作的所有主要参数，如电堆电流和单电池电压、反应物压力、空气和冷却液温度以及加湿水平。试验过程中的电堆温度和反

应物压力分别保持在330K和150kPa以下。

图7-40a显示了不同空压机控制策略[注]的化学计量比与电堆电流的关系曲线,可以由不同的空压机电机速度参考值以及电堆电流的函数来获得,图7-40b则显示了对应不同的空气流量值的策略。图7-40a的曲线1和曲线2是空压机电机转速调节,它们以电机转速的恒定电压参考(4V和3V)分别决定了33Nm³/h和24Nm³/h两个恒定空气流量。图7-40b中的其他曲线指的是可变空气流量,曲线3与在100~200A范围内的2~3之间的R值有关,线性参考电压增加到4V(140A作为堆电流),对应了在0~150A范围内从12~33Nm³/h几乎线性增加的空气流率,并且到200A然后保持恒定。最后,曲线4用一个控制器允许空压机在100A时达到$R = 2$,并在较高负载下保持恒定,在100~200A范围内线性流量从16Nm³/h增加到33Nm³/h(图7-40b)。实现该策略的空压机参考电压首次从1.5V增加到2V(电堆电流为60A),然后在2V的恒定后,参考电压在110~200A范围内线性增加至4V。最后的管理策略允许空压机的消耗量在R值确定时最小,以保证稳定状态操作中的定期电堆操作。

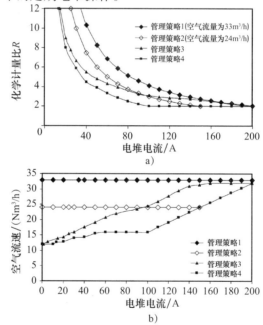

图7-40 四种不同的空气管理策略
a) 对应电堆电流的四种不同的管理策略(化学计量比对应管理策略)
b) 四种管理策略中电堆电流对应的空气流量

㊀ 译者注:本节分析的空气管理策略主要考虑空气流量,未涉及湿度等,因此空压机控制策略与空气管理策略含义相同。

研究空气管理策略对由电堆和压缩机组成的子系统(SC)效率的影响,初步在稳态条件下进行。电堆效率(η_{stack})是通过使用式(7-1)从313K数据开始的压缩机管理曲线4(图7-40a,b)计算,并作为电堆电流的函数在图7-41中显示。在30~200A的范围内可观察到线性趋势,对应于效率从0.7降低到0.5。其他管理策略的η_{stack}曲线没有显示,因为它们受$R>2$的影响较少。在图7-41中是对于图7-40a的所有不同空压机控制策略的η_{SC}对比[式(7-3)]。

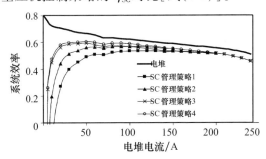

图7-41 四种空气管理策略电堆/电堆空压机(SC)电流-效率图

与电堆效率不同,由于空压机消耗在不同电机转速规定下不同,η_{SC}值取决于所使用的R的范围。特别是曲线4到1的η_{SC}最大值从0.60降低到0.53与较低负荷(低于100A)的领域有很大差别。

使用简单的电流循环,采用管理策略4进行测试,其动态特性为电流增加阶段、静态平衡阶段(电流为160A)和电流减小阶段(增加和减小阶段加速度都是2A/s、10A/s和25A/s)。图7-42所示为在循环周期内,2A/s情况下主要参数的获得情况。图7-42a显示当前周期以及电堆总电压及R值,电压在加速阶段结束时从71V下降到大约49V,然后在静止阶段(110s)缓慢增加到51V,并在减速阶段再次上升到51V。R以及空气流量曲线(图7-42b)表明空压机的工作对所采用的缓慢动态没有影响,因为它们的值完全对应了管理策略在周期的每个瞬间所期望的值。从图7-42a中观察到的微小的电压增加与电堆温度增加相关,这可以在图7-42c中观察到。但是此电压升高的初始阶段(80~100s)也可能与测试期间采用的热管理策略有关。尤其是当电堆输出温度降低时,外部水流在循环开始之前停止通过热交换器。这证明了图7-42c所示的初始冷却以及80~100s的电压特性。图7-42c也证明了进气湿度和温度的恒定值(分别为100%和303K)。

图7-43所示为以10A/s获得的结果,具体而言,图7-43a中显示的电压曲线实际上与2A/s相关的电压曲线一致,在静止开始时也具有更规则的行为。因为在该测试期间,电堆先前没有通过热交换器被外部冷却液冷却。

图7-43c所示为温度分布图,证明了输出空气和冷却液温度在测试期间稍微增加几乎相同的值。图7-43c也显示了施加的空气湿度和入口温度的值。该试验

的动态特性越快,对化学计量比的影响就越明显(图 7-43b),在加速阶段结束时,其分布曲线在 15~20s 范围内降至 $R=2$ 以下。在 25A/s(图 7-44b)下的测试中,这些影响更为明显,图 7-43c 的热管理也有相似的特征。此外,由于电堆电压在加速阶段之后(图 7-44a)达到较低值(47V)约 10s,因此电压曲线结果也受到较快动态的影响。

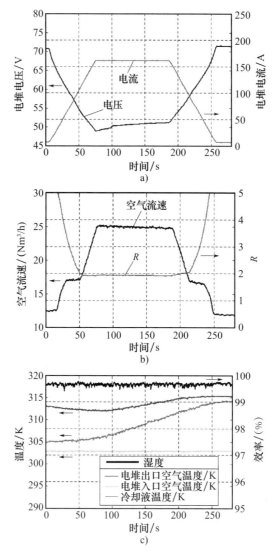

图 7-42 对应于第 4 种空气管理策略的试验

a) 最大电堆电流变化为 2A/s,电堆电压、电流与时间的关系,空气管理策略为第 4 种
b) 试验 a 中化学计量比和空气流量与时间的关系 c) 试验 a 中电堆温度(在阴极侧出口测量)、冷却液温度(在电堆出口处的冷却回路中测量)、入口空气相对湿度和温度与时间的关系

第 7 章
案例研究 B：乘用车燃料电池动力系统

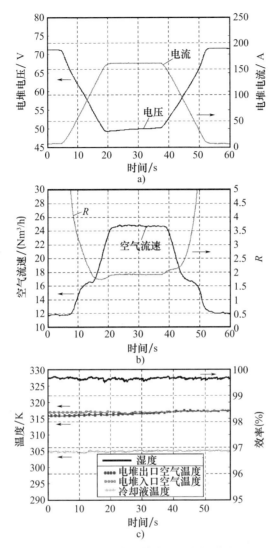

图 7-43 空气管理策略 4 对应的测试

a) 最大电堆电流变化为 10A/s，电堆电压、电流与时间的关系，空气管理策略为第 4 种
b) 试验 a 中化学计量比和空气流量与时间的关系 c) 试验 a 中电堆温度（在阴极侧出口测量）、冷却液温度（在电堆出口处的冷却回路中测量）、入口空气相对湿度和温度与时间的关系

由于 C_v 值是基于单电池电压的采集与时间的关系得到的，通过计算 C_v 值可以得到负载的变化率对于电堆工作规律的影响的进一步的显示。图 7-45 显示了图 7-42~图 7-44 周期长度的对比，证明了三个电流斜坡（2A/s、10A/s 和 25A/s）的 C_v 值之间的差异。在 2A/s 和 10A/s 时，C_v 曲线显示了与电堆功率值相关的规律特性而不是与动态斜坡相关的特性在 25A/s 时，可以观察到一个强烈的动态特性作用在 C_v 曲线上，在加速步骤结束时，该系数几乎达到 3.5。

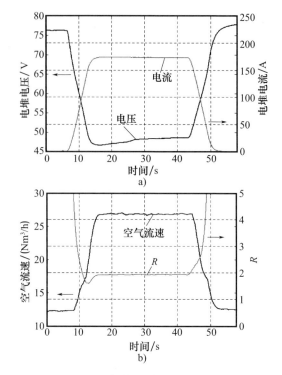

图 7-44 空气管理策略 4 对应的测试

a）最大电堆电流变化为 10A/s，电堆电压、电流与时间的关系，空气管理策略为第 4 种　b）试验 a 中化学计量比和空气流量与时间的关系

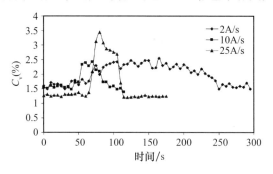

图 7-45　图 7-42~图 7-44 中 C_v 值与循环时间的关系

该问题在图 7-46 中被证明，图中显示了对应周期的五个重要时刻的单电池电压，分别是在加速之前（$t=0s$）、在加速之后（$t=10s$）、静止阶段的两个瞬间（$t=20s$ 和 $34s$）和减速步骤结束时（$t=45s$）。在 $t=10s$ 时可以观察到明显的电堆故障的问题，特别是对于最后 10 个单电池，这是因为空气压缩机在确保必要的化学计量比值方面存在困难（图 7-44b），同时在 $t<10s$ 时的电池电压恢复表明 R 值和电压之间有相关性。

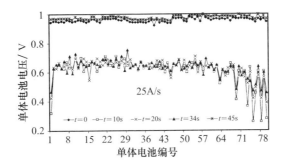

图 7-46　图 7-44 试验中五个重要时刻的单个电池电压

可以利用图 7-42~图 7-44 来验证更高动态条件下的电堆-压缩机的相互作用。图 7-47 显示了以 50A/s 的变化和第 2 种管理策略（图 7-40）获得的结果。对应于 24Nm³/h 的恒定空气流量，在 R 的平稳阶段与使用管理策略 4 获得的阶段相似。在此测试期间，阴极输出温度保持恒定在 315K，在入口处具有 303K 和 100% 的相对湿度。在图 7-47a 中，电压曲线在加速阶段结束时达到最小值约 48V，在稳

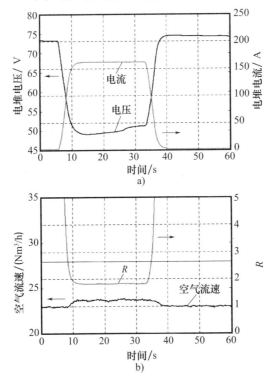

图 7-47　空气管理策略 2 对应的测试

a）最大电堆电流变化率为 50A/s 时，电堆电压和电流与动态周期时间的关系
b）试验 a 的化学计量比和空气流速与时间的关系

态阶段结束时部分恢复到 51V。R 值这种遵循图 7-40 中的值而没有遵循图 7-47 中的值的行为显示了电堆工作的不规则性。

管理策略 1 的使用提供了图 7-48 所示的结果（图 7-43、图 7-44 和图 7-47 的热管理相同），特别是在 53V 下电堆电压不降低，在静止期间该值几乎保持恒定，而 R 遵循图 7-40 所预期的值，并在 160A 时达到约 2.5。在管理策略 1 和 2 下观察到的性能差异由图 7-49 中显示的 C_v 值证实。图 7-49 表明，燃料电池的电压统计指标 C_v 在最高流量（33Nm³/h）下未到 2.5，而在加速阶段末期（空气流量 24Nm³/h），已经超过了 3.5。这也证实了在最快的动态阶段期间保持电堆耐久性的必要性，需要 R 值高于静态阶段或非常缓慢的动态优化的 R 值。

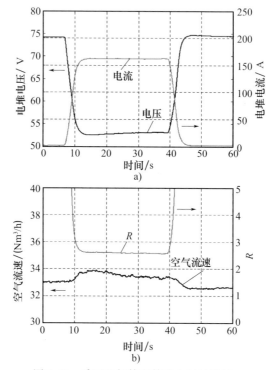

图 7-48 采用空气管理策略 1 时的测试
a) 电堆电流最大变化率为 50A/s，电堆电压、电流和时间的关系
b) 试验 a 中 R 值和空气流速与时间的关系

为了确定压缩机消耗和电堆动态性能之间的最佳折中，空气管理策略 3 用来验证两种不同的变化速率——25A/s 和 50A/s（分别如图 7-50 和图 7-51 所示）。该管理策略允许在实现策略 4 下对应的 R 值更高，特别是在 160A 时，$R=2.5$（33Nm³/h）。对于这两种动态斜坡，电压曲线证明了规律的电堆性质，最小电压值始终高于 52V（图 7-50a 和图 7-51a）。关于 R 曲线，稳定状态值是从两个斜坡的稳定阶段开始 5s 后到达的，而仅在加速阶段结束时才观察到明显的差异，特

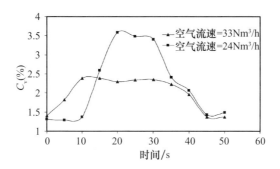

图 7-49　图 7-47 和图 7-48 试验中 C_v 与时间的关系

别是在 50A/s 时，可以看到一个轻微且快速的减小（$R<2$）。C_v 的计算表明，这种管理策略可以实现 50A/s 的电堆的常规工作，如图 7-52 所示，事实上 C_v 值在最快加速阶段也不会超过 2.5。

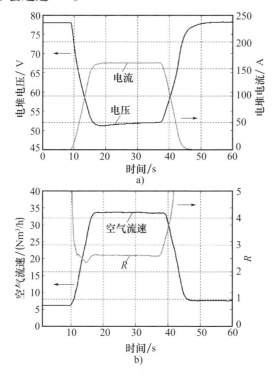

图 7-50　采用空气管理策略 3 时的测试
a）电堆电流最大变化率为 25A/s 时电堆电压、电流和时间的关系
b）试验 a 中 R 值和空气流速与时间的关系

上面讨论的压缩机管理问题最终在高负载范围内得到验证，利用以 50A/s 的两个连续加速步骤为特征的电流循环，每个加速步骤后是稳定状态，第一个稳定阶段为 160A，第二个稳定阶段为 240A。最终电流减小阶段以 50A/s 的速度使电

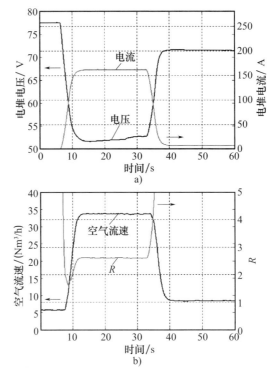

图 7-51 空气管理策略 3 对应的测试
a) 电堆电流最大变化率为 50A/s，电堆电压、电流和时间的关系
b) 试验 a 中 R 值和空气流速与时间的关系

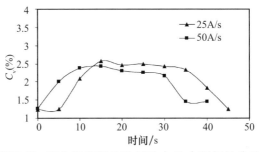

图 7-52 图 7-50 和图 7-51 试验中 C_v 与时间的关系

堆电流回到初始值。空气管理策略 3 在整个循环周期被采用，其目的是限制空压机的损耗，并检查在更严苛的条件下电堆工作的规律性。

图 7-53a 所示为循环过程中的电堆电流变化以及相应的电压与时间的关系。如预期的那样，第一个加速过程再现了与图 7-51 中电压和 R 值相同的结果，而在第二加速步骤期间，观察到电压降低（从 52V 到 45V），相应的 R 值从 2.5 减小到 2（图 7-53）。图 7-53b 还报告了空气流速曲线，显示了所选择的管理策略在循环过程中施加的不同值，第一个加速阶段后为 $33Nm^3/h$，第二个为 $38Nm^3/h$。

第 7 章
案例研究 B： 乘用车燃料电池动力系统

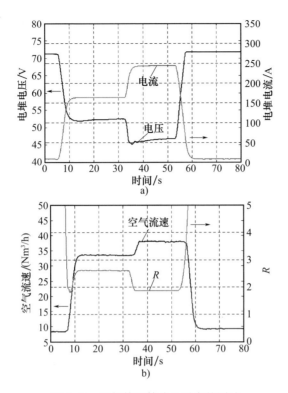

图 7-53 空气管理策略 3 对应的测试
a) 两个电堆电流保持在稳定阶段(160A 和 240A)电流最大变化率为 50A/s，电堆
电压、电流与时间的关系 b) 两个电堆电流保持在稳定阶段(160A 和 240A)
电流最大变化率为 50A/s，R 值和空气流速与时间的关系

  在第二个加速阶段中，一些可接受的单体电池工作的不规则性由图 7-54 所示的 C_v 值显示，其统计时间是在整个循环周期内。第一个大约在 2.5 的峰值再现了图 7-52 中观察到的峰值，而第二个大约 2.8 的峰值是由第二个加速度步骤引起的，并且与某些电池遇到的进气困难有关。图 7-55 所示的结果更好地证明了这一点，图中显示了所有单体电池在初始和结束时刻($t=0$s 和 $t=55$s)，两个峰值时刻($t=10$ 和 $t=35$s)，第二段加速阶段初始瞬时在两个 C_v 峰值之间的相对最小值的时刻($t=25$s)的采集值。很明显，电堆最后一段的输出特性与空气供给能力有关。在 $T=10$s 和 $T=35$s 时，出现了电压降，而在 $T=25$s 时，由于前段时间稳态工作，部分电压恢复。

  上文报告的结果显示了在动态测试模式下采用的空压机控制策略清楚地影响了单体电池电压的规律性(还有电堆的可靠性)和 FCS 的效率。实际上，虽然策略 4 可以确保压缩机消耗最小，尤其是在低功率领域，但它不能保证在更高的动态条件下(从 25A/s 开始)电堆的可靠运行。另一方面，基于空气压缩机正常运行的策略 1 和 2 显示了在动态阶段期间更高的空气流速的必要性，特别是在

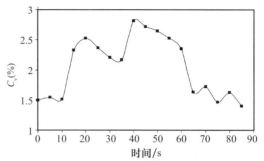

图 7-54　图 7-53 试验中整个周期内 C_v 与时间的关系

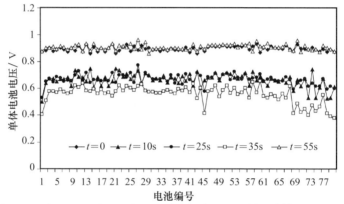

图 7-55　图 7-53 和图 7-54 所示试验中五个重要时刻的单体电池电压值

50A/s 时，但是由图 7-41 的稳态结果可以推测，那意味着更高的效率损失。在 FCS 的效率优化和动态响应之间的最佳平衡由管理策略 3 达到，其特征在于在到 200A 之前，R 值分别略高于策略 4 中的 R 值。该策略允许在高功率领域中将常规电池组电压维持在高达 50A/s，而由在静态条件（图 7-41）下得到的结果显示，相对于策略 4 的整体效率降低可以忽略不计。

在高负荷条件下通过增加反应物压力可以进一步提高效率和电堆常规工作，特别是可以防止图 7-55[3]中观察到的在最高负载下的电池电压过低（<0.5V）。

7.5　R40 循环工况下的燃料电池动力系统测试

驱动系统采用铅酸电池和上文描述的 20kW 燃料电池电堆组成的混合动力配置。动态运行的试验测试采用欧洲 R40 驾驶工况在试验室测试台上进行，通过改变系统的动态性和最大功率来获得燃料电池系统和动力电池之间不同的混合水平。

燃料电池动力传动系统可以按照前面所讨论的两种方法（参见第 5.5 节）进行最小化：一种是将负载所需的大部分能量需求分配给燃料电池堆（软混合动力系

统)[注1];另一种是设计燃料电池大小以提供能够使用小型燃料电池系统的车辆所有的动态要求(硬混合动力车)[注2]。

关于燃料电池动力系统的第一个试验是在 R40 循环上加上一个与图 7-14 所示的电堆电流变化曲线(5A/s)和图 7-17 所示的空气管理策略(压缩机功耗最小化)相对应的加速阶段。图 7-56 所示为试验获得的结果,图为发动机、电池模块和 DC/DC 变换器之间的功率分配与循环时间的关系。发动机功率在 R40 循环的三个加速阶段结束时达到三个最大值,即 5kW、10kW 和 15kW,然后在稳态阶段之后,在减速阶段期间减小到负功率值,这时候电机充当发电机。该测试采用的控制策略基于这样的假设:混合动力车辆在起动和部分负载时被当作纯电动车辆使用,而且要对动力系统内部的能量进行调节,使得电池能够提供大约一半的发动机最大功率。对于较高的负载,燃料电池系统在相同的动态循环下能满足所有发动机的要求,并为电池充电(图 7-56)。前面一节的结果保证了在这个试验中不会出现动态限制。当燃料电池系统功率能满足发动机需求时,电池在减速阶段(再生制动)和静止阶段都能进行再充电。电池功率的行为会影响其再循环周期内的充电状态(State of Charge, SOC)。实际上根据图 7-56 可以知道,在 R40 循环的末端,电池的充电状态有略微的下降(约 0.2%)。表 7-3 列出了 R40 循环中动力传动系统及其主要部件的效率。燃料电池系统的总效率(η_{FCS})为 DC/DC 变换器输入端的功率与进入电堆的燃料的理论功率之间的比值。DC/DC 变换器(η_{DC})和电机(η_{ED})的效率为各自器件出口处和入口处的功率之比。然后,假定电池效率为 100% 而且最终充电状态为初始时刻的水平[8],使用以下等式确定动力系统

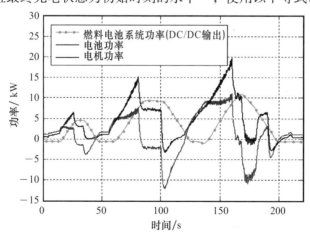

图 7-56 电流变化率为 5A/s 的 R40 循环中燃料电池、
动力电池和电机功率随时间的变化情况

○ 译者注:软混合动力系统,一般称为功率混合型燃料电池动力系统。
○ 译者注:硬混合动力系统,一般称为全功率燃料电池动力系统。

(η_{PT})在驾驶循环上的总效率：

$$\eta_{PT} = \eta_{FCS}\eta_{DC}\eta_{ED} \tag{7-4}$$

表 7-3　基于 R40 循环的 30kW 燃料电池动力系效率

效率（%）	图 7-56 试验	图 7-57 试验	图 7-58 试验
η_{FCS}	46	45	48
η_{DC}	78	77	84
η_{ED}	74	74	75
η_{PT}	27	26	30

对于图 7-56 中的试验，燃料电池系统的效率为 46%，该系统主要在部分负荷条件下运行，其特点是高效[3]。DC/DC 变换器和电机效率分别为 78% 和 74%，整体效率值约为 27%。

接下来的试验是在同一个 R40 循环上增大加速的斜率，使电流的变化率为 10A/s，并采用和图 7-56 相同的空气管理策略。这个试验的结果如图 7-57 所示，图为发动机、电池模块和 DC/DC 变换器之间的功率分配与循环时间的关系。在这个循环中采用了不同的控制策略，在预热阶段之后电机的功率需求主要由燃料电池系统满足，而动力电池在加速阶段提供的功率被限制在 30% 左右。选择该控制策略主要依据软混合，旨在最大限度地减少储能设备的干预。图 7-57 的结果清楚地表明，燃料电池系统的动态特性使得电堆能够迅速地满足发动机的功率需求。在这个测试中，电池主要起到在再生阶段回收能量的作用，这能够从电池和发动机功率曲线所达到的负值得到证明。在再生制动阶段回收的能量大约为整个循环过程输入发电机总能量的 15%。表 7-3 中的数据表明，本试验的效率与图 7-56 的试验相比并没有显著的差异，总动力传动系统的效率值为 26%。

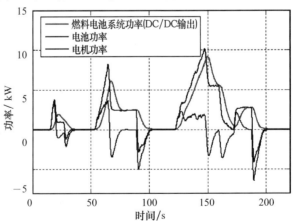

图 7-57　电流变化率为 10A/s 的 R40 循环中燃料电池、
动力电池和电机功率随时间的变化

硬混合配置特性的分析也是通过在 R40 循环上的测试进行的，测试修改了加速的斜率使电流的变化率为 50A/s，并将最大功率改为 35kW。这个测试的结果如图 7-58 所示，其中将电机、蓄电池和燃料电池系统的电功率作为三个连续循环周期时间的函数。燃料电池系统在整个循环中是功率的主要来源（DC/DC 变换器出口处为 5kW），而动力电池主要满足功率的动态要求。通过这种策略，燃料电池系统可以在最高效率的条件下工作，如表 7-3 所示。燃料电池的效率大约为 48%，同时 DC/DC 变换器的效率也有显著提高，最高可达 84%，而整个动力系统的效率约为 30%[5]。

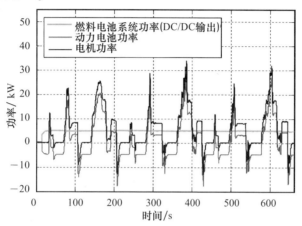

图 7-58　电流变化率为 10A/s 的 R40 循环中燃料电池、动力电池和电机功率随时间的变化

硬混合配置的动力传动系统的行为也可以通过循环中电机、动力电池组和燃料电池系统交换的能源曲线进行分析（图 7-59a）。在这个测试过程中，与图 7-58

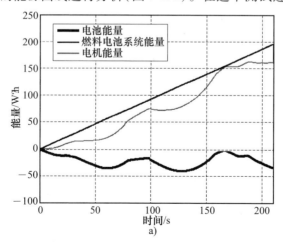

图 7-59　R40 循环工况中的硬混合过程
a) 电机、电池组和燃料电池瞬时交换电能曲线和时间的关系

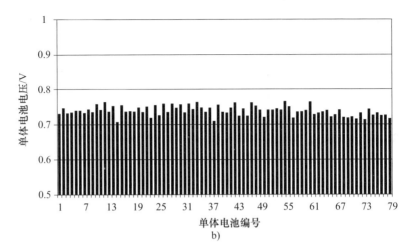

图 7-59 R40 循环工况中的硬混合过程（续）
b）燃料电池系统稳态运行过程中单体电池电压柱状图

的试验相似，电堆功率固定为使燃料电池系统达到最大效率的值上，而电机的能量需求主要由燃料电池系统和动力电池满足。在这个试验中，20kW 电堆的工作规律是令人满意的，这可以通过图 7-59b 的直方图得到证实。图 7-59 所示为单体电池在某个燃料电池系统稳态运行的特定时刻的电压[9]。

7.6 参 考 文 献

1. Larminie J, Dicks A (2000) Fuel cell systems explained. Wiley, Chichester
2. Kulp G, Nelson DJ (2000) A comparison of two fuel cell air compression systems at low load. SAE Trans J Pass Cars: Electron Electr Syst 110(7):660–669
3. Corbo P, Migliardini F, Veneri O (2007) Experimental analysis and management issues of a hydrogen fuel cell system for stationary and mobile applications. Energy Convers Manag 48:2365–2374
4. Philipps F, Simons G, Schiefer K (2006) Dynamic investigation of PEFC stacks in interaction with the air supply system. J Power Sources 154:412–419
5. Corbo P, Migliardini F, Veneri O (2008) An experimental study of a PEM fuel cell power train for urban bus application. J Power Sources 181:363–370
6. Corbo P, Migliardini F, Veneri O (2009) Dynamic behaviour of hydrogen fuel cells for automotive application. Renew Energy 34:1955–1961
7. European directive 91/441/EEC
8. Ouyang M, Xu L, Li J, Lu L, Gao D, Xie Q (2006) Performance comparison of two fuel cell hybrid buses with different powertrain and energy management strategies. J Power Sources 163:467–479
9. Corbo P, Migliardini F, Veneri O (2009) PEFC stacks as power sources for hybrid propulsion systems. Int J Hydrogen Energ 34:4635–4644